forum ANGEWANDTE LINGUISTIK
BAND 43

D1717633

Gesellschaft für Angewandte Linguistik e.V.

Gesellschaft für Angewandte Linguistik e.V.

forum ANGEWANDTE LINGUISTIK
BAND 43

Analyse und Vermittlung von Gesprächskompetenz

Herausgegeben von
Michael Becker-Mrotzek
Gisela Brünner

2., durchgesehene Auflage

PETER LANG

Frankfurt am Main · Berlin · Bern · Bruxelles · New York · Oxford · Wien

Bibliografische Information der Deutschen Nationalbibliothek
Die Deutsche Nationalbibliothek verzeichnet diese Publikation in der
Deutschen Nationalbibliografie; detaillierte bibliografische Daten sind im
Internet über <http://www.d-nb.de> abrufbar.

Gedruckt auf alterungsbeständigem,
säurefreiem Papier.

ISSN 0937-406X
ISBN 978-3-631-58449-1

© Peter Lang GmbH
Internationaler Verlag der Wissenschaften
Frankfurt am Main 2009
Alle Rechte vorbehalten.

Printed in Germany 1 2 3 4 5   7

www.peterlang.de

Inhalt

Sprich, damit ich dich sehe! (Sokrates)

Einleitung

Michael Becker-Mrotzek / Gisela Brünner

Einleitung

Gesprächskompetenz ist der vielleicht wichtigste Teil der sozialen Kompetenz. Sie ist heute mehr denn je eine *Schlüsselqualifikation*, in den meisten Berufen und im privaten Alltag unentbehrlich. Sie umfasst so unterschiedliche Fähigkeiten wie die, sich in der Interaktion situations- und partnergerecht zu verhalten, sich selbst angemessen darzustellen, seine Gesprächs- und Handlungsziele im Auge zu behalten; aber auch aufmerksam zuzuhören, Äußerungen der Gesprächspartner richtig zu interpretieren und aufzunehmen. Einen Menschen, mit dem man nicht vernünftig reden kann, nehmen wir nicht für voll, lehnen ihn ab. Ein guter Gesprächspartner zu sein, verschafft umgekehrt Achtung und Sympathie. Ein gelungenes Gespräch erzeugt Bindungen und kann Probleme lösen – im beruflichen wie im privaten Leben.

Nun führen wir alle ja täglich Gespräche, d.h., zumindest alle Erwachsenen verfügen offensichtlich über Gesprächsfähigkeit – wieso ist dann ihre Vermittlung überhaupt ein Thema? Wozu müssen viel Zeit und Geld für Schulungs- und Ausbildungsmaßnahmen zur Gesprächskompetenz eingesetzt werden, wozu sind hier wissenschaftliche Forschungen und didaktische Bemühungen notwendig? Die Erfahrungen in der Praxis, besonders in der beruflichen Kommunikation, zeigen, dass unsere „natürlichen" Fähigkeiten offenbar doch nicht in allen Situationen und für alle Zwecke ausreichen, zumindest nicht optimal sind. Um welche Situationen und Zwecke geht es aber konkret? Wo liegen hier die Schwierigkeiten? Was bedeutet es genau, eine gute Gesprächskompetenz zu besitzen? Welche Fähigkeiten verbergen sich dahinter? Und schließlich, wie kann man diese Fähigkeiten lehren bzw. erwerben? Dies sind einige der wichtigen Fragen, die sich mit dem bisherigen Erkenntnisstand nicht ohne Weiteres beantworten lassen und zu denen noch viel Forschung notwendig ist. Mit ihnen beschäftigen sich die Aufsätze in diesem Buch. Die Autoren sind Linguistinnen und Linguisten, die in der Gesprächsforschung arbeiten und mit der Vermittlung von Gesprächskompetenz befasst sind.

Die *Gesprächsforschung* (oder Diskursforschung) ist eine empirische Wissenschaft, die Gespräche hinsichtlich ihrer verschiedenen Formen und Funktionen untersucht. Sie analysiert die Handlungsweisen und die sprachlichen Mittel, mit denen die Gesprächsteilnehmer bestimmte Aufgaben im Gespräch lösen, und sie beschreibt und erklärt schließlich auch die Probleme, die in Gesprächen auftreten. Dabei arbeitet sie mit Ton- und Video-Aufnahmen, von denen sehr genaue Verschriftungen (sog. Transkripte) angefertigt werden. Solche Transkripte erleichtern die detaillierte Untersuchung von Gesprächen erheblich.

Die Arbeitsrichtung *Angewandte Gesprächsforschung* untersucht speziell das sprachliche Handeln in kommunikationsintensiven gesellschaftlichen Institutionen, z.B. in der Schule, der Verwaltung, der Wirtschaft oder dem Gesundheitswesen, und zielt dabei ausdrücklich auf die Anwendung der Ergebnisse in der Praxis.[1] Welche kommunikativen Aufgaben stellen sich dort und wie werden sie bearbeitet? Welche Probleme zeigen sich dabei und welche Lösungen stehen zu ihrer Bewältigung bereit? Die so gewonnenen, empirisch fundierten Erkenntnisse lassen sich gerade für die Entwicklung gesprächsdidaktischer Konzepte, für Kommunikationstrainings und die Förderung von Gesprächskompetenz gut verwenden. Darüber hinaus haben die Erfahrungen gezeigt, dass Transkripte als sehr effiziente Lehr- und Lernmittel verwendbar sind.

Die Beiträge dieses Bandes beruhen also auf der empirischen Analyse natürlicher Gespräche; einige der Artikel nehmen auch direkt auf Transkripte Bezug und verdeutlichen an ihnen die behandelten Phänomene und vorgetragenen Argumente. Sechs von den zehn Artikeln dieses Buches gehen auf Vorträge zurück, die auf der 33. Jahrestagung der Gesellschaft für Angewandte Linguistik (GAL) 2002 in Köln im Themenbereich „Analyse und Vermittlung von Gesprächskompetenz(en)" (Leitung: Reinhard Fiehler und Reinhold Schmitt) gehalten wurden. Neu hinzu gekommen sind die Artikel von Sylvia Bendel, Johanna Lalouscheck, Franz Januschek und Lucia Lambertini/Jan ten Thije.

Zum *Inhalt der Beiträge*:

Arnulf Deppermann erörtert Herausforderungen und Probleme, die der Begriff ‚Gesprächskompetenz' für die Gesprächsforschung mit sich bringt. Er diskutiert vor dem Hintergrund etablierter Kompetenztheorien, welche konzeptuellen Rahmenbedingungen sich mit dem Begriff der Gesprächskompetenz verbinden, und zeigt auf, warum der Begriff nur schwer mit dem Gegenstands- bzw. Wissenschaftsverständnis der Gesprächsforschung in Einklang zu bringen ist: Es handelt sich um einen normativen Begriff bzw. ein problem- und zweckorientiertes, perspektivengebundenes Konstrukt. Kompetenz lässt sich nicht direkt beobachten, sondern nur aus beobachtbaren Verhaltensweisen erschließen. Zudem

---

1 Ausführlicher dazu Becker-Mrotzek, Michael/Brünner, Gisela (1999): Gesprächsforschung für die Praxis: Ziele - Methoden - Ergebnisse. In: Sprache, Sprachwissenschaft, Öffentlichkeit. Hrsg.: Gerhard Stickel. Berlin/New York, 172 - 193.

– und das wiegt hier besonders schwer – bezieht sich das Kompetenzkonzept auf Individuen, nicht auf den Interaktionsprozess. Interaktion ist aber per definitionem etwas, das zwischen den Beteiligten geschieht bzw. gemeinsam hergestellt wird. Deppermann entwickelt interaktionstheoretische und methodologische Ansatzpunkte für die Entwicklung eines Begriffs von Gesprächskompetenz. Er geht dabei von einer doppelten Ausrichtung des Kompetenzbegriffs aus: einerseits auf die Fähigkeit zur interaktiven Kooperation und andererseits zum individuell erfolgreichen Kommunizieren. Diese Doppelorientierung diskutiert er hinsichtlich unterschiedlicher Aufgaben der Interaktionskonstitution und zeigt, dass beide Orientierungen in Konflikt miteinander geraten können. Die Problematik des Kompetenzbegriffs spiegelt somit die Problematik der Kriterien für angemessenes und erfolgreiches Interagieren.

Michael Becker-Mrotzek und *Gisela Brünner* gehen der Frage nach, wie Fähigkeiten und Fertigkeiten zum mündlichen Kommunizieren erworben werden. Ziel ihres Beitrags ist es, die beteiligten Prozesse für Analyse-, Beratungs- und Schulungszwecke zu systematisieren. Welche Teilfähigkeiten werden zum mündlichen Kommunizieren benötigt? Welche lassen sich leicht, welche nur schwer vermitteln? Welche Methoden eignen sich für die Vermittlung welcher Fähigkeiten?

Ausgangspunkt dieser Überlegungen sind die kommunikativen Erfordernisse, die sich aus der Gesprächssituation herleiten und sich als Anforderungen an die kognitiven und kommunikativen Fähigkeiten der Handelnden beschreiben lassen. Relevante Faktoren der Gesprächssituation sind etwa der Gesprächszweck, die Schwierigkeit der Thematik oder der Grad der Handlungsspielräume. Für die Bewältigung der unterschiedlichen Anforderungen sind je spezifische Kenntnisse und Fähigkeiten erforderlich, die sich nach den beteiligten Wissenstypen unterscheiden lassen (z.B. Wissen über Sprache und Kommunikation, aber auch Interessen und Planungskompetenzen, Formulierungsfähigkeit und Handlungsroutinen). Die verschiedenen Wissens- und Fähigkeitstypen werden auf unterschiedliche Weise erworben. Es lassen sich mehrere Dimensionen des Lernprozesses unterscheiden, die z.T. aufeinander aufbauen: Verstehen, Einsicht bzw. Überzeugung, dass ein bestimmtes Handeln sinnvoll ist, Behalten, Umsetzen und Beibehalten des Gelernten. Die Autoren versuchen, den systematischen Zusammenhang zwischen diesen Dimensionen des Lernprozesses und adäquaten Lehr-Lern-Formen herzustellen.

Annette Mönnich verfolgt die Frage, welche impliziten Konzeptualisierungen des Kommunikationslernens in Kommunikationstrainings wirksam sind. Sie untersucht Methoden für das Gesprächslernen im Hinblick auf die jeweils zugrunde liegenden Annahmen über die Veränderbarkeit von Kommunikationsverhalten, auf die mit ihnen verbundenen lerntheoretischen Konzepte und didaktisch-me-

thodischen Muster sowie auf ihre Affinität zum gesprächsanalytischen Konzept
von Gesprächsschulungen.

Die Rekonstruktion der impliziten Annahmen liefert Impulse für die Veränderung der didaktisch-methodischen Konzeption von Trainings. Mönnich plä-
diert dafür, Reflexions- und Übungs-Konzepte zu erweitern durch das „Lernen
lernen" der Teilnehmer/innen, durch stärkere Selbsttätigkeit und Selbstorganisation der Lernenden und durch Verbindung der Förderung individueller Gesprächskompetenzen mit Konzepten der Organisationsentwicklung.

Reinhard Fiehler und *Reinhold Schmitt* gehen davon aus, dass Kommunikationstrainings selbst als Kommunikation aufgefasst und gesprächsanalytisch untersucht werden können. Sie untersuchen, welche Voraussetzungen Trainer durch
ihr kommunikatives Verhalten für die von ihnen beabsichtigte Vermittlung von
Gesprächsfähigkeit selbst schaffen und wie sich die Vermittlung von Gesprächskompetenz in actu vollzieht.

Fiehler/Schmitt werten dafür zwei empirische Fallbeispiele aus einem sog.
„modellorientierten" und einem gesprächsanalytischen Kommunikationstraining
aus: Sequenzen, in denen sich die Trainingsgruppe unter Anleitung des Trainers
reflexiv-analytisch mit einem konkreten Gespräch beschäftigt (Rollenspiel bzw.
Ernstfall-Gespräch). Sie zeichnen nach, in welcher Form und zu welchen Zwek-
ken die Beteiligten sich mit diesen Gesprächen beschäftigen, wie Lehren und
Lernen von Gesprächsfähigkeiten kommunikativ organisiert sind und welche
Chancen und Risiken mit den jeweiligen Organisationsformen verbunden sind.
Als zentral erweisen sich die trainerabhängige Interaktionsdynamik, die Betrof-
fenheit der Teilnehmer und die Inszenierung der Trainer – Aspekte, die von
Trainern systematisch reflektiert und in ihren Implikationen bewusst gemacht
werden sollten.

Martin Hartung erörtert die Voraussetzungen für eine wirksame und nachhaltige
Verbesserung der Gesprächkompetenz. Er orientiert seine Darstellung am typischen Ablauf von Kommunikationstrainings, der von der Ermittlung des Trai-
ningsbedarfs über das Hineinholen der Alltagspraxis in das Training, das Erarbeiten und Einüben alternativer Verhaltensweisen, den Transfer in die Praxis bis
zur Erfolgskontrolle reicht.

Hartung diskutiert, wie in den einzelnen Phasen mit ihren spezifischen Aufgaben das Wissen und die Verfahrenweisen der Gesprächsforschung für Lösungen in der Praxis fruchtbar gemacht werden können. Er zeigt die Möglichkeiten
und besonderen Leistungen gesprächsanalytischer Trainings auf, aber auch ihre
Grenzen: Teilnehmer wie Entscheider bevorzugen nämlich oft griffig formulier-
bare Patentrezepte, die greifbarer sind als eine weiterentwickelte Gesprächskompetenz, die nur in der erfolgreichen Gesprächspraxis sichtbar werden kann. Der
bisher nur spärliche und zurückhaltende Austausch zwischen Trainingspraxis
und Gesprächsforschung muss intensiviert werden und das vielfältige Wissen der

Gesprächsforschung muss stärker didaktisch aufbereitet werden, um Eingang auch in die Ausbildung von Trainern zu finden.

Sylvia Bendel diskutiert kritisch das Verhältnis von drei Feldern, in denen die Gesprächsforschung tätig ist: die Grundlagenforschung, die die Funktionsweise natürlicher Gespräche beschreibt, die anwendungsorientierte Forschung, die neben der reinen Analyse Probleme herausarbeiten und Verbesserungsmöglichkeiten aufzeigen will, und drittens die privat finanzierte Auftragsforschung, die von Anfang an auf konkrete Massnahmen wie Schulungen zielt. Sie konstatiert, dass von der Grundlagenforschung kein direkter Weg zur anwendungsorientierten Bestimmung und praktischen Vermittlung von Gesprächskompetenz führt. Vielmehr schaffen eine mangelnde Differenzierung und Vermischung dieser Felder Probleme. Normen und davon abgeleitet Bewertungen von Gesprächsverhalten können nicht direkt aus der Gesprächsforschung heraus entwickelt werden, sondern sind abhängig von den Vorgaben und Zielen der Institution und den Zielen der Schulung. Werden Normen, wie sie bereits in einigen Grundbegriffen der Gesprächsforschung enthalten sind, unreflektiert eingesetzt, kann dies zu einseitigen Bewertungen führen.

Die Gesprächsforschung kann jedoch Methoden zur Verfügung stellen, mittels derer die typischen Kommunikationsabläufe und die möglichen Auswirkungen bestimmter Verhaltensweisen in der fraglichen Situation analysiert werden. Der Beitrag endet mit einem Plädoyer für die stärkere Trennung zwischen Grundlagenforschung, anwendungsorientierter Forschung und Auftragsforschung sowie einem kritischeren und transparenteren Umgang mit Normen.

Lucia Lambertini und *Jan ten Thije* stellen die Anwendung diskursorientierter Trainingskonzepte für interkulturelle Kommunikationstrainings vor. Die Analyse fokussiert vor allem das Verfahren der Simulation authentischer Fälle (SAF), eine diskursanalytisch fundierte Methode, die Professionellen handlungsorientiertes Lernen ermöglicht.

Anhand von empirischem Material untersuchen Lambertini und ten Thije Trainingsdiskurse von Mitarbeitern mehrerer Behörden, die es mit fremdkulturellen Klienten zu tun haben. Sie stellen den Trainingsablauf vor und zeigen, wie die Simulation authentischer Fälle im Rahmen eines interkulturellen Kommunikationstrainings angewendet werden kann. Um die Wissensvermittlung der Teilnehmer zu rekonstruieren, analysieren sie Beispiele, in denen authentische Fälle und ihre Simulation durch die Teilnehmer kommentiert und bewertet werden. Sie zeigen, wie dadurch unreflektiertes Handeln kritisch betrachtet und reflektierendes Handeln in einer Trainingssituation ausprobiert werden kann. Es wird deutlich, dass automatisierte Interpretationsmuster sich durch einen Reflexionsprozess de-automatisieren und in problembewusste und -lösende Fähigkeiten umwandeln lassen. Die Fähigkeit, fremde Sichtweisen zu übernehmen und diese zu der eigenen Sichtweise hinzuzuziehen, wird so verbessert.

Johanna Lalouscheck beschäftigt sich mit einem bisher wenig beachteten Vermittlungsaspekt, nämlich wie man im (beruflichen) Alltag selbst an der eigenen
Gesprächskompetenz arbeiten kann. Sie beschreibt das Konzept eines Trainings
zum kommunikativen Selbst-Coaching auf sprachwissenschaftlicher Basis sowie
seine Entwicklung und Erprobung in der medizinischen Ausbildung: MedizinstudentInnen sollen dazu befähigt werden, die eigene Gesprächsführungskompetenz, besonders in der Arzt-Patient-Kommunikation, in ihrer Ausbildung und
ihrem beruflichen Alltag selbständig zu überprüfen, zu überwachen und zu verbessern, und zwar unter Einsatz herkömmlicher und leicht anwendbarer Methoden der Gesprächsforschung. Das Trainingskonzept umfasst die Vermittlung eines sprachwissenschaftlich basierten Handwerkszeugs zur selbständigen Dokumentation, Auswertung und Verbesserung der geführten Gespräche. Ferner die
Entwicklung eines Manuals zur Gesprächsführung, das an die Erfordernisse und
praktischen Möglichkeiten der TeilnehmerInnen angepasst ist und sich stufenweise verändern lässt. Das vorgestellte Trainingskonzept ist auf andere Berufsgruppen problemlos übertragbar, da lediglich inhaltliche Anpassungen vorgenommen werden müssen, die Methode selbst aber unverändert bleibt.

Franz Januschek stellt ein innovatives Konzept zum Erwerb von Schlüsselqualifikationen für Studierende vor, und zwar ein Web-basiertes Training in Verbindung mit kompakten Präsenzphasen. Er fokussiert auf eines der Module,
„Selbstpräsentation", das u.a. auf die angemessene Beurteilung, die souveräne
und authentische Beherrschung subtiler sprachlicher und nonverbaler Ausdrucksmittel oder auf das Verhalten als ModeratorIn einer Diskussion zielt. Die
Studierenden lernen, authentische Aufnahmen mit simultan präsentierten Transkripten am PC zu analysieren und zu den jeweils präsentierten Situationen eigene, persönlich angemessene Alternativen zu entwickeln. Diese werden im Tandem mit distanten LernpartnerInnen per Internet optimiert. So vorbereitet probieren die Teilnehmer anschließend unter Anleitung im Kompaktseminar gemeinsam die erarbeiteten Handlungsmöglichkeiten aus.
    Das Modul zielt auf die Nutzbarmachung neuer Medien für den Erwerb re-
flektierter kommunikativer Fähigkeiten. Durch die Arbeit am PC und durch Vernetzung mit LernpartnerInnen lässt sich das Potential der Arbeit mit Transkripten
voll ausschöpfen. Der Nutzen von E-Learning wird im Erwerb von Kompetenzen, nicht so sehr von Wissen, gesehen. E-Learning ist dabei Bestandteil eines
integrierten Lernprozesses, der in pädagogischer Interaktion stattfindet und den
Mythos „Mensch-Maschine-Interaktion" überwindet. Internet und Computer
werden als Medien des Lernprozesses und nicht als lehrender Partner des Lerners
betrachtet.

Rüdiger Vogt beschäftigt sich mit der Schule als einer versprachlichten Institution, die zentralen Einfluss auf die Herausbildung von sprachlich-kommunikativen
Fähigkeiten der Heranwachsenden nimmt. Er konstatiert ein Primat der schriftsprachlichen Kompetenzförderung in der Schule; traditionell vermittelt sie Lesen

und Schreiben. Methodische Konzepte, um auch soziale kommunikative Fähigkeiten zu fördern, wurden erst im 20. Jahrhundert entwickelt. Für die beiden Aufgaben der Schule, die Qualifikation und die Selektion, ist das Medium Schrift ideal: Es ermöglicht eine Verdichtung von Lernprozessen und liefert nachprüfbare und vergleichbare Produkte. Die verwaltungsrechtlichen Rahmenbedingungen erzwingen geradezu eine stärkere Gewichtung schriftlicher Leistungen.

Demgegenüber argumentiert Vogt dafür, dass die Förderung von Sprechen und Schreiben zusammen gehört. Es gibt genügend Beispiele dafür, wie die Förderung des öffentlichen Sprechens und des individuellen Schreibens erfolgreich miteinander verknüpft werden können. Man muss nicht auf die Rhetorik – die vom Schreiben zum Sprechen führte – zurückgreifen, um sinnvolle Arrangements der Kombination von beidem anzuführen. In Schreibkonferenzen beispielsweise führt der Weg vom Textentwurf des Schülers über seine inhaltliche und formale Besprechung in einer Arbeitsgruppe zu einer Überarbeitung des Textes und schließlich zu dessen mündlicher Präsentation im Klassenplenum: Schreiben – Sprechen (in Kleingruppen) – Schreiben (Überarbeiten) – Sprechen (im Plenum).

Unser *Ziel* ist, mit diesen Ergebnissen und Diskussionen eine Fach-Öffentlichkeit innerhalb, aber auch außerhalb der Linguistik anzusprechen, die sich mit der Vermittlung von Gesprächsfähigkeiten beschäftigt. Wir wünschen uns und hoffen, dass der Band dazu beiträgt, die spezifischen Antworten, die die Gesprächsforschung hierzu geben kann, und die spezifischen gesprächsdidaktischen Konzepte, die auf diesem wissenschaftlichen Hintergrund entwickelt wurden, bekannter zu machen und den Austausch von Erkenntnissen, Erfahrungen und Ideen zu intensivieren.

Dies ist auch der Grund, weshalb wir das Buch gleichzeitig in zwei verschiedenen Medien veröffentlichen – als Band 43 in der Reihe „*forum* Angewandte Linguistik" der Gesellschaft für Angewandte Linguistik (GAL) im *Verlag Peter Lang* und als digitale Version online im *Verlag für Gesprächsforschung* (www.verlag-gespraechsforschung.de) zum download. Dass beide Verlage diese (noch) ungewöhnliche Publikationsstrategie unterstützen, dafür möchten wir ihnen herzlich danken.

So hoffen wir nun, dass das Buch nicht nur in der Linguistik rezipiert wird, sondern auch TrainerInnen, Personalfachleute und Multiplikatoren mit anderem fachlichen Hintergrund wie auch Studierende in der je angemessenen Weise erreicht und anspricht.

Dortmund / Köln im September 2003

‚Gesprächskompetenz' – Probleme und Herausforderungen eines möglichen Begriffs

Arnulf Deppermann

1 Das Heilsversprechen der Gesprächskompetenz

„Erfolgreich durch Kommunikation" (Klöfer/Nies 2001), „konstruktive Kommunikation steigert Innovativität und Effizienz" (LeMar 1997) oder ganz einfach „Wer richtig kommuniziert, wird reich" (Stöhlker 2001): Kommunikative Kompetenzen werden uns als Allheilmittel für Probleme jeder Art angepriesen. Vom Ehekrach bis zum Palästinakonflikt, vom Telefonmarketing bis zur Vorstandssitzung – überall scheint es nur auf die richtige Kommunikation anzukommen und schon ist jedes Problem so gut wie gelöst, ist jedes Ziel zu erreichen. So ist es zumindest, wenn man der Ratgeberliteratur glaubt. Aber worin besteht eigentlich die kommunikative Kompetenz, auf die es ankommen soll? Recht einig ist man sich, dass ‚aktives Zuhören' und ‚Feedback geben' dazu gehören. Doch ansonsten stehen sich reihenweise widersprüchliche Empfehlungen gegenüber, die oftmals sogar im gleichen Atemzug genannt werden: „Lach mal wieder" vs. „Achten Sie unbedingt auf Glaubwürdigkeit und Seriösität" oder: „Geben Sie Ich-Botschaften" vs. „Argumentieren Sie mit Fakten" oder: „Formulieren Sie kurz und prägnant" vs. „Berücksichtigen Sie den Beziehungsaspekt". Wenn wir uns anschauen, was die Ratgeberliteratur unter kompetenter Gesprächsführung versteht, dann stehen wir vor einem Gemischtwarenladen voller inkompatibler Vorschläge, denen weder eine Theorie des Gesprächs noch empirische Untersuchungen zugrunde liegen. Zudem sind sie meist so vage und allgemein gehalten, dass ihre Umsetzung in der konkreten Situation, die den Ratsuchenden interessiert, völlig nebulös ist. Die Kompetenz, Gespräche richtig zu führen, soll also eine Schlüsselqualifikation sein und alle möglichen Probleme lösen. Doch worin sie eigentlich in der konkreten Situation, in der ich mich als Ratsuchender befinde, bestehen soll, bleibt letzten Endes doch sehr unklar.

Der Begriff ‚Gesprächskompetenz' als solcher findet sich weder in der Ratgeberliteratur noch in wissenschaftlichen Veröffentlichungen. Dies mag daran liegen, dass sich ein modisches Lehnwort wie *Kompetenz* natürlich lieber mit einem ebensolchen wie *kommunikativ* paart als mit dem etwas altbackenen *Gespräch*. Doch die Gründe reichen tiefer: Gespräche zu führen wird von den meisten Menschen als etwas verstanden, das man sowieso dauernd tut und deshalb nicht eigens lernen muss. Es handelt sich um eine naturwüchsige, intuitive Fähigkeit, die kaum Gegenstand der systematischen und expliziten Vermittlung in institutionalisierten Curricula ist und daher – so die Meinung vieler – auch nicht systematisch zu verbessern sei. In der Wissenschaft wird dies von manchen auch so gesehen. Doch wichtiger sind wohl andere Gründe, warum in der Gesprächsforschung bisher kein Begriff von ‚Gesprächskompetenz' entwickelt wurde.

In diesem Beitrag möchte ich darlegen, dass sich mit dem Interesse an ‚Gesprächskompetenz' eine zu Teilen andere Perspektive auf Gespräche verbindet, als die Gesprächsforschung normalerweise einnimmt (3.). Trotzdem hat die Gesprächsforschung meiner Ansicht nach viele Ansatzpunkte für die Entwicklung einer Theorie von Gesprächskompetenz zu bieten (4.). Zuerst werde ich jedoch kurz die in der Sprach- und Kommunikationswissenschaft bekannten Kompetenzbegriffe Revue passieren lassen, um zu sehen, was sie für einen Begriff der ‚Gesprächskompetenz' hergeben können (2.).

2 Der Kompetenzbegriff in Sprach- und Kommunikationswissenschaft

Der Kompetenzbegriff ist in der Linguistik untrennbar mit Chomskys Transformationsgrammatik verbunden. Er bezeichnet seit Chomsky (1965) die Fähigkeit des idealen Sprecher-Hörers zur Produktion und Rezeption aller möglichen Sätze einer Sprache und insbesondere zur intuitiven Beurteilung ihrer Grammatikalität. ‚Kompetenz' ist hier der Gegenbegriff zur ‚Performanz', zur situierten Sprachverwendung, in der sich Abweichungen von der grammatischen Richtigkeit ergeben können. Die Unzulänglichkeit dieser Sicht, nach der Phänomene der gesprochenen Sprache genauso wie spezielle rhetorische, poetische und pragmatische Fähigkeiten linguistisch irrelevant sind, wurde ab Mitte der 60er Jahre vor allem von Dell Hymes (z.B. 1971; 1987; Saville-Troike 1989) kritisiert. Er postulierte eine *kommunikative Kompetenz*, die die Fähigkeit zum angemessenen Sprachgebrauch in unterschiedlichsten Kommunikationssituationen umfasst. Hymes' Begriff ist sehr weit gefasst, er meint nicht nur linguistische Fähigkeiten im engeren Sinne, sondern bspw. auch poetische, argumentative, narrative, nonverbale Fähigkeiten und kommunikationspsychologische Eigenschaften wie Mut, Empathie oder Vertrauen. Im Unterschied zu Chomsky sieht er kommunikative Kompetenz nicht als eine idealisierte, abstrakte, universale Fähigkeit, die letzten Endes auf der biologischen Ausstattung des Menschen beruht. Ganz im Gegenteil, für Hymes ist kommunikative Kompetenz hochgradig milieu- und kontextspezifisch. Praktisch jeder ihrer möglichen Gehalte ist sozial ungleich verteilt. Zwischen diesen beiden Extrempositionen gibt es nun eine Menge unterschiedlicher Kompetenzkonzeptualisierungen, so z.B. die einer umfassenderen Sprachkompetenz bei Coseriu (1988), die Idee einer Performanzkompetenz oder Habermas' Entwurf einer Universalpragmatik (Habermas 1984). Habermas' Ideen haben dabei sowohl in der Linguistik als auch in den Sozialwissenschaften die breiteste Rezeption erfahren, die sich jedoch, so meine ich, zu einem guten Teil grundsätzlichen Missverständnissen verdankt. So geht es Habermas um universelle Geltungsbedingungen, die jede sinnvolle Rede *idealiter* zu erfüllen habe, um als solche verständlich zu sein. Damit ist jedoch nichts darüber ausgesagt, ob Kommunikation *realiter* so verläuft, welche situationsspezifischen Anforderungen sich für Kommunikatoren stellen und ob und wie die behaupteten Geltungsansprüche einlösbar sind bzw. stets eingelöst werden müssen.

Inwiefern sind diese Kompetenzbegriffe für die Gesprächsforschung anschlussfähig? Die Gesprächsforschung ist eine empirische Wissenschaft; für sie sind insofern idealisierte, empirisch nicht auszuweisende Konstrukte unbrauchbar, die das Faktum der Diversität von Gesprächssituationen, -anforderungen, -problemen und -bewältigungsmöglichkeiten konzeptionell nicht zu fassen vermögen. Die Gesprächsforschung kann also nicht an Chomsky oder Habermas, sondern am ehesten an Hymes anknüpfen.[1]

Wenn wir nun die universalistischen, biologischen oder idealisierten Verständnisse von ‚Kompetenz‘ ausschließen, was bleibt dann von dem Begriff übrig? Festzuhalten scheint mir, dass ‚Kompetenz‘ auf jeden Fall eine Fähigkeit meint, die

* individuell zuzuschreiben ist,
* ein Potenzial bzw. Repertoire von Alternativen beinhaltet,
* generativ ist (eine unbestimmte Menge von Handlungen regelbasiert erzeugen kann),
* kognitiv verankert ist,
* normativ abgegrenzt ist (im Sinne der Unterscheidung von kompetenten und inkompetenten Handlungen).

3 Warum Gesprächskompetenz (bisher) kein Gegenstand der Gesprächsforschung ist

Um zu verstehen, warum ‚Gesprächskompetenz‘ in der Gesprächsforschung bisher kein eingeführter Begriff ist und dazu keine spezifischen Forschungen existieren, will ich kurz den methodologischen Ansatz der Gesprächsforschung und die aus dieser Sicht zentralen Grundeigenschaften von Gesprächen in Erinnerung rufen. Die Gesprächsforschung ist eine empirische Wissenschaft, die mit Audio- und Video-Aufnahmen natürlicher Gespräche arbeitet, welche detailliert mit Transkript und Aufnahme analysiert werden. Für jede Gesprächsanalyse grundlegend sind folgende Eigenschaften (vgl. Deppermann 1999, 8):

---

1 Zumindest in diesem Zusammenhang soll nicht behauptet werden, dass die genannten universalistischen Modelle generell unzutreffend seien. Der Punkt ist vielmehr, dass sie keine Konzepte dafür bereit stellen, mit denen Differenzen, Aufgaben, Probleme, Möglichkeiten etc., die sich im Zusammenhang mit Gesprächskompetenz stellen, zu beschreiben, zu analysieren und zu bewerten sind.

Gespräche sind
- *prozesshaft*: zeitlich, flüchtig, offen und allenfalls ihrer Typik nach erwartbar;
- *interaktiv*: sie kommen durch das Wechselspiel von Handlungen aufeinander bezogener Teilnehmer zustande;
- *methodisch hergestellt*: die Teilnehmer benutzen kulturell verbreitete und erwartete Verfahren und Normalformen;
- *pragmatisch* orientiert: sie werden vollzogen zur Bearbeitung von Aufgaben und Zielen und schaffen soziale Wirklichkeiten (Beziehungen, Identität, Sachverhalte etc.);
- konstituiert durch Aktivitäten auf *verschiedenen Ebenen* und in *verschiedenen semiotischen Modalitäten* (Sprache, Stimme, Mimik, Gestik, Proxemik etc.).

Vor diesem Hintergrund wird nun klarer, warum die Gesprächsforschung Probleme mit dem Kompetenzbegriff hat. Ich sehe vier Gründe:
- die Zentrierung der Gesprächsforschung auf den Interaktionsprozess (3.1);
- die performanzbezogene Ausrichtung der Gesprächsforschung (3.2);
- der faktizistische Ansatz der Gesprächsforschung (3.3);
- das theoretische Interesse der Gesprächsforschung (3.4).

3.1 Die Zentrierung der Gesprächsforschung auf den Interaktionsprozess

Die Gesprächsforschung stellt ins Zentrum ihrer Analyse den Interaktionsprozess, nicht das interagierende *Individuum*. Kompetenz ist jedoch zunächst einmal eine Eigenschaft des Individuums und höchstens sekundär bzw. darauf aufbauend eine Eigenschaft von Interaktionssystemen (etwa Arbeitsteams oder Familien). Um zu einem fundierten Kompetenzbegriff beizutragen, müsste die Gesprächsforschung also die Art und Weise, wie eine Person im Gespräch agiert, in den Mittelpunkt ihrer Betrachtungen stellen, allerdings ohne dabei die prozessuale und interaktive Verflechtung des individuellen Handelns außer Acht zu lassen. Täte sie dies, würde sie gerade einen ihrer größten Vorteile gegenüber psychologischen oder rhetorischen Kompetenzkonzepten verlieren.

3.2 Die performanzbezogene Ausrichtung der Gesprächsforschung

Gesprächsforschung ist eine Beobachtungswissenschaft, die faktisches Handeln untersucht. Kompetenz ist dagegen ein *Potenzialitätsbegriff*, nicht deskriptiv und durch Beobachtungen *unterbestimmt*. Nehmen wir als Beispiel die Kommunikation unter Jugendlichen: Wenn wir beobachten, dass sich Jugendliche ungrammatisch, vulgär und unhöflich ausdrücken, dann impliziert dies *per se* nicht, dass sie nicht anders können – dies ist der induktive Fehlschluss vieler Kulturkritiker. Es impliziert aber genauso wenig, dass sie es sonst können – dies ist der Fehlschluss *ad ignorantiam*, dem manche Stilforscher zu erliegen scheinen. Dass der Schluss von beobachteten Performanzen auf Kompetenzen in vieler Hinsicht problematisch und gewunden ist, liegt u.a. daran, dass beobachtbares Verhalten durch vielfältige, oft nicht erkennbare (Stör-)Faktoren beeinträchtigt sein kann und deshalb Kompetenz nicht reflektiert und dass die Person immer nur unter wenigen, spezifischen Bedingungen erfasst wird. Um tatsächlich Kompetenzrepertoires zu rekonstruieren, wäre es nötig, eine Person in verschiedenen Kontexten (z.b. verschiedene Partner, Themen, Aufgaben) zu verfolgen, was in der Gesprächsforschung nur sehr selten gemacht wurde (s. aber Spranz-Fogasy 1997). Ein weiteres, primär theoretisches Problem der Unterbestimmtheit der Kompetenz durch Beobachtungen ist, dass ein und dieselbe Beobachtung durch sehr unterschiedliche Modellierungen von Kompetenzen erklärt werden kann. Anhand von Beobachtungen kann somit vielfach nicht zwischen inkompatiblen Kompetenzmodellen entschieden werden.

3.3 Der faktizistische Ansatz der Gesprächsforschung

Gesprächsforschung ist eine Tatsachenwissenschaft. ‚Kompetenz' ist aber auch ein *normativer Begriff*: Er beinhaltet ein Können im Sinne einer ‚geglückten Performanz'. Nicht jedes Tun, jede Performanz ist aber allein deshalb schon, weil sie so vollzogen wird, auch geglückt. Hier stoßen wir auf einen grundsätzlichen Unterschied zwischen dem Wissenschaftsverständnis der Gesprächsforschung, wie es insbesondere von der Ethnomethodologie formuliert wurde, und dem Interesse an Gesprächskompetenz: Die Gesprächsforschung untersucht faktisches Gesprächshandeln und versucht dieses als systematische Bearbeitung von Gesprächsaufgaben verständlich zu machen, also das faktische Interagieren als eine immer schon sinnvolle Lösung zu verstehen.[2] Ein Kompetenzbegriff geht jedoch davon aus, dass es in jeder Situation kompetente und nicht kompetente Handlungsweisen gibt. Ohne diesen Unterschied wäre die Rede von ‚Kompetenz' leer. D.h. aber: Man braucht Kriterien für kompetentes und nicht-kompetentes Handeln. Diese erfordern eine eigenständige Reflexion auf die Kriterien für angemessenes bzw. erfolgreiches Handeln und die Setzung entsprechender Ziele. Sehr aufschlussreich ist in diesem Zusammenhang die Differenzierung von vier ontologischen Ebenen, die Hymes (1971) im Zusammenhang mit der Bestimmung kommunikativer Kompetenzen vorschlägt:

---

2 Das ethnomethodologische, auch für die Konversationsanalyse leitende Prinzip ist das der ethnomethodologischen Indifferenz (s. Garfinkel/Sacks 1976; Patzelt 1987, 36ff.). Es gebietet, sich des Urteils über die Zweckmäßigkeit, moralische Richtigkeit, Wahrheit, Angemessenheit etc. der Handlungen und Aussagen der Untersuchten zu enthalten. Die untersuchte soziale Realität ist also nicht an Annahmen zu bemessen, die der Analytiker als Kriterium für Wahrheit, Normalität oder Wünschenswertes veranschlagt, sondern es ist die Eigenlogik der Wirklichkeitskonstruktionen der Beteiligten selbst, die rekonstruiert werden soll.

- Die faktische Kompetenz: Wie handelt eine Person tatsächlich?
- Die ideale Kompetenz: Welches Handeln ist wünschenswert?
- Die mögliche Kompetenz: Welches Handeln ist – mit Hilfe von Beratung, Training usw. – zu erreichen?
- Die situativ-institutionelle Ebene: Welches Handeln ist unter den gegebenen Bedingungen realisierbar?

Die theoretisch ausgerichtete Gesprächsforschung, vor allem in ihren konversationsanalytischen und ethnographischen Ausprägungen, befasst sich bisher mit der ersten Ebene, da sie sich als empirische und nicht als normative Wissenschaft versteht. Zumindest manchmal wären normative Kriterien aber durchaus mit Hilfe empirischer Daten, nämlich aus den von den Gesprächsbeteiligten selbst veranschlagten Gesprächszwecken (sowie weiteren erwünschten bzw. unerwünschten Konsequenzen) und den im Gespräch selbst von Beteiligten gezeigten Reaktionen zu gewinnen. Fiehler (1999) nennt dies „deskriptive Normen". Diese könnten als Kriterien veranschlagt werden, an denen die Funktionalität der Handlungen der Gesprächsbeteiligten zu bemessen wäre. Allerdings ist zu beachten, dass die Gesprächsforschung bisher eigentlich nie systematisch nach *optimalen*, sondern nur nach normalen Realisierungen von Praktiken Ausschau gehalten hat. Und um solche optimalen Realisierungen würde es häufig eher gehen, wenn wir von Kompetenz sprechen, als um bloß normale Realisierungen – wenn wir etwa fragen, wie bestimmte Aufgaben möglichst effizient, störungsfrei, vollständig, zukünftigen Problemen vorbeugend etc. gelöst werden können. Die normative Bestimmung von Kompetenzkriterien beinhaltet letzten Endes immer eine nicht-empirische Wert-Entscheidung, die zwar sehr wohl mit empirischen Argumenten begründet aber nie durch sie vollständig determiniert werden kann. Dazu später mehr.

3.4 Das theoretische Interesse der Gesprächsforschung

Die Differenz zwischen der empirischen Ausrichtung der Gesprächsforschung und dem normativen Begriff der ‚Gesprächskompetenz' ist in Bezug auf die Angewandte Gesprächsforschung umso zentraler, da diese als *pädagogisch-normative* Wissenschaft auf jeden Fall normative Standards braucht. Sonst ist überhaupt kein Ziel für Beratung oder Training und kein Kriterium für ihren Erfolg zu formulieren. Insofern hängt an einem so verstandenen Begriff von Gesprächskompetenz ein wesentlicher Teil des professionellen Anspruchs der wissenschaftlich fundierten Vermittlung von Gesprächskompetenzen. Damit ist noch nicht gesagt, welche Normen gelten sollen, wer die Normen setzt, wie eng oder flexibel sie sind. Klar ist aber, dass man hier zwangsläufig über den Bereich hinaus gehen muss, der durch die rekonstruktiven (nicht: präskriptiven) Standards der wissenschaftlichen Gesprächsforschung abgedeckt ist. Eine vierte Differenz liegt also darin, dass die Konstrukte der Gesprächsforschung Instrumente für *theoretische* Erkenntniszwecke sind, der Begriff der ‚Gesprächskompetenz' im Anwendungskontext jedoch in Bezug auf *praktische* Zwecke formuliert werden muss. Je nachdem, welche Ziele erreicht werden sollen, welche Kommunikationssituationen und -aufgaben praktisch interessieren, und wohl auch in Abhängigkeit davon, welche Individuen beraten oder trainiert werden sollen, wird dasjenige, was jeweils konkret unter ‚Gesprächskompetenz' zu verstehen ist, sehr unterschiedlich ausfallen.

4 Ansatzpunkte für einen gesprächsanalytisch fundierten Begriff der Gesprächskompetenz

Obwohl es also gute Gründe gibt, warum die Gesprächsforschung sich bisher nicht um die Formulierung von Modellen von Gesprächskompetenz gekümmert hat, gibt es doch genügend Ansatzpunkte für die Entwicklung eines gesprächsanalytisch fundierten Begriffs von ‚Gesprächskompetenz' (s.a. Nothdurft 2000). Dazu gehören in jedem Falle:

*   die empirische Methodologie der Gesprächsforschung (4.1);
*   allgemein: eine Theorie der verbalen Interaktion (4.2);
*   speziell: eine Analyse („Mikrotheorie") der Aufgaben-, Problem- und Möglichkeitsstruktur des Gesprächstyps bzw. der Gesprächsanlässe, in Bezug auf die sich Fragen der Diagnose und Vermittlung von Gesprächskompetenzen stellen (4.3);
*   hinzu kommen muss – wie gesagt – eine Reflexion auf die Ziele, die ein erfolgreiches bzw. gelungenes Gespräch ausmachen sollen, und die Aufstellung entsprechender Kriterien (4.4).

Diese Punkte will ich im Folgenden erläutern.

4.1 Die Methodologie der Gesprächsforschung

Ausgangspunkt der Gesprächsforschung ist weder die ideologische Spekulation, wie Gespräche angeblich sind oder sein sollen, noch die Orientierung an schriftsprachlichen oder rhetorischen Standards, sondern die detaillierte Untersuchung authentischer Gespräche: Wie funktionieren sie tatsächlich, welche besonderen Bedingungen sind bei der mündlichen Kommunikation zu berücksichtigen, welche Probleme können in ihnen entstehen? Insbesondere verfügt die Gesprächsforschung über einen reichen Schatz an spezifischen Erkenntnissen über bestimmte Gesprächstypen, -strategien, Formulierungsverfahren, Partnerkonstellationen etc., der zu nutzen ist, um empirisch gestützt Probleme zu identifizieren, sie begrifflich zu fassen, Handlungsalternativen zu verdeutlichen, mögliche und wahrscheinliche Konsequenzen nachzuweisen (Fiehler 1999; 2001).

4.2 Aspekte einer Theorie der verbalen Interaktion

Es gibt bisher keine ausgearbeitete und einigermaßen umfassende Theorie der verbalen Interaktion. Aber es gibt gesicherte, sehr allgemeine Aussagen über Grundeigenschaften von Gesprächen, die zu Beginn von Kapitel 3 angesprochen wurden. Diese Grundeigenschaften bringen jeweils bestimmte Problempotenziale mit sich, vor allem dann, wenn Gesprächsteilnehmer von bestimmten, weit verbreiteten, aber unzutreffenden, dysfunktionalen Fehlerwartungen ausgehen (vgl. Nothdurft 2000), die mit diesen Grundeigenschaften konfligieren. Entsprechend sind Gesprächskompetenzen in Bezug auf den Umgang mit diesen Eigenschaften und Problemen zu formulieren. Im Folgenden nenne ich bezogen auf die einzelnen Grundeigenschaften jeweils einige Probleme, Fehlerwartungen sowie Kompetenzen, deren Förderung Gegenstand von Gesprächsberatung und -training werden kann. Die Beispiele erheben keinen Anspruch auf Vollständigkeit und verstehen sich auch nicht als systematische Aufordnung des jeweiligen Eigenschaftsbereichs.

a) Die Eigenschaft ‚Prozessualität' umfasst Phänomene wie Flüchtigkeit, Zeitlichkeit, Kontextabhängigkeit und Offenheit von Gesprächsprozessen.

- Probleme entstehen hier durch Vergessen, falsche Erinnerungen, durch Bedeutungswandel und Mehrdeutigkeit in wechselnden Kontexten, durch selektive, einseitige oder falsch kontextualisierte Interpretation und beim Handeln unter Zeitdruck.
- Fehlerwartungen gehen von der Eindeutigkeit und Stabilität von sprachlichen und interaktiven Phänomenen aus, so zum Beispiel die verbreitete Ansicht, nach der es immer eine, für alle gültige richtige Interpretation einer Äußerung bzw. eines Wortes geben müsse.
- Zu fördernde Kompetenzen für den Umgang mit Prozessualität sind die Verbesserung von Erinnerungsfähigkeiten, die Strukturierung und Sicherung von (Zwischen-)Ergebnissen in Gesprächsprozessen und die Sensibilisierung für die Vielfalt und Bedingungen von Interpretationsmöglichkeiten.

b) Die Eigenschaft ‚Interaktivität' meint, dass Handeln und Bedeutung im Gespräch vom Gesprächspartner abhängig, auf den anderen bezogen formuliert sind und von seiner Reaktion beeinflusst werden.

- Probleme im Umgang mit Interaktivität sind insbesondere die fehlende Berücksichtigung der Voraussetzungen des Adressaten (Kenntnisse, Interessen, emotionale Dispositionen etc.), die mangelnde Beachtung und inadäquate Interpretation seiner Reaktionen, ein fehlender Adressatenzuschnitt von Äußerungen und das Versäumnis, Verständnis bzw. Konsens zu prüfen.
- Fehlerwartungen entstehen aus der Annahme, Gesprächsverlauf, -erfolg und Reaktionen einseitig kontrollieren und vorhersehen zu können, die Bedeutung des Gesagten sei ausschließlich von der Intention des Sprechers abhängig und durch sie für alle wirksam definiert. Unflexible, vorgefertigte Bilder des Gesprächspartners führen zu unangepassten Handlungen und unzutreffenden, voreingenommenen und einseitigen Interpretationen.

- Kompetenzen, die zu entwickeln sind, sind die adäquate Einschätzung von Adressatenmerkmalen und ihrer Relevanz für die Kommunikation, die Schulung der Aufmerksamkeit, die Sensibilisierung für und die adäquate Interpretation von Reaktionen, die Kontrolle der eigenen Wirkung und Interpretierbarkeit, die kommunikative Selbstwahrnehmung und -reflexion sowie die Entwicklung adressaten- und situationsspezifisch flexibler Äußerungsrepertoires.

c) Die Methodizität der Herstellung von Gesprächen erfordert die aktive wie rezeptive Beherrschung von kulturellen Etiketten und Normalformen, von institutionellen Handlungsschemata, Konventionen und Gepflogenheiten.

- Probleme entstehen hier aus Unkenntnis, Fehlannahmen und Kompetenzdefiziten bzgl. relevanter Methoden und der auf sie bezogenen Erwartungen und Interpretationen von Gesprächspartnern.
- Typische Fehlerwartungen gehen davon aus, dass die eigenen Normalitätserwartungen gar nicht reflektiert oder (oft auch moralisch aufgeladen) als universell gültig veranschlagt werden und dass Gesprächsfähigkeiten als naturgegeben angenommen und Abweichungen als böswillig oder personal diskreditierend veranschlagt werden.
- Zu entwickelnde Kompetenzen bestehen in einem möglichst großen Repertoire von differenzierten gesprächstyp-, kultur-, situations- etc. spezifischen Fähigkeiten zum Erkennen, Interpretieren und metakommunikativen Darstellen von Gesprächsverläufen und -problemen als auch zur flexiblen Produktion von Beiträgen und zur Reparatur von Kommunikationsstörungen. Weiterhin wichtig ist die Fähigkeit, situationssensitiv zwischen der Orientierung an Angemessenheitsvorstellungen und ihrem Durchbrechen zur Erzielung besonderer Aufmerksamkeits-, Sinn-, Unterhaltungs- etc. Effekte wechseln zu können.[3]

d) Die Pragmatizität von Gesprächen bezieht sich auf deren Ziel- und Aufgabenstruktur, die gerade für berufliche Interaktionen maßgeblich ist; allgemeiner noch meint sie die Qualität von Gesprächen, Wirklichkeiten verschiedenster Art (z.B. Identitäten, Beziehungsstrukturen, Verpflichtungen, Berechtigungen etc.) zu schaffen.

- Probleme liegen hier in mangelnder Zielorientierung von Gesprächsbeteiligten, ungenügender Bearbeitung von Zielerreichungsschritten und -voraussetzungen (Vor-/Nebenbedingungen) oder in der Vernachlässigung des „Beziehungsaspekts".
- Fehlerwartungen bestehen in der einseitigen Fixierung auf den Inhaltsaspekt oder in der Vorstellung, dass sich Gespräche natürlich und ungeplant entwickeln und keiner Vorbereitung, keines systematischen Vorgehens und keines bewussten Monitorings in ihrem Verlauf bedürften.
- Zu fördernde Kompetenzen sind die Beachtung von Beziehungs- und Identitätsbelangen, die konsequente Verfolgung von Zielen und den zu ihrer Er-

---

3 Dies entspricht der aus der antiken Rhetorik bekannten Gegenüberstellung von *aptum* vs. *licentia*, die in der rhetorischen Gestaltung zu balancieren sind.

füllung notwendigen sachlichen und gesprächsprozessualen Instrumentalitäts- und Aufbauverhältnissen.

e) Der Aspekt der Konstitutivität von Gesprächshandlungen meint, dass alles, was im Gespräch geschieht, letzten Endes allein durch die lokalen Aktivitäten der Beteiligten hergestellt wird.

- Probleme liegen hier vor allem in dysfunktionaler und wenig beachteter nonverbaler Kommunikation und sprachlichem Ausdruck, in Unflexibilität und restringierten Repertoires.
- Fehlerwartungen unterschätzen nonverbale Kommunikation, Stimme und Fomulierungsweise oder gehen aus von an der Schriftsprache orientierten Formulierungsstandards (wie „Immer ganze Sätze produzieren", „Keine Heckenausdrücke verwenden" etc.).
- Entwicklungsfähige Kompetenzen betreffen hier die Wahrnehmung und den systematischen Einsatz von Stimme, nonverbaler Kommunikation und Formulierungsweisen.

4.3 Strukturen spezifischer Gesprächsaufgaben

Gesprächsanlässe und -aufgaben in der modernen Gesellschaft sind derartig unterschiedlich, dass das Postulat und, mehr noch, der Versuch der Vermittlung einer allgemeinen Gesprächskompetenz völlig unzulänglich und irreführend wäre. Die detaillierte Untersuchung authentischer Gespräche zeigt, welch unterschiedliche und teilweise gar gegensätzliche Anforderungen in verschiedenen Gesprächssituationen bestehen. Förmlichkeit vs. Informalität, Gesprächssteuerung vs. Offenheit, Vagheit vs. größtmögliche Präzision – dies sind ein paar Beispiele für gegensätzliche Handlungsorientierungen, die jeweils in der einen Situation angemessen und zuträglich sind, unter anderen Umständen und Zielvorgaben aber das sichere Scheitern des Gesprächs nach sich ziehen. Allgemeine Regeln helfen also kaum weiter, da sie zum einen für viele Situationen gerade nicht adäquat sind und eher Probleme schaffen anstatt sie zu lösen. Zum anderen sind viele Regeln zu abstrakt: Es ist oft unklar, wie sie auf eine konkrete Gesprächssituation zu beziehen sind, oder es gibt viele Möglichkeiten ihrer Umsetzung, von denen einige sehr dysfunktional sind (Fiehler 1999).

Um den Begriff ‚Gesprächskompetenz' sinnvoll zu füllen und zur Grundlage von Kommunikationsberatung oder -training zu machen, ist es daher zunächst nötig, die spezifischen Anforderungen, Ziele, Probleme und Möglichkeiten eines Kommunikationsfeldes zu analysieren (s.a. Hartung in diesem Band). Wie Reinhard Fiehler (1999; 2001) immer wieder betont hat, ist diese Analyse der Aufgaben- und Problemstruktur die unerlässliche Voraussetzung für eine gezielte und tatsächlich praxisrelevante Förderung von Gesprächskompetenzen, da sonst unklar bleibt, woran es fehlt und welche Optionen gestärkt werden sollten. Insofern sind, zumindest aus wissenschaftlicher Sicht, zunächst einmal bestimmte Gesprächsaufgaben und -probleme die Bezugsgegenstände von Kompetenzen. In einem zweiten Schritt ist dann zu überlegen, wie man diese Kompetenzen im Einzelfall optimal auf die spezifischen Möglichkeiten und Grenzen von Individuen zuschneidet.

4.4 Norm- und Zielreflexion

Was als kompetentes Gesprächsverhalten gelten soll, ist norm- und zielabhängig. Diese Abhängigkeit zeigt sich sehr deutlich im Spannungsverhältnis zwischen einer Sicht, nach der Gesprächskompetenz die Fähigkeit zur verständigungsorientierten, interaktiven Kooperation beinhaltet,[4] und einer Sicht, nach der es auf die Fähigkeit zum individuell erfolgreichen Kommunizieren ankomme. Natürlich stehen beide Fähigkeiten nicht immer im Gegensatz zueinander – viele Ziele lassen sich nur kooperativ und verständigungsorientiert im Habermas'schen Sinne erreichen. Aber es ist evident, dass Kooperativität, Verständigungsorientierung und Transparenz häufig genug nicht unbedingt den Zielen einzelner Akteure förderlich sind, die leichter durch beeindruckenden Klangzauber, einseitige Informationen oder kommunikative Abkürzungsstrategien zu erreichen sind. Und es ist auch evident, dass beides zu Teilen sehr unterschiedliche Fähigkeiten von den Gesprächsteilnehmern erfordert.

Dieses Spannungsverhältnis von gleichberechtigter Kooperation und einseitiger Zieldurchsetzung ist beispielsweise immer wieder in Schlichtungsgesprächen (Mediationen) zu konstatieren. Einigungen in Schlichtungsgesprächen beruhen nominell auf dem Prinzip der Freiwilligkeit: Eine Einigung soll in einem wechselseitigen Prozess der Perspektivenvermittlung und des Ausgleichs stattfinden, dessen Ergebnis von allen aktiv getragen und bejaht wird. In der Tat findet nach meinen Beobachtungen zunächst auch eine offene Aushandlung statt, in der die Gegner die Möglichkeit haben, ihre jeweilige Konfliktsicht, ihre Bewertungen und Interessen detailliert darzulegen. Sobald aber die Parteien ihrem Unmut Luft gemacht haben und der Schlichter selbst zu einer eigenen Konfliktsicht gelangt ist, entwickelt er eine meistens sehr minimale Konfliktdefinition und einen ebenso minimalen Einigungsvorschlag (Deppermann 1997). Die versucht er dann aber mit allen rhetorischen Registern, nach dem Prinzip von „Zuckerbrot und Peitsche", durchzusetzen: Er wirbt und droht, er zeigt Empathie und würdigt Konzessionsbereitschaft der Parteien, er spielt seine juristische Autorität, seine Erfahrung und seinen institutionell-moralischen Status aus. All dies geschieht stets im Dienste der Durchsetzung seines Vorschlags als einer Einigung, die dann schließlich von allen „freiwillig" unterzeichnet wird. Im Lichte einer Diskursethik, die maximale Autonomie, Transparenz und herrschaftsfreie Kommunikation ohne Zwang fordert, ist dieses Handeln sicherlich als manipulativ und als Funktionalisierung institutioneller und kommunikativer Macht zu kritisieren, und es zeigt sich auch, dass sich die Parteien selbst häufig nicht ausreichend berücksichtigt fühlen. In anderen Hinsichten ist dieses Handeln der Schlichter je-

---

4 So zum Beispiel Geissner (1999).

doch sehr funktional: Indem die institutionelle Behandlung der Streitfälle durch Schlichtung formal beendet wird, werden die Gerichte entlastet; darüber hinaus wird weiteren Eskalationen vorgebeugt, die fast zwangsläufig entstehen, wenn der Streit über Jahre durch mehrere Instanzen getragen, Kollegen und Nachbarn als Zeugen mit hineingezogen und große Mengen an Geld für Prozesskosten ausgegeben werden.

Was ist hier also kompetentes Handeln? Welche Fähigkeiten wären zu fördern, wenn wir Schlichter beraten oder trainieren wollten? Es liegt auf der Hand, dass diese Frage nicht allein gesprächsforscherisch beantwortet werden kann. Hier sind sozial- und rechtspolitische, institutionspraktische, ökonomische, ethische und psychologische Erwägungen maßgeblich. Ihre Abwägung bestimmt, was als kompetentes und insofern wünschenswertes Handeln gelten kann. Ein Teil der Problematik des Kompetenzbegriffs geht also weit über Fragen hinaus, die die Gesprächsforschung unmittelbar beantworten kann. Was Kompetenz eigentlich ausmacht, ist bereits im alltäglichen Handeln und in öffentlichen Diskursen umstritten – bereits hier stellt sich die Frage, welche Kriterien für angemessenes und erfolgreiches Interagieren zu veranschlagen sind. Was als kompetent gilt, ist letzten Endes immer auch eine Frage der Kriterien, die eine Kommunikationsgemeinschaft bzw. ein Auftraggeber veranschlagt. Wie Max Weber bereits Anfang des letzten Jahrhunderts festgestellt hat, hat die Wissenschaft als Wissenschaft keine Werte oder Ideologien vorzugeben. Sie kann sich aber sehr wohl an der Normdiskussion beteiligen, indem sie zeigt,
- welche Handlungsweisen für welche Ziele mehr oder weniger tauglich sind,
- welche Sachverhalte für welche Ziele zu mobilisieren sind,
- welche eventuell unerwünschten Konsequenzen die Verfolgung und Erreichung dieser Ziele nach sich zieht und
- in welchen Abhängigkeiten und in welchem eventuell widersprüchlichen Verhältnis unterschiedliche Ziele zueinander stehen (vgl. Weber 1930).

All diese Fragen stellen sich regelmäßig im Bereich der Kommunikationsbeurteilung, -beratung und -training. Empirisch begründete Antworten auf diese Fragen und realistische Erwartungen, was Gespräche leisten können und was nicht, bedürfen der detaillierten gesprächsanalytischen Untersuchung, und deshalb hat die Gesprächsforschung auch in dieser Hinsicht einen wesentlichen Beitrag zu leisten.

Literatur

Chomsky, Noam (1965): Aspects of the theory of syntax. Cambridge, Mass.
Coseriu, Eugenio (1988): Sprachkompetenz. Tübingen.
Deppermann, Arnulf (1997): Glaubwürdigkeit im Konflikt. Frankfurt am Main.
Deppermann, Arnulf (1999): Gespräche analysieren. Opladen.
Fiehler, Reinhard (1999): Kann man Kommunikation lehren? Zur Veränderbarkeit von Kommunikationsverhalten durch Kommunikationstrainings. In: Brünner, Gisela / Fiehler, Reinhard / Kindt, Walther (Hgg.): Angewandte Diskursforschung. Band 2.

Wiesbaden, 18-35. Kostenloser Download unter „www.verlag-gespraechsforschung. de".

Fiehler, Reinhard (2001): Gesprächsanalyse und Kommunikationstraining. In: Brinker, Klaus / Antos, Gerd/Heinemann, Wolfgang / Sager, Sven (Hgg.) Text- und Gesprächslinguistik. 2. Halbband. Berlin, 1697-1710.

Garfinkel, Harold / Sacks, Harvey (1976): Über formale Strukturen praktischer Handlungen. In: Weingarten, Elmar / Sack, Fritz / Schenkein, Jim (Hgg.): Ethnomethodologie. Frankfurt am Main, 130-176.

Geißner, Hellmut K. (1999): Entwicklung der Gesprächsfähigkeit. Sprechwissenschaftlich begründete Kommunikations‚trainings'. In: Brünner, Gisela / Fiehler, Reinhard / Kindt, Walther (Hgg.): Angewandte Diskursforschung. Band 2. Wiesbaden, 197-210. Kostenloser Download unter „www.verlag-gespraechsforschung.de".

Habermas, Jürgen (1984): Was ist Universalpragmatik? In: Ders.: Vorstudien und Ergänzungen zur Theorie des kommunikativen Handelns. Frankfurt am Main, 353-440.

Hymes, Dell (1971): On communicative competence. Philadelphia, Pa.

Hymes, Dell (1987): Communicative competence. In: Ammon, Ulrich / Dittmar, Norbert / Mattheier, Klauspeter (Hgg.): Soziolinguistik. Band 1. Berlin, 219-229.

Klöfer, Franz / Nies, Dieter (2001): Erfolgreich durch interne Kommunikation: Mitarbeiter besser informieren, motivieren und aktivieren. Neuwied.

LeMar, Bernd (1997): Kommunikative Kompetenz: der Weg zum innovativen Unternehmen. Berlin.

Nothdurft, Werner (2000): Ausbildung zur Gesprächsfähigkeit – kritische Betrachtungen und konstruktive Vorschläge. In: Witte, Hansjörg / Garbe, Christine / Holle, Karl / Stückrath, Jörn / Willenberg, Heiner (Hgg.): Deutschunterricht zwischen Kompetenzerwerb und Persönlichkeitsbildung. Band 2. Baltmannsweiler, 251-269.

Patzelt, Werner (1987): Grundlagen der Ethnomethodologie. München.

Saville-Troike, Muriel (1989): The ethnography of speaking. Oxford.

Spranz-Fogasy, Thomas (1997): Interaktionsprofile. Opladen.

Stöhlker, Klaus J. (2001): Wer richtig kommuniziert, wird reich: PR als Schlüssel zum Erfolg. Wien.

Weber, Max (1930): Vom inneren Beruf zur Wissenschaft. In: Ders.: Wissenschaft als Beruf. Berlin, 11-37.

Der Erwerb kommunikativer Fähigkeiten: Kategorien und systematischer Überblick

Michael Becker-Mrotzek / Gisela Brünner

In unserem Beitrag gehen wir der Frage nach, wie Erwachsene neue Fähigkeiten und Fertigkeiten zum mündlichen Kommunizieren erwerben, d.h. aneignen[1]. Ziel ist es, die beteiligten Prozesse für Analyse-, Beratungs- und Vermittlungszwecke zu systematisieren, um Antworten auf die folgenden Fragen zu finden: Welche Teilfähigkeiten werden zum mündlichen Kommunizieren überhaupt benötigt? Welche lassen sich leicht – welche nur schwer oder vielleicht gar nicht vermitteln bzw. aneignen? Welche Methoden eignen sich für die Vermittlung welcher Fähigkeiten?

Ausgangspunkt unserer Überlegungen sind praktische Fragen des Kompetenzerwerbs, d.h. des Erwerbs der Fähigkeit, angemessen mündlich kommunizieren zu können. Wir gehen davon aus, dass es sich hierbei um eine spezifische Kompetenz handelt, die sich von anderen Kompetenzen unterscheidet (vgl. Fiehler/Schmitt i.d.Bd.). Ihre Besonderheit liegt in den spezifischen Bedingungen der mündlichen Kommunikation begründet: Gespräche und Diskurse sind immer das Resultat aller daran Beteiligter, so dass die Anteile und beteiligten Kompetenzen des Einzelnen weniger offensichtlich sind als bei individuellen Tätigkeiten. Mündliche Kommunikation ist durch ihre Flüchtigkeit, Prozesshaftigkeit, Interaktivität und Musterhaftigkeit gekennzeichnet (vgl. Deppermann i.d.Bd., Abschn. 3). Die Bewältigung mündlicher Kommunikation erfordert ein spezifisches Ensemble von Wissen und Fertigkeiten, die sich zusammenfassend als Gesprächskompetenz beschreiben lassen. Auch wenn wir uns in diesem Beitrag auf die Gesprächskompetenz konzentrieren, sind wir nicht der Auffassung, dass der faktische Gesprächsverlauf ausschließlich eine Funktion dieser Kompetenz ist. Vielmehr spielen andere Faktoren wie Emotionen und Affekte, Beziehungs- und Rollenfragen ebenfalls eine Rolle.

---

1 Unser Fokus liegt also auf der Zeit nach dem primären Spracherwerb; wir nehmen jedoch an, dass die Kategorien prinzipiell für die Analyse aller Prozesse des Diskurserwerbs gelten. Es stellt sich hier allerdings die Frage, inwieweit für den kindlichen Spracherwerb noch gesonderte Kategorien erforderlich sind, um der Tatsache gerecht zu werden, dass das System der sprachlichen Mittel und die kognitiven Fähigkeiten erst allmählich ausgebaut werden.

1 Kommunikative Erfordernisse

Wir gehen von einem grundlegenden *Ableitungszusammenhang* aus, wonach sich die *kommunikativen Erfordernisse* aus der Gesprächssituation herleiten. Ausgangspunkt unserer heuristischen Systematik ist die Gesprächssituation, die an die Beteiligten bestimmte Handlungsanforderungen stellt. Diese sind nur dann zu bewältigen, wenn bestimmte Kompetenzen auf beiden Seiten vorhanden sind. Die Gesprächssituation als Handlungsrahmen ist zentral bestimmt durch:

a) die beteiligten Personen mit ihren Identitäten, ihren Affekten, ihrer sozialen Beziehung und ihren Kognitionen (Wissen und Können);

b) die kommunikativen Zwecke des jeweiligen Gesprächstyps (z.B. einen Dissens beseitigen, eine Entscheidung herbeiführen).

Beide Faktoren sind wiederum eingebunden in bestimmte institutionelle Bedingungen (z.B. Zeitökonomie, hierarchische Beziehungen). Aus einer so verstandenen Gesprächssituation ergeben sich bestimmte kommunikative Erfordernisse, Beschränkungen und Möglichkeiten. Für den einzelnen beteiligten Aktanten leiten sich daraus jeweils konkrete kommunikative *Handlungsanforderungen* ab. Sie lassen sich als Anforderungen an die kognitiven, kommunikativen und affektiven Fähigkeiten des Handelnden beschreiben. Dazu zählen selbstverständlich auch die praktischen Fähigkeiten, die sich aus Wissens- und Könnenskomponenten zusammensetzen, sowie die sozialen Fähigkeiten, die kognitive, kommunikative und affektive Komponenten aufweisen. Die Interessen der Beteiligten sind abgebildet in der Kognition, nämlich als Bestandteil des Wollens und der Zielsetzung.

Um diese Zusammenhänge zu illustrieren, nehmen wir hier und im Folgenden exemplarisch Bezug auf das *Transkript „Rohrbruch"*, eine Beschwerde bei den Stadtwerken (s. Anhang).

Die beteiligten Personen handeln hier in ihren Rollen und ihrer Beziehung als Klient und Agent der Institution Stadtwerke. Der *Klient* bringt über seine Rolle als zahlender Kunde hinaus auch seine Identität als Bewohner eines Villenviertels zur Geltung. Seine damit verbundenen Ansprüche wie auch seine Umgangsweise mit Frustration und Ärger gehen in das Gespräch ein. Der *Agent* handelt als Mitarbeiter (MA), dessen berufliche Aufgabe u.a. in der Bearbeitung solcher Anrufe besteht. Er bringt seine institutionellen Sichtweisen, Bewertungen und Handlungsmöglichkeiten zur Geltung und zeigt im Gespräch seinen aktuellen beruflichen Stress sowie seine persönlichen Umgangsweisen damit. Die *Gesprächssituation* ist deutlich geprägt durch das unterschiedliche Wissen der beiden: Der Kunde verfügt über Beobachtungswissen, der MA über umfassendes institutionelles Handlungswissen; beiden gemeinsames Wissen über die Aufgaben der Institution Stadtwerke bildet die Grundlage des Gesprächs.

Der dominante *Gesprächszweck* ist die Bearbeitung eines Serviceproblems. Aus ihm resultiert für den Kunden die Handlungsanforderung der Problemdarstellung und für den Mitarbeiter die Anforderung, das Problem dem Kunden zu erläutern sowie die Bearbeitung des Problems zu veranlassen. Hiermit verbunden sind weitere Implikationen für die beiden Beteiligten im Hinblick auf die erforderlichen kommunikativen Einzeltätigkeiten (z.b. Informieren, Nachfragen, Ansprüche erheben etc.). Man erkennt hier, dass der Ableitungszusammenhang ein handlungslogischer ist, und wir nehmen an, dass dieser generell gilt. Vorausgesetzt ist dabei allerdings eine Prämisse von Rationalität des Handelns, die im empirischen Einzelfall nicht immer gegeben sein muss.

2 Kenntnisse und Fähigkeiten

Für die Bewältigung der unterschiedlichen Handlungsanforderungen sind je spezifische *Kenntnisse und Fähigkeiten* erforderlich, die sich nach den beteiligten *Wissenstypen* unterscheiden lassen[2]. Ausgeblendet sind dabei Aspekte wie das innere Management der Affekte (Ärger beherrschen, Umgang mit Angst oder Freude etc.) oder der eigenen Identitäten (Anspruchshaltung, Statusfragen etc.). Zu diesen psychischen Prozessen kann aus linguistischer Perspektive lediglich gesagt werden, wie sie sprachlich zum Ausdruck kommen, nicht aber, wie sie psychisch zustande kommen und bearbeitet werden können. Das folgende Schaubild illustriert die beteiligten Wissenstypen vorausgreifend: (siehe Abbildung 1, Seite 32)

Bei den Wissenstypen unterscheiden wir explizites und implizites (prozedurales) Wissen. „Wissen" verwenden wir also im Sinne der Funktionalen Pragmatik als Oberbegriff, unter den auch Fähigkeiten subsumiert sind. Im Einzelnen haben wir es in der Kommunikation mindestens mit den folgenden *Wissenstypen* zu tun:

* Überzeugungen, Einstellungen und Dispositionen: Hierbei handelt es sich um ein Set relativ fester, expliziter oder prinzipiell explizierbarer Wissensstrukturen, die jeder Gesprächsbeteiligte mit in das Gespräch einbringt, beispielsweise die Überzeugung, dass Behörden langsam arbeiten oder dass man seine eigenen Interessen immer durchsetzen sollte.
* Wissen über Sprache und Kommunikation: Hiermit ist das explizite bzw. prinzipiell explizierbare Wissen darüber gemeint, wie Sprache und insbesondere Kommunikation funktionieren. Hierzu gehört etwa das Wissen, wie in unterschiedlichen Situationen das Rederecht wechselt oder welches sprachliche Register angemessen ist.

Wissen über institutionelles Handeln: Die Kenntnisse der Professionellen und Laien über die Institution unterscheiden sich in der Regel beträchtlich. Während die Professionellen über ein ausgebildetes Institutionenwissen (Ehlich/Rehbein 1977) und genaue Kenntnisse der konkreten Abläufe verfügen, haben die Laien hierüber nur allgemeine und vage Kenntnisse. Auch dieser Wissenstyp ist prinzipiell explizierbar.

---

2 Einen aktuellen Überblick zum Thema Wissen, Können, Reflexion gibt der Sammelband von Neuweg (Hg.) (2000).

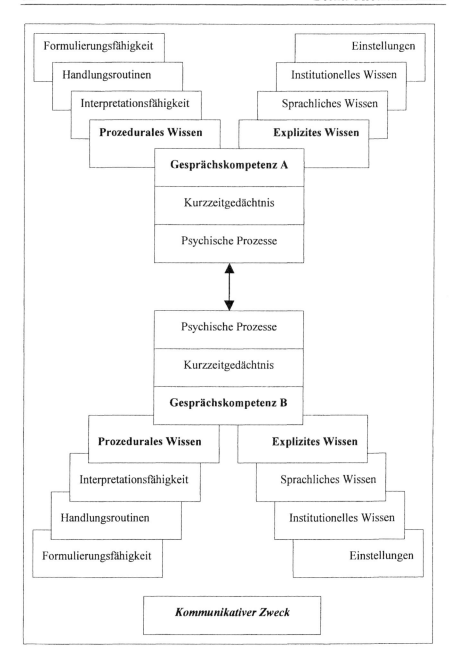

Becker-Mrotzek/Brünner, Abb. 1: Beteiligte Wissenstypen

* Formulierungs- und Artikulationsfähigkeit: Hierzu gehört das zumeist implizite Wissen über die angemessenen lexikalischen Mittel sowie die prozedurale Fähigkeit, komplexe Sachverhalte syntaktisch angemessen darzustellen. Relevant wird dieses Wissen etwa beim Kommunizieren in der Fremdsprache oder über komplizierte und unvertraute Sachverhalte.
* Interpretationsfähigkeit meint die prozedurale Fähigkeit, die je aktuelle Situation angemessen zu interpretieren, also etwa das Wissen und die Handlungsmöglichkeiten des Gesprächspartners und den Stand des Gesprächsverlaufs richtig einzuschätzen.
* Handlungsroutinen: Mit Handlungsroutinen sind alle Formen des automatisierten Handels gemeint. Sie zählen ebenso zum impliziten, prozeduralen Wissen. Durch die Ausbildung von Handlungsroutinen werden kognitive Kapazitäten für andere Anforderungen frei.

Wissen über Sprache, Kommunikation und institutionelles Handeln setzt sich immer aus expliziten und impliziten Wissensanteilen zusammen. Das bedeutet, dass wir es in der Empirie stets mit Mischformen zu tun haben. Es variiert in der Wirklichkeit der jeweilige Umfang, in dem vom expliziten Wissen Gebrauch gemacht wird und das implizite Wissen bewusstseinsfähig und explizierbar ist. Handlungsroutinen sowie Formulierungs-, Artikulations- und Interpretationsfähigkeit gehören stärker zum impliziten, prozeduralen Wissen, im Sinne eines Könnens. Es stellt eine Form des Wissens dar, das in angemessenem Handeln resultiert und eben daran zu erkennen ist.

Im (kommunikativen) Handlungsprozess kommen die Wissenstypen in folgenden *Stadien* zum Einsatz:

* Einschätzung: Bei der Einschätzung einer Situation kommen vor allem Überzeugungen, institutionelles Wissen und Interpretationsfähigkeiten zum Einsatz.
* Motivation und Zielbildung: Sie sind wesentlich beeinflusst durch Überzeugungen und Einstellungen sowie institutionelles Wissen.
* Handlungsplanung: In die Planung gehen vor allem das institutionelle und sprachliche Wissen ein.
* Handlungsausführung: Hier spielen mit der Interpretations-, Formulierungs- und Artikulationsfähigkeit die impliziten Wissenstypen eine zentrale Rolle.

Jedes dieser Stadien fordert also von den Aktanten spezifische Fähigkeiten und Kenntnisse. Wir wollen diese Unterscheidungen am Beispiel des Transkripts „Rohrbruch" konkretisieren und verdeutlichen. Methodologisch schließen wir dabei von den Äußerungen auf die zugrunde liegenden kognitiven Prozesse; vor allem bei den frühen Handlungsstadien sind dabei relativ weite Inferenzen erforderlich.

Beginnen wir mit dem *Kunden*: Seine objektive Situation ist gekennzeichnet durch das längere Ausbleiben von Wasser aufgrund eines witterungsbedingten Rohrbruchs und die damit verbundenen Unannehmlichkeiten. In die subjektive Einschätzung dieser Situation gehen die individuellen Einstellungen und Erwartungen ein, in diesem Fall die konkrete Einstellung zu Mangelsituationen. Die

Äußerungen lassen darauf schließen, dass die Mangelsituation zu einer Verärgerung führt: so in Partiturfläche F1 die unmittelbare, uneingeleitete Frage nach der Zuständigkeit oder in F2 die pointierte, minimal formulierte Nachfrage „*Sie?*". Verantwortlich für die Verärgerung ist jedoch nicht nur der Mangel selbst, sondern auch eine spezifische Erwartungshaltung und die Einschätzung der Verantwortung. So zeigt sich in F4 die Erwartung, aufgrund der privilegierten Wohnlage bevorzugt behandelt zu werden (,*Villenberg, nicht Arbeiterstadt'*). Des Weiteren sieht der Kunde die Schuld für das ausbleibende Wasser nicht primär im Frost, sondern im mangelnden Arbeitseinsatz der zuständigen Stadtwerke, wie F2 zeigt: „*Die Leute die tun dort gar nicht*". Aus diesen Einstellungen und Einschätzungen leitet sich die konkrete Zielsetzung her, nämlich auf eine schnelle Behebung des Schadens zu drängen. Wir sehen, dass in die Zielsetzung mehrere Faktoren einfließen.

Die Planbildung des Kunden ist stark beeinflusst durch seinen Ärger über die aktuelle Situation, weniger durch sein institutionelles Wissen über die konkreten Reparaturmöglichkeiten. Ein allgemeines institutionelles Wissen zeigt sich in den Fragen nach der Zuständigkeit. Die Planbildung mündet in die Absicht eine Beschwerde vorzubringen, im Wesentlichen über den scheinbar mangelnden Einsatz der Bauarbeiter vor Ort. Auch die Handlungsausführung selbst ist deutlich durch die Verärgerung geprägt, was sich in unangemessenen Formulierungen zeigt, vor allem in den F1-3 (minimalistisch und laut). Im Detail zeigt sich die Unangemessenheit in F1/2 etwa im Gebrauch der deiktischen (zeigenden) Mittel. Der Kunde benutzt zweimal die Lokaldeixis „da" sowie einmal „diesen" („*Wer ist da zuständig für den Villenberg, für diesen Rohbruch da?*"). Damit fokussiert er die Aufmerksamkeit des Mitarbeiters überdeutlich auf sein Thema und signalisiert bereits an dieser Stelle seine Verärgerung. Deutlich wird die Verärgerung aber auch im Ausbleiben einer expliziten Forderung, den Mangel möglichst schnell zu beheben. Anstatt ausdrücklich auf einer unverzüglichen Behebung zu bestehen, bringt der Kunde nur seinen Ärger zum Ausdruck. Handlungsroutinen finden wir etwa in der Reaktion auf die Vorwürfe in F5: „*Ja das ist kein Quatsch*" und in der schnellen Zurückweisung der Aussagen des Mitarbeiters in F10-12: D.h., der Kunde nimmt jeweils nur Bezug auf den unmittelbaren, expliziten propositionalen Gehalt, ohne die mitgemeinten kontextuellen Bedeutungen zu berücksichtigen.

Die objektive Situation des *Mitarbeiters* unterscheidet sich von der des Kunden deutlich: Er ist von der Mangelsituation nicht unmittelbar betroffen, sondern für ihre Bewältigung mitverantwortlich. Das bedeutet konkret: Es gehen permanent entsprechende Kundenanrufe ein, Anrufer in der Warteschleife werden signalisiert, neue Informationen müssen an die zuständigen Stellen weitergeleitet werden, neue Informationen, die auf dem Bildschirm erscheinen, müssen zur Kenntnis genommen werden. Insgesamt kann die Arbeitssituation in solchen Lagen als äußerst intensiv und belastend beschrieben werden. Die allgemeinen Einstellungen und Zielsetzungen des Mitarbeiters lassen sich nur teilweise aus seinen Äußerungen rekonstruieren, z.B. die Gleichbehandlung der Bürger („Sie werden gleich behandelt von uns", F6) oder die schnellstmögliche Behebung der Schäden in der gesamten Stadt („*Vierundzwanzig Stunden*"-Einsatz, F9; „*aber in Hauptstadt sind zwanzig*" (Schäden), F12). Die spezifischen Einstellungen und Ziele in dem Gespräch sind stark durch solche professionellen Anforderungen und Planbildungen bestimmt. Hierzu gehört etwa, neue Informationen herauszufiltern, denn vielfach sind gemeldete Störungen bereits bekannt, die Kunden über sie betreffende Störungen zu informieren und sie möglichst rasch aus der Leitung zu bekommen (s. Gesprächsabbruch F12).

Die Analyse der Handlungsausführung erfolgt im nächsten Punkt, gemeinsam mit der Bestimmung der Schwierigkeitsgrade kommunikativen Handelns.

3 Schwierigkeitsgrade kommunikativen Handelns

Die kommunikativen Erfordernisse der Gesprächssituation und die entsprechenden Anforderungen an die Fähigkeiten und Fertigkeiten können leichter oder schwerer zu erfüllen sein, d.h., es gibt einfachere und schwierigere Gesprächstypen bzw. -konstellationen. Die unterschiedlichen Schwierigkeitsgrade lassen sich auf polaren Skalen angeben. Dabei sind die folgenden *Dimensionen* relevant:

- Komplexität der Gesprächsfunktionen und -strukturen: Hierzu gehören die äußeren Bedingungen und Anforderungen, die Vielfalt der zu bewältigenden Aufgaben, Muster und Zwecke. So stellen beispielsweise Verhandlungen über schwierige und strittige Sachverhalte in Mehrpersonen-Gesprächen höhere kognitive und kommunikative Anforderungen als einfache Absprachen mit nur einem Partner.
- Widersprüchliche Handlungsanforderungen: Gespräche enthalten in bestimmten Fällen widersprüchliche Anforderungen, die sich herleiten aus konkurrierenden Interessen oder widerstreitenden Aufgaben. So steht die Leitung einer Diskussion einerseits unter der Maxime, alle Diskutanten ausreichend zu Wort kommen zu lassen, anderseits aber auch unter der Maxime, das Zeitbudget einzuhalten.
- Planbarkeit, Bestimmtheit und Kontrollierbarkeit der Anforderungen: Gespräche sind von ihrer Struktur her unterschiedlich gut plan- und kontrollierbar. Ein Lehrervortrag im Unterricht ist beispielsweise besser zu planen und zu kontrollieren als ein freies Unterrichtsgespräch oder eine Verkaufsverhandlung.
- Thematische Schwierigkeit: In Gesprächen werden – in Abhängigkeit vom themenbezogenen Wissen der Beteiligten – unterschiedlich komplexe Sachverhalte behandelt. Gespräche über einfache, bekannte Themen sind demnach einfacher als solche über schwierige, unbekannte Themen.
- Handlungsspielräume: Gespräche weisen für die Beteiligten unterschiedlich große Handlungsspielräume auf. Diese können die Anforderungen in Abhängigkeit von Situation und Fähigkeiten erhöhen oder verringern. Bei der Tele-

fonauskunft stellen die relativ geringen Spielräume sicherlich eine Erleichterung dar. Bei einer Zwangsberatung etwa im Arbeitsamt sind reduzierte Handlungsspielräume der Mitarbeiter möglicherweise ein Erschwernis. Dabei spielt sicherlich eine Rolle, ob die kommunikativen oder die inhaltlichen Handlungsspielräume begrenzt sind.

• Anzahl der beteiligten Gesprächspartner: Mit der Anzahl der Gesprächspartner steigen in der Regel die Anforderungen, weil unterschiedliche Personen mit je spezifischen Voraussetzungen zu adressieren und Äußerungen von unterschiedlichen Personen zu interpretieren sind.

• Grad der persönlichen Involviertheit der Beteiligten: Hier sind affektive Nähe oder Distanz zu den kommunikativen Zielen sowie zu den Gesprächspartnern die zentralen Größen. Wir nehmen an, dass positive Involviertheit, d.h. positive Affekte und Beziehungen, eine Erleichterung darstellen und negative eine Erschwernis.

Am Beispiel des Transkripts „Rohrbruchs" lässt sich das für den Mitarbeiter wie folgt illustrieren. Die Störungsannahme stellt die zentrale Schnittstelle zwischen dem Unternehmen und seinen Kunden dar. Daraus ergeben sich widerstreitende Anforderungen: den aktuellen Anruf angemessen führen – vs. wartende Anrufe (die technisch signalisiert werden) möglichst bald entgegennehmen – vs. organisieren und Informationen weiterleiten. In stark frequentierten Zeiten, und das ist in den sog. Call-Centern fast durchgehend der Fall, müssen parallel zur Gesprächsführung permanent Abwägungsentscheidungen getroffen werden: Welche der genannten Aufgaben ist vorrangig zu behandeln? Kundenfragen ausführlich zu beantworten verlängert automatisch die Wartezeit der wartenden Anrufer, mit der Gefahr, dass diese bereits verärgert das Gespräch beginnen. Diese Dauerbelastung führt ihrerseits zu einer stark negativen Involviertheit (Stress), wodurch der Schwierigkeitsgrad auch aller anderen kommunikativen Anforderungen steigt.

Ein besonderes Problem von Telefongesprächen stellt die Ungewissheit über den Verlauf des nächstens Anrufs dar. In Schulungen thematisieren Mitarbeiter immer wieder ihre Angst vor unangenehmen Anrufern, obwohl diese nur einen Bruchteil aller Anrufe ausmachen. Damit sind insbesondere Anrufer gemeint, die unsachlich argumentieren oder aufgrund eines vermeintlich privilegierten Status' eine Vorzugsbehandlung erwarten. Gespräche wie das vorliegende werden über Wochen von den Mitarbeitern immer wieder thematisiert und so in der Erinnerung wach gehalten. Die Ungewissheit macht die Gespräche weitgehend unplanbar. Zusammen mit der Angst vor unangenehmen Anrufern hat das zur Folge, dass der Gesprächseröffnung eine entscheidende Bedeutung zukommt. Hier werden – nach den Erfahrungen der Diskursforschung – die Weichen für den weiteren Gesprächsverlauf gestellt. Konfliktäre Gespräche weisen vielfach bereits in den ersten Segmenten unangemessene Äußerungen auf.

So zeigt sich im vorliegenden Transkript, dass der Mitarbeiter auf die Frage des Kunden nach der Zuständigkeit in F1/2, die wir oben u.a. wegen des Gebrauchs der Deixis als unangemessen interpretiert hatten, ebenfalls unangemessen reagiert, indem er seine Antwort auf das propositionale Minimum reduziert und intonatorisch mit einiger Bestimmtheit vorträgt. Er reagiert also bereits an dieser Stelle abweisend auf die Gereiztheit des Anrufers. Das findet seine Fortsetzung in der Unterbrechung des Kunden in F3, in der wiederholten unsachlichen Zurückweisung der Vorwürfe des Kunden in F5: „*Was soll der Quatsch denn?*" und in F6: „*Und das ist Quatsch!*" sowie in der unangemessenen und unhöflichen Aufforderung in F8/9: „*Ja, passen Se mal auf!*". Und schließlich findet die Verärgerung des Mitarbeiters einen abschließenden Höhepunkt in der einseitigen Gesprächsbeendigung. Insgesamt zeigt der Gesprächsverlauf eine zunehmende Eskalation des Konflikts, die ihren Ausgang in den ersten beiden Flächen nimmt.

Eine weitere Schwierigkeit in Gesprächen stellen reduzierte sachliche Handlungsspielräume dar. Der Idealfall besteht sicherlich darin, dass ein Problem unmittelbar gelöst werden kann, beispielsweise indem eine gewünschte Auskunft direkt erteilt wird. Häufig sind die Konstellationen jedoch dergestalt, dass der Mitarbeiter nur mittelbar zu einer Problemlösung beitragen kann, beispielsweise indem er den Kunden weitervermittelt oder eine Bearbeitung durch Dritte zusagt. Im vorliegenden Fall bestehen für den Mitarbeiter keine inhaltlichen Handlungsspielräume, weil er für die Reihenfolge und die Details der Schadensbehebung nicht zuständig ist; darüber hinaus ist ihm bekannt, dass an der Schadensbehebung bereits mit maximalem Einsatz gearbeitet wird, so dass keine weiteren Maßnahmen veranlasst werden können. Infolgedessen bleibt ihm nur eine kommunikative Bearbeitung des Kundenanliegens; diese könnte etwa so aussehen, dass er ihn von der Ernsthaftigkeit der Schadensbehebung überzeugt, ihn über die voraussichtliche Dauer informiert oder ihn auf eventuelle Hilfsangebote (bereitstehende Wasserwagen etc.) hinweist. Genau diesen Weg hat sich der Mitarbeiter durch sein unangemessenes kommunikatives Handeln zu Gesprächsbeginn verbaut.

4 Lernerfordernisse

Der Erwerb der behandelten Kenntnisse und Fähigkeiten stellt an die (potentiell) Handelnden bestimmte Lernerfordernisse. Dies gilt unabhängig von der Frage, ob sich alle genannten Fähigkeiten in gesteuerter Form vermitteln lassen. Auf welche unterschiedlichen Weisen die verschiedenen Wissens- bzw. Fähigkeitstypen jeweils erworben werden können, sprechen wir weiter unten noch an.

Es lassen sich generelle Dimensionen des Lernprozesses unterscheiden, die hierarchisch aufeinander aufbauen und teilweise auch eine zeitliche Entwicklung darstellen. Eine hierarchische Stufung, die jedoch nicht notwendig zeitliche Stadien repräsentiert, sehen wir in folgenden *Dimensionen des Lernprozesses*, die wir mit der Darstellung des expliziten bzw. explizierbaren Wissens beginnen:

Verstehen

Wenn Wissen über Sprache und Kommunikation vermittelt und erworben werden soll, muss der Lerner die betreffenden Sachverhalte und Zusammenhänge verstehen. Dem MA der Stadtwerke muss z.b. klar werden, was es denn heißt, sachlich zu reagieren, und in welchen sprachlichen Formen sich dies ausdrückt. Erst das Verstehen der Kategorien und ihre jeweilige Operationalisierung ermöglichen es, den Unterschied zum eigenen faktischen Handeln zu erkennen. Dabei wird oft das Problem auftreten, dass im jeweiligen empirischen Fall Interpretationsspielräume bestehen: Welche Äußerung oder Formulierung stellt in einer bestimmten Gesprächssituation z.b. eine sachliche oder schon eine unsachliche Reaktion dar?

Einsicht / Überzeugung gewinnen

Der Lerner muss auf der Grundlage seines Verstehens ferner die Einsicht oder Überzeugung gewinnen, dass ein bestimmtes Handeln für bestimmte Zwecksetzungen sinnvoll ist. Denn erst eine solche Überzeugung bildet das Motiv für eine Veränderung der eigenen Kommunikationspraxis. Der Mitarbeiter könnte z.b. auch die Position vertreten, bei Anrufern wie dem im Transkript führe Sachlichkeit gerade nicht zum Ziel oder er brauche sich solches Verhalten von Kunden nicht bieten zu lassen. Einsicht und Überzeugung vom Sinn eines Handelns ergeben sich aus dem angenommenen Erfolg des Handelns im Gespräch, hängen aber auch von personenspezifischen Einstellungen und Dispositionen ab. Z.B. können eigene Bedürfnisse nach Imagewahrung oder Machtausübung Vorrang haben vor einem erfolgreichen Gespräch im Sinne der institutionellen Zwecke. Einsicht hängt also auch davon ab, ob Gesprächserfolg als ein wichtiges Ziel eingeschätzt wird, das andere persönliche Interessen unterstützt oder zumindest mit ihnen verträglich ist.

Behalten

Lernprozesse mit dauerhafter Wirkung erfordern das Behalten des Gelernten. Die Speicherung von Fakten, Begriffen und Zusammenhängen im Langzeitgedächtnis ist durch Verstehen allein noch nicht gesichert. In Trainings werden häufig eine Vielzahl unterschiedlicher, auch komplexer Informationen und Empfehlungen samt den zugehörigen operationalen Verfahren gegeben, die in der Situation zwar verstanden, aber nur kurze Zeit behalten werden. Dasselbe gilt für die gewonnenen Erfahrungen, Einsichten und Überzeugungen. Sie langfristig präsent zu halten, ist eine keineswegs triviale Aufgabe.

Umsetzen / Anwenden

Da kommunikative Lernprozesse auf Veränderungen im Handeln zielen, muss das Gelernte angewendet und in der Praxis umgesetzt werden können. Dies bedeutet die Ausbildung prozeduraler Fähigkeiten. In der Anwendung besteht die zentrale Schwierigkeit bei der Adaptation des erworbenen Wissens auf die jeweils nächste konkrete Situation. Der Lerner muss u.a. einschätzen, ob eine Situation ein Anwendungsfall für eine im Training erarbeitete Handlungsempfehlung darstellt oder nicht, in der praktischen Umsetzung des Gelernten Flexibilität zeigen und insgesamt eine Reorganisation seines Wissens leisten statt einer bloßen (rezepthaften) Reproduktion.

Beibehalten

Das langfristige Beibehalten des Gelernten ist ebenfalls keine triviale Aufgabe, denn der Lerner muss frisch erworbene Formen des Handelns zu neuen Routinen ausbilden. Das bedeutet, sie auch unter Alltagsdruck und Stress durchzuhalten und dann nicht in die alten Routinen zurückzufallen. Erst wenn die neuen Handlungsformen routinisiert sind, haben sie auch die Flüssigkeit und Unangestrengtheit, die sie wirklich alltagstauglich machen. Die Nachhaltigkeit des Lernerfolgs hängt also davon ab, ob es gelingt, solche Routinen auszubilden.

Wenn wir noch einmal den MA in unserem Beispiel betrachten, so müsste er nach den bisherigen Analysen Folgendes lernen:

- höflich und sachlich sprechen, auch bei Ärger und Stress, Musterpositionen nicht nur minimalistisch ausführen wie in der Anfangssequenz
- Verständnis für die Situation des Kunden zeigen
- Vorwürfe und Zumutungen sachlich zurückweisen.

In den Dimensionen Verstehen, Einsicht / Überzeugung gewinnen und Behalten würde der Lernprozess vermutlich ohne größere Probleme vonstatten gehen, aber das Umsetzen und Beibehalten dürften nicht ohne Friktionen verlaufen. Denn für diese sind angemessene Arbeitsbedingungen ebenso wichtig wie eine Organisationskultur, die zu den erforderlichen Anstrengungen motiviert, sie unterstützt und den Mitarbeitern einen unmittelbaren Vorteil garantiert.

5 Lerninhalte und -methoden

Im Folgenden gehen wir der Frage nach, wie die erforderlichen Fähigkeiten und Kenntnisse zum erfolgreichen Kommunizieren erworben bzw. gezielt vermittelt werden können. Aus den kommunikativen Anforderungen leiten sich, wie gezeigt, bestimmte Lernerfordernisse in verschiedenen Dimensionen her. Hierauf sind die Lerninhalte und -methoden abzustimmen; dabei entsprechen den Lerndimensionen je spezifische Inhalte und Lern- bzw. Vermittlungsmethoden. Wir versuchen, den systematischen Zusammenhang zwischen den verschiedenen Dimensionen und möglichen Lehr-Lern-Formen herzustellen.

Vorab soll auf den gewichtigen Unterschied zwischen einem *Neulernen* und einem *Umlernen* kommunikativer Fähigkeiten hingewiesen werden. Da hierzu bislang keine systematischen Untersuchungen vorliegen, beschränken wir uns darauf, die Unterschiede bzw. jeweiligen Besonderheiten thesenartig zu skizzieren:

- Neulernen finden wir vor allem im Kindergartenalter und in der Schule. In der Zeit bis zum Eintritt in die Schule dominieren Lehr-Lern-Prozesse, die auf dem Kompetenzgefälle von Erwachsenem und Kind basieren. Kognitionstheoretisch ausgerichtete Ansätze gehen davon aus, dass die Kinder in der Kommunikation Unzulänglichkeitserfahrungen machen, die dann in einer

Art Äquilibrationsprozess (Piaget) dazu führen, sich neue Handlungsformen anzueignen (vgl. etwa Boueke et al. 1995 zum kindlichen Erzählerwerb). Interaktionstheoretisch orientierte Ansätze wie etwa der von Bruner (1987) oder Hausendorf/Quasthoff (1996) gehen dagegen davon aus, dass gerade die kommunikativen Erfolgserfahrungen der Motor der Entwicklung sind. Durch das sog. *Scaffolding*, die kommunikative Stützung des Kindes durch den Erwachsenen, lernen die Kinder sukzessive, ihre Aufgaben im Gespräch zu übernehmen. In der Schule dominieren dann stärker instruktive Verfahren, etwa bei der Vermittlung von Diskussionsregeln oder von Verfahren zum Vortragen von Referaten. Allerdings spielt die gezielte Vermittlung von Gesprächskompetenz in der Schule nach wie vor eine untergeordnete Rolle (vgl. Becker-Mrotzek/Vogt 2001).

- Beim Umlernen muss vorhandenes Wissen aufgegeben und durch neues ersetzt werden. Das betrifft vor allem eingeschliffene Routinen der Handlungsausführung, aber auch Verfahren der Einschätzung und Interpretation. Vom Umlernen sind naturgemäß vor allem Erwachsene betroffen, vom Neulernen Kinder und Jugendliche. Das Neulernen kann man daher auch als einen eher beiläufigen Prozess der kommunikativen Sozialisation beschreiben, während das Umlernen stark durch Prozesse des De-Automatisierens und des Ausbildens neuer Routinen geprägt ist. Ein solcher Prozess kann nur schwer durch Scaffolding gestützt werden.

    Unsere Annahme ist, dass Kommunikationslernen von Erwachsenen in der Regel ein Umlernen darstellt. Denn es wird üblicherweise nicht einfach additiv neues Wissen hinzugefügt, sondern es handelt sich immer um verändernde Eingriffe in die bisherigen Handlungsweisen, um eine Reorganisation des Wissens und Handelns.

- Neulernen basiert in der Regel auf einer größeren Motivation, weil es die Handlungsspielräume für die Lernenden vergrößert und zugleich in den kommunikativen Alltag integriert ist, also weitgehend ohne zusätzlichen Lernaufwand auskommt. Umlernen erfordert dagegen stärkere reflexive Anteile und eine größere Einsicht in die Notwendigkeit zum Lernen. Aus diesem Grund spielt die Motivation bzw. ihr Aufbau beim Umlernen eine gewichtigere Rolle.

    Am Beispiel des Transkripts „Rohrbruch" soll nun gezeigt werden, welche *Inhalte und Methoden* uns geeignet erscheinen, die Lernprozesse in den oben genannten Dimensionen in Gang zu setzen. Wenn wir nun der Systematik der Lerndimensionen folgen, so bedeutet das nicht, dass auch der Vermittlungsprozess (Training etc.) in dieser Reihenfolge stattzufinden hätte.

- Systematisch stehen das *Verstehen* und die *Einsicht in kommunikative Zusammenhänge* am Anfang. Diese können durch die Analyse eines Transkripts vermittelt werden, im Idealfall in Form einer Konfrontation mit eigenen Gesprächen. In unserem Beispiel veranschaulicht ein solches Transkript unmittelbar die Folgen eigenen unsachlichen Verhaltens: Vorwürfe erzeugen Gegenvorwürfe, Schleifenbildung, Eskalation der Emotionen, die Gesprächsdauer verlängert sich. Andere Formen der Repräsentation von kommunikativen Prozessen sind nach Lepschy (1999) etwa die Gesprächssimulation, strukturierte Kommunikationsübungen oder auch Fallbesprechungen. Gemeinsames Ziel all dieser Verfahren ist es, das vorhandene intuitive Wissen über Kommunikation bewusst und begrifflich verfügbar zu machen.

- Auch für das *Behalten* ist das Erinnern an einen konkreten Fall besser als eine abstrakt vermittelte Einsicht, weil sich diese Einsicht am konkreten Fall immer wieder rekonstruieren lässt. Die Gedächtnisforschung zeigt, dass eine positive emotionale Besetzung oder affektive Aufladung hilft, Wissen besser zu speichern.

- Den nächsten wichtigen Lernschritt bildet das *Umsetzen* der neu gewonnenen Einsichten. Hierzu bedarf es grundsätzlich anderer, nämlich aktivierender oder nach Lepschy (1999, 62) „bearbeitender" Verfahren. Dabei geht es darum, die Teilnehmer kommunikativ aktiv werden zu lassen, um die Ausführung und Wirkung bestimmter kommunikativer Verfahren erfahrbar zu machen. Wir selber haben hierzu das Verfahren der „Simulation authentischer Fälle" vorgeschlagen (Becker-Mrotzek/Brünner 1999). Die Grundidee besteht darin, dass ein authentischer, in der Praxis aufgezeichneter und transkribierter Fall das Setting für eine Simulation liefert. Die Schulungsteilnehmer haben dann die Aufgabe, entsprechend der authentischen Vorgaben zu agieren und damit quasi ihre eigene Praxis zu simulieren. Der Vorteil besteht darin, dass Spiel- und sonstige verzerrende Effekte weitgehend vermieden werden. Allerdings sind die Einsatzmöglichkeiten wegen des hohen Aufwands beschränkt. Andere Methoden sind das Feedback, kontrollierte Kommunikationsübungen (z.B. der kontrollierte Dialog) oder Rollenspiele und ihre Analyse.

- Das *Beibehalten* des neu Gelernten stellt für jede Schulung eine besondere Herausforderung dar. Denn wie die Untersuchung von Verkaufstrainings (Brons-Albert 1995) zeigt, sind oft bereits wenige Wochen nach einem Training keine Veränderungen in der Kommunikation mehr festzustellen. Allerdings liegen zur langfristigen Veränderbarkeit des kommunikativen Handelns noch keine systematischen Analysen vor. Sinnvoll erscheinen jedoch ein zyklisches Training, eigenständiges Reflektieren und Coachen.

Für alle Schulungsformen gilt, dass in der jeweiligen Organisation Bedingungen herrschen müssen, die das Lernen unterstützen und die offen sind für das Ändern von Routinen und gewohnten Abläufen. Oder bildlich ausgedrückt: Es muss ein *reformfreudiges Klima* herrschen. Denn eines hat die Diskursforschung der letzten 20 Jahre ganz deutlich gezeigt: Es sind bei weitem nicht nur die mangelnden kommunikativen Kompetenzen der Mitarbeiter, die zu Kommunikationsproblemen führen, sondern sehr oft strukturelle Unzulänglichkeiten wie Zeitmangel oder widersprüchliche Handlungsanforderungen.[3]

---

3 Zur Analyse solcher widersprüchlicher Handlungsanforderungen in verschiedenen Diskursarten der Wirtschaft s. Brünner 2000.

Mit dem Kategoriensystem, das wir hier vorgestellt haben, wollen wir eine Begrifflichkeit anbieten, die die Komplexität des Kommunikationslernens analytisch aufzuschlüsseln vermag und eine Übersicht über die Dimensionen dieses Prozesses ermöglicht. Damit lässt sich nach unserer Erwartung auch die *Praxis* des Kommunikations*lehrens* unterstützen – z.b. die Konzeption konkreter Trainings. Die Kategorien können als eine Art Checkliste dienen, um die speziellen Lernerfordernisse, Lernvoraussetzungen und Schwierigkeiten zu bestimmen, die in einem Training jeweils zu berücksichtigen sind.

6 Evaluation des Lernerfolgs

Schließlich stellt sich die Frage, wie der Lernerfolg zu evaluieren ist. Methodisch kann eine Evaluation durchgeführt werden mittels Beobachtung und Dokumentation der kommunikativen Praxis, durch Befragung der Lerner und durch Befragung ihrer Gesprächspartner (z.b. der Klienten). Das gängige Verfahren, weil einfach durchzuführen, ist die Befragung der Lerner nach einem Training durch Feedback-Runden oder Fragebögen (Brünner/Fiehler 1999). Es ist jedoch bekanntermaßen sehr unzuverlässig (sozial erwünschte Antworten, mangelnde bzw. falsche Selbsteinschätzung usw.).

Der Erfolg einer Kommunikationsschulung ist systematisch zu beziehen auf das Kriterium der kommunikativen Erfordernisse der Gesprächssituation und zu messen an der kommunikativen Praxis, d.h. daran, ob und welche Veränderungen nach einer Schulung im kommunikativen Alltagshandeln zu beobachten sind. Die Evaluation muss also in dieser kommunikativen Praxis selbst stattfinden.

Das authentische Handeln vor und nach dem Training diskursanalytisch zu untersuchen ist bisher ein ganz und gar unübliches Verfahren (s. aber Brons-Albert 1995, allerdings auf sehr schmaler Datenbasis). Es ist aufwändig und verlangt von den Beteiligten Mut, dafür verspricht es aber realistische Einschätzungen von Trainingsqualität und -erfolg, die für Trainer, Auftraggeber und Teilnehmer hochinteressant wären. Nicht nur traditionelle, auch diskursanalytisch fundierte Trainings können und sollten auf diese Weise evaluiert werden.

Mit diskursanalytischen Methoden der Trainingsevaluation lassen sich problematische wie auch gelungene Interaktionssequenzen und Handlungsformen bestimmen und es wird abschätzbar, wie bestimmte linguistische Erkenntnisse und Empfehlungen zur Gesprächsführung umsetzbar sind bzw. faktisch umgesetzt werden. Über die Umsetzung konkreter Empfehlungen hinaus lassen sich auch Nebeneffekte von Trainings, z.b. gewachsene allgemeine Sensibilisierung für soziale Prozesse, erkennen. Durch diskursanalytische Evaluationen erhält zugleich auch die Linguistik wichtige Rückmeldungen und Impulse für ihre (selbst)kritische Reflexion und Weiterentwicklung.

Um auch die Lerndimension *Beibehalten* zu berücksichtigen, sollte dieses Verfahren der Evaluation auch im Längsschnitt angewendet werden. Wenn über einen längeren Zeitraum hinweg die Transferprobleme, Erfolge und Misserfolge untersucht werden, gewinnt man auch Erkenntnisse über den Verlauf des Lernprozesses und kann in ihn gezielter intervenieren, z.B. durch die passgenaue Entwicklung aufbauender Trainingseinheiten.[4]

7 Aufgaben der Diskursforschung

Abschließend möchten wir stichwortartig einige für die Trainingspraxis wichtige Zukunftsaufgaben der Diskursforschung ansprechen (vgl. Becker-Mrotzek/Brünner 1999a, 1999b).

- Ein Desiderat ist noch immer die *Didaktisierung linguistischer Kategorien, Modellbildungen und Ergebnisse.* Denn die den Trainingsteilnehmern verfügbare analytische Begrifflichkeit für Sprache und Kommunikation ist häufig sehr eingeschränkt und muss in Fortbildungen erst aufgebaut werden. Notwendig sind Begriffe und Benennungen für sprachlich-kommunikative Phänomene, die Alltagsbegriffen kritisch Rechnung tragen und dennoch analytisch scharf sind, sowie prägnante Modelle und Visualisierungen diskursanalytischer Konzepte.
- Eine weitere Aufgabe besteht darin, einen *Transkript-Pool* verfügbar zu machen, der geeignete Transkripte speziell für Lehr- und Lernzwecke bereitstellt und der sich nach unterschiedlichen Kriterien durchsuchen lässt, z.B. nach professionellen Bereichen, kommunikativen Handlungsformen oder Problemtypen.
- Eine solche Datenbank müsste – an die Transkripte angebunden – auch *praxisrelevante linguistische Ergebnisse* archivieren: Muster- und Strukturbeschreibungen, besondere sprachliche Mittel, misslingende und gelingende Formen sprachlicher Handlungen, generalisierte Hypothesen (wie die, dass Gespräche häufig schon am Anfang schiefgehen) und empirisch abgesicherte Handlungsempfehlungen.
- Für die Praxis nützlich wären auch konkrete *Dokumentationen diskursanalytischer Trainings* – unter solchen Aspekten wie Lernziele, Zugang zum Feld, Art der vorgängigen Analysen, Materialauswahl, verwendete Methoden und Übungsformen sowie Einschätzungen der Ergebnisse.

Die Lösung dieser Aufgaben, die nur gemeinsam in unserer Disziplin angegangen werden kann, ist eine wichtige Grundlage für die kontinuierliche Weiterentwicklung und Qualitätsverbesserung diskursanalytischer Trainingsarbeit.

---

4 In diesem Sinne „zyklische" Trainings haben schon Fiehler/Sucharowski (1992) vorgeschlagen.

Literatur

Becker-Mrotzek, Michael (2001): Vermittlung von Diskurswissen und kommunikativen Fertigkeiten. In: Antos, G./Wichter, S. (Hgg.): Wissenstransfer zwischen Experten und Laien. Umriss einer Transferwissenschaft. Frankfurt/Bern, 331-346.

Becker-Mrotzek, Michael/Brünner, Gisela (1999): Simulation authentischer Fälle. In: Brünner, G./Fiehler, R./Kindt, W. (Hgg.) (1999): Angewandte Diskursforschung. Bd. 2: Methoden und Anwendungsbereiche. Opladen, 72-80. Kostenloser Download unter „www.verlag-gespraechsforschung.de".

Becker-Mrotzek, Michael/Brünner, Gisela (1999a) Diskursanalytische Fortbildungskonzepte. In: Brünner, G./Fiehler, R./Kindt, W. (Hgg.) (1999): Angewandte Diskursforschung. Bd. 2: Methoden und Anwendungsbereiche. Opladen, 36-49. Kostenloser Download unter „www.verlag-gespraechsforschung.de".

Becker-Mrotzek, Michael/Brünner, Gisela (1999b) Gesprächsforschung für die Praxis: Ziele - Methoden - Ergebnisse. In: Stickel, G. (Hg.): Sprache, Sprachwissenschaft, Öffentlichkeit. Berlin/New York, 172 - 193.

Becker-Mrotzek, Michael/Vogt, Rüdiger (2001): Unterrichtskommunikation. Linguistische Analysemethoden und Forschungsergebnisse. Tübingen.

Boueke, Dietrich/Schülein, Frieder/Büscher, Hartmut u.a. (1995): Wie Kinder erzählen. Untersuchungen zur Erzähltheorie und zur Entwicklung narrativer Fähigkeiten. München.

Brons-Albert, Ruth (1995): Auswirkungen von Kommunikationstraining auf das Gesprächsverhalten. Tübingen.

Brünner, Gisela (2000): Wirtschaftskommunikation. Linguistische Analyse ihrer mündlichen Formen. Tübingen.

Brünner, Gisela/Fiehler, Reinhard (1999): KommunikationstrainerInnen über Kommunikation. Eine Befragung von TrainerInnen zu ihrer Arbeit und ihrem Verhältnis zur Sprachwissenschaft. In: Brünner, G. /Fiehler, R. /Kindt, W. (Hgg.): Angewandte Diskursforschung. Bd. 2: Methoden und Anwendungsbereiche. Opladen, 211-225. Kostenloser Download unter „www.verlag-gespraechsforschung.de".

Bruner, Jerome (1987) Wie das Kind sprechen lernt. Bern usw.

Ehlich, Konrad/Rehbein, Jochen (1977): Wissen, kommunikatives Handeln und die Schule. In: Goeppert, H. C. (1977) (Hg.): Sprachverhalten im Unterricht. Zur Kommunikation von Lehrern und Schülern in der Unterrichtssituation. München, 36-114.

Fiehler, Reinhard/Sucharowski, Wolfgang (1992): Diskursforschung und Modelle von Kommunikationstraining. In: Fiehler, R./Sucharowski, W. (Hgg.): Kommunikationsberatung und Kommunikationstraining. Anwendungsfelder der Diskursforschung. Opladen, 24 - 35.

Hausendorf, Heiko/Quasthoff, Uta (1996): Interaktion und Entwicklung. Eine Studie zum Erwerb von Diskursfähigkeit bei Kindern. Opladen.

Lepschy, Annette (1999): Lehr- und Lernmethoden zur Entwicklung von Gesprächsfähigkeit. In: Brünner, G./Fiehler, R./Kindt, W. (Hgg.) (1999): Angewandte Diskursforschung. Bd. 2: Methoden und Anwendungsbereiche. Opladen, 50-71. Kostenloser Download unter „www.verlag-gespraechsforschung.de".

Neuweg, Georg Hans (Hg.) (2000): Wissen – Können – Reflexion. Ausgewählte Verhältnisbestimmungen. Innsbruck/Wien/München.

Transkript *Rohrbruch*

Aufnahme: Winter 1997 - Transkription: Jaskolka - Korrektur: Becker-Mrotzek/Brünner
Situation: Nach einer sehr kalten Nacht sind in der Stadt viele Wasserleitungen geplatzt
und zahlreiche Wasserrohre in den Häusern eingefroren. Die zuständigen
Stellen haben alle verfügbaren Leute im Einsatz. Dennoch kommt es zu län-
geren Wartezeiten, bis die Schäden behoben werden.
Sprecher: M = Mitarbeiter der Stadtwerke (Störungsannahme)   K = Kunde

M ( ) Guten Morgen.	
K Ja, Meier, Guten Morgen. Wer ist da zuständig für den Villenberg,	
1	

M Wir! Ja.	
K für diesen Rohrbruch da? Sie? Die Leute die tun dort gar nicht! Sie sitzen im	
((Beide Teilnehmer werden ab hier lauter))	
2	

M Äh, wissen Se/	
K Auto und wärmen sich auf einfach. Es ist mittlerweile halb eins und wir sind hier	
3	

K äh äh in katastrophalen Verhältnissen. Dat is Villenberg, dat is nicht Arbeiterstadt, ne!	
4	

M Was soll der Quatsch denn? Ach! Ob Sie in Villenberg wohnen	
K Ja das is kein Quatsch, da/ äh	
5	

M oder in Arbeiterstadt, Sie werden gleich behandelt von uns. Und das is Quatsch!	
6	

M Die Leute arbeiten da in Arbeiterstadt, da haben wir genauso Arbeit!	
7	

M Ja, passen Se	
K Ich war jetzt gerade da gewesen. Die sitzen im Auto und tun gar nichts!	
8	

M mal auf! Wissen Sie, wie lange die schon draußen sind? Vierundzwanzig Stunden!	
9	

K Vierundzwanzig Stunden? Und da haben die nur erst ma da zwanzig Zentimeter ausge-	
10	

M Ja, meinen Sie, das wär der erste Rohrbruch da?	
K graben? Auf em Villenberg ist eine nur	
11	

M Ja is klar, aber in Hauptstadt sind zwanzig! Ja? Wiederhörn!	
K eine Baustelle. Ja gut, aber?	
12	

Wie lässt sich Gesprächskompetenz wirksam und nachhaltig vermitteln? Ein Erfahrungsbericht aus der Praxis

Martin Hartung

1 Einführung

Nach einer aktuellen Studie des Bildungswerkes der Bayrischen Wirtschaft (bbw) werden in Deutschland jedes Jahr unter dem Begriff „Berufliche Weiterbildung" Tausende von Seminaren im Gesamtwert von 10 Milliarden Euro von etwa 30.000 Anbietern mit 750.000 freien und festen Mitarbeitern abgehalten. Ein großer Teil davon lässt sich unter dem Begriff „Kommunikationstraining" zusammenfassen.

Sie alle haben - in unterschiedlichen Formulierungen - den Anspruch, die Gesprächskompetenz der Teilnehmer zu verbessern. Betrachtet man den Ablauf dieser Trainings, die Aussagen der Teilnehmer über die Veranstaltungen und den Arbeitsalltag der Teilnehmer nach den Veranstaltungen genauer, stellen sich Zweifel ein, ob dieser Anspruch auch immer eingelöst werden kann (Brünner/Fiehler 2002). Doch woran lässt sich letztlich erkennen, ob eine Schulungsmaßnahme erfolgreich war? Und welche Voraussetzungen müssen erfüllt sein, damit sich die Gesprächskompetenz der Teilnehmer tatsächlich in der gewünschten Weise entwickeln kann? Welche Möglichkeiten gibt es, die Wirksamkeit und Nachhaltigkeit von Kommunikationstrainings zu verbessern?

Diese Fragen werden in der beruflichen Weiterbildung immer wieder intensiv diskutiert, weil sie für die Konzeption von Schulungsmaßnahmen zentral sind. Es fällt jedoch auf, dass in dieser Diskussion eine Stimme fehlt, die eigentlich im Mittelpunkt stehen sollte: die Gesprächsforschung, deren Arbeitsgebiet der Gebrauch von Sprache in Interaktionen ist. In den letzten vierzig Jahren wurden Tausende von Gesprächen aus allen gesellschaftlichen Bereichen untersucht und dabei ein immenser Fundus an Erkenntnissen über Organisationsprinzipien und Handlungsmuster in Gesprächen zusammengetragen. Diesem Fundus steht eine persönliche Erfahrung in etlichen Jahren Vortragstätigkeit „in der Praxis" gegenüber: Kaum jemand kennt die Gesprächsforschung oder auch nur die Sprachwissenschaft.[1] Obwohl inzwischen eine Vielzahl exemplarischer Beratungsprojekte an der Schnittstelle zwischen Forschung und Anwendung durchgeführt wurden,[2] haben die Erkenntnisse der Gesprächsforschung bislang nur punktuell Eingang in die Anwendung gefunden. Bis sie zur allgemein bekannten und selbstverständlich genutzten Wissensressource geworden ist, scheint es noch ein langer Weg zu sein (vgl. dazu auch Weber/Antos i.V.).

Dazu soll dieser Artikel - ebenso wie der gesamte Band - einen Beitrag leisten. Er orientiert sich am typischen Ablauf eines *Kommunikationstrainings*, also einer Schulungsmaßnahme für Gesprächskompetenz, von der Bedarfsermittlung bis zur Erfolgskontrolle, und stellt sich die Frage, wie in den einzelnen Phasen mit ihren spezifischen Aufgaben das Wissen und die Verfahrensweisen der Gesprächsforschung für Lösungen in der Praxis fruchtbar gemacht werden können. Dabei zeigt es sich, dass der nur spärliche und zurückhaltende Austausch zwischen Trainingspraxis und Gesprächsforschung auch Folgen für den Forschungsstand hat: Zu vielen wichtigen Fragestellungen aus der Praxis liegen nur wenige oder gar keine empirischen Studien vor. So fehlt es beispielsweise an Studien zur Zusammensetzung und Trainierbarkeit der komplexen Fähigkeit „Gesprächskompetenz", aus denen Schlussfolgerungen zum obligatorischen Inhalt und Aufbau sinnvoller Trainingskonzeptionen sowie zur Wirksamkeit einzelner Übungsformen gezogen werden könnten. Es fehlen aber auch Arbeiten zur Entwicklung von didaktisch nutzbaren Erklärungsmodellen, die dem aktuellen Stand der Forschung entsprechen. Und schließlich mangelt es an Untersuchungen zur Auswirkung unterschiedlicher Vermittlungsstile (vgl. Fiehler/Schmitt in diesem Band). Auf einer solchen Grundlage ließen sich die notwendigen Inhalte für eine Ausbildung zum Kommunikationstrainer bestimmen.

Der folgende Beitrag beruht daher nicht nur auf Forschungsergebnissen, sondern auch auf dem intensiven Austausch mit „der Praxis", auf vielen „Werkstattgesprächen" und Kolloquien mit Trainern und Beratern, mit Vertretern von Institutionen und Verbänden in der beruflichen Weiterbildung, mit den Anbietern (z.B. Weiterbildungsakademien und Unternehmensberatungen) und den Nutzern (den „Einkäufern" als auch den tatsächlichen Teilnehmern) von Schulungsmaßnahmen für Gesprächskompetenz. Dieser Austausch zwischen Forschung und Praxis ist deshalb so wichtig, weil auch für eine wissenschaftlich fundierte Trainingskonzeption dieselben Rahmenbedingungen gelten wie für jede andere Form der beruflichen Weiterbildung. Jede noch so wohlüberlegte und theoretisch fundierte Konzeption findet ihre Grenzen in den konkreten Bedingungen der gesellschaftlichen Praxis. Oft sind es gerade diese Bedingungen, die eine nachhaltige

---

1   Für die Gesprächsforschung stellen das schon Becker-Mrotzek/Brünner (1992, 13) und Fiehler/Sucharowski (1992, 25) fest, für die Sprachwissenschaft allgemein wird dieser Eindruck durch die Umfrage von Barth-Weingarten/Metzger (i.V.) bestätigt.
2   Eine Übersicht über mögliche Anwendungsfelder bieten Brünner/Fiehler/Kindt (2002), einen Überblick über Untersuchungen zur Wirtschaftskommunikation bietet Brünner (2000), Berichte aus einzelnen Projekten in Unternehmen Becker-Mrotzek/Fiehler (2002).

Wirksamkeit von Trainingsmaßnahmen behindern. Kommunikationstraining zielt letztlich immer auf eine Verhaltensänderung der Teilnehmer und erfordert daher ganz andere Voraussetzungen als beispielsweise die Vermittlung von Fachkompetenz, die auf die Erweiterung des Kenntnisstandes zielt.

Deshalb stellt sich dieser Beitrag auch die Frage, welche Voraussetzungen denn unabdingbar erfüllt sein müssen, damit Gesprächkompetenz überhaupt wirksam und nachhaltig verbessert werden kann. Dazu ist es notwendig, sich genauer damit zu beschäftigen, was „Gesprächkompetenz" eigentlich ist, und wie sich Kommunikationstraining auf sie auswirken soll.

2 Was ist Gesprächskompetenz?

Gesprächskompetenz ist die Fähigkeit, die Aufgaben und Anforderungen eines Gespräches erfolgreich zu bewältigen. Es gehört zu den wichtigen Erkenntnissen der Gesprächforschung, die allgemeinen Merkmale eines Gespräches herausgearbeitet zu haben (vgl. auch Deppermann in diesem Band):

* Gespräche sind *kontextgebunden*: Was immer in ihnen passiert, wird von den Teilnehmern zu jedem Zeitpunkt auf dem Hintergrund der aktuellen Situation und ihres Wissens über diese Situation interpretiert. Wie eine Äußerung letztlich von den Gesprächspartnern aufgefasst wird und welche Wirkungen sie hat, ist also nie vollständig vorhersagbar, auch wenn es berechtigte Erwartungen gibt.
* Gespräche sind *interaktiv*: Jede Aktivität in einem Gespräch hat die Verpflichtung, auf die vorangegangenen Aktivitäten Bezug zu nehmen und bildet selbst wieder den Bezugspunkt für alle folgenden Aktivitäten. Es hat also keinen Sinn, wenn sich ein Gesprächteilnehmer schon vorher genau überlegt, welche Formulierungen er benutzen möchte (Gesprächsleitfaden oder Script), weil er nicht vorsehen kann, welche Äußerungen die anderen Gesprächspartner machen werden, auf die er flexibel reagieren muss („Gesprächsdynamik").
* Gespräche sind *regelhaft*: Auch wenn es der Alltagswahrnehmung nicht so erscheinen mag, sind Gespräche bis in Details wie winzige Pausen oder Vokalisationen („mh", „äh", „ach") regelhaft, sie folgen einer Ordnung, die in unterschiedlichen sozialen Gruppen (Familie, Freundeskreis, Arbeitsteam, Unternehmen, soziales Milieu, Kulturkreis usw.) auch unterschiedlich gestaltet sein kann. Einem kompetenten Gesprächsteilnehmer muss diese Ordnung zwar nicht bewusst sein, er muss sie aber routinisiert befolgen können.
* Gespräche sind *multimodal*: Die Aktivitäten in einem Gespräch konstituieren sich über alle Ausdrucksebenen wie Körper, Stimme, Sprechweise und Sprache.

Auf dem Hintergrund dieser elementaren Merkmale von Gesprächen[3] lässt sich jetzt auch der Begriff „Gesprächskompetenz" präzisieren: Gesprächskompetenz ist die Fähigkeit, zu einem beliebigen Zeitpunkt in einem Gespräch

1. zu einer angemessenen Einschätzung der aktuellen Situation und der lokalen Erwartungen der Gesprächspartner zu kommen,
2. auf dem Hintergrund dieser Einschätzung eine den eigenen Interessen und den eigenen Ausdrucksmöglichkeiten angemessene Reaktion mit hoher Erfolgswahrscheinlichkeit zu finden
3. und diese Reaktion der eigenen Absicht entsprechend körperlich, stimmlich und sprachlich adäquat zum Ausdruck zu bringen.

Punkt 1 und 2 lassen sich auch als „soziale Kompetenz" bezeichnen, Punkt 2 und 3 als „rhetorische Kompetenz".

Zu Punkt 1: Zur Gesprächskompetenz gehört es, sich über die in der aktuellen Situation gültigen Verhaltensregeln im Klaren zu sein und dabei die eigene Rolle mit ihren Pflichten und ihren Rechten zu kennen. Je stärker der Interaktionstyp konventionalisiert ist (Bestellung, Bewerbungsgespräch, Verkaufsverhandlung), umso wichtiger ist es, Ablauf und Struktur zu kennen und das dadurch vorgegebene Ziel des Gesprächs nicht aus den Augen zu verlieren. Wie das Gespräch innerhalb dieses Rahmens jedoch letztlich verläuft („Gesprächsdynamik"), hängt entscheidend von den konkreten Beteiligten ab. Deshalb muss ein kompetenter Sprecher in der Lage sein, auf der Grundlage seiner Kenntnisse über die übrigen Gesprächsteilnehmer (Biographie, gemeinsame Interaktionsgeschichte, Persönlichkeitstyp, individuelle Merkmale) ihre Erwartungen und präferierten Reaktionsweisen zu antizipieren. Oft liegen jedoch gerade in professionellen Kontexten keine oder nur wenig Informationen vor, und daher ist die Fähigkeit wichtig, schon nach kurzer Zeit den Gesprächspartner zutreffend einschätzen zu können („Menschenkenntnis"), ohne sich von subjektiven Projektionen zu stark beeinflussen zu lassen („Vorurteile").

Zur Gesprächskompetenz gehört es auch, Sinn und „Hintersinn" einer einzelnen Äußerung auf der Grundlage einer genauen Beobachtung von Körpersprache, Stimme und Sprechweise zu erfassen und die feinen Nuancen in der Wahl der Worte und der Formulierung wahrnehmen und interpretieren zu können. Der größte und oft auch der wichtigste Teil von vielen Gesprächen wird nicht explizit formuliert, sondern besteht aus Implizitem, aus Anspielungen und Andeutungen, die „zwischen den Zeilen" gelesen werden müssen. Je mehr Informationen ein Sprecher aus der aktuellen Situation ziehen kann, umso angemessener kann er reagieren.

Zu Punkt 2: Eine umfassende Wahrnehmung der aktuellen Situation führt nur dann zu einer kompetenten Gesprächsführung, wenn ein Sprecher nicht „automatisch" mit einer vorformulierten Äußerung reagiert, sondern in Reaktion auf die konkreten Bedingungen eine adäquate Auswahl aus unterschiedlichen Möglichkeiten treffen kann. Dazu muss er nicht nur verschiedene Reaktionen in sei-

---

3   Die Liste ist nicht vollständig: Deppermann führt außerdem noch „prozesshaft" und „pragmatisch" an.

nem Verhaltensrepertoire zur Verfügung haben, sondern auch ihre vermutliche Wirkung in der aktuellen Situation einschätzen können. Diese Wirkung muss er ins Verhältnis zu seinem angestrebten Ziel bringen können, und oft muss er dabei die eigenen Interessen so modifizieren, dass er damit die Erfolgswahrscheinlichkeit seiner Äußerung erhöhen kann. Begrenzt wird seine Auswahl an Reaktionsmöglichkeiten jedoch durch seine Ausdrucksfähigkeit.

Zu Punkt 3: Nach der Wahl der Reaktion muss diese körperlich, stimmlich und sprachlich so zum Ausdruck gebracht werden, dass sie von den übrigen Gesprächsteilnehmern auch als die intendierte Handlung interpretiert wird. Dabei muss diese den eigenen Ausdrucksfähigkeiten angepasst, d.h. „authentisch" sein. Es hat keinen Sinn, einen vermeintlich erfolgreichen Kommunikationsstil zu kopieren, wenn beispielsweise Stimme oder Formulierungsfähigkeit keine glaubwürdige Umsetzung erlauben.

Wenn also beispielsweise ein verärgerter Kunde in einem Unternehmen anruft, muss der Mitarbeiter erkennen können, ob der beanstandete Auftrag des Anrufers noch zu seiner Zufriedenheit bearbeitet werden kann oder ob Kompensation angeboten werden muss oder ob der Kunde lediglich seiner Verärgerung Luft machen will. Nach der Auswahl der angemessenen Reaktion muss er sie dann so zum Ausdruck bringen können, dass der Kunde darauf eingeht und sich zufrieden stellen lässt - was bekanntermaßen sogar zu einer höheren Kundenbindung führt als eine Auftragsbearbeitung ohne Störung.

Hier zeigt sich also schon, dass Gesprächskompetenz ein komplexes Bündel aus Fähigkeiten und Fertigkeiten ist, das „pauschal" gar nicht trainiert werden kann. Zudem unterscheidet sich die Veränderbarkeit einzelner Komponenten erheblich: Einige sind relativ leicht zu beeinflussen, beispielsweise die Wortwahl, andere dagegen kaum, wie die Versuche zeigen, Edmund Stoiber das „äh" in seiner Sprechweise abzugewöhnen. Hinzu kommt, dass Gesprächsverhalten immer auch Ausdruck von Persönlichkeit, Einstellungen und Wertsystemen ist (Fiehler/Sucharowski 1992, 30). Je intensiver dieser Zusammenhang bei einer bestimmten Verhaltensweise ist, um so weniger ist sie im Rahmen eines Kommunikationstrainings veränderbar.

Die Chancen, die für die berufliche Weiterbildung in diesem differenzierten Modell von Gesprächskompetenz liegen, werden bislang kaum genutzt. Hier ist nach wie vor die Vorstellung verbreitet, im Kommunikationsprozess enkodiere ein Sender eine Botschaft und übermittle sie an einen Empfänger, der sie wieder dekodieren muss, um die enthaltene Information vollständig und unverfälscht entnehmen zu können. Das Modell geht zurück auf die Mathematiker C. E. Shannon und W. Weaver, die damit aber ausdrücklich nur die Informationsübertragung in der Nachrichtentechnik beschreiben wollten. Die deutsche Übersetzung ihres Standardwerkes „The Mathematical Theory of Communication" (1949) heißt deshalb auch zutreffender „Mathematische Grundlagen der Informationstheorie" (1976). Die Übertragung des Modells auf menschliche Kommunikation ist also nicht nur dem komplexen, andersartigen Sachverhalt unangemessen, sondern auch methodisch unzulässig.

3 Was soll Kommunikationstraining bewirken?

Von Kommunikationstraining wird erwartet, dass es die Gesprächskompetenz verbessert. Bezogen auf die drei Teilfähigkeiten heißt das:

1. Die Wahrnehmung des Gesprächspartners und die Einschätzung der Gesprächssituation sollen verbessert werden. Der Teilnehmer soll lernen, das Ausdrucksverhalten von Interaktionspartnern bewusster wahrzunehmen (Körper, Stimme, Sprechweise, Formulierung) und auf dem Hintergrund seiner Personenkenntnis angemessen zu interpretieren. Er soll sich sowohl allgemeine Prinzipien der mündlichen Kommunikation als auch die speziellen „Spielregeln" eines konkreten Gesprächstyps bewusst machen.

2. Das Verhaltensrepertoire des einzelnen Teilnehmers in einer konkreten Situation soll ihm bewusst gemacht und auf seine Angemessenheit und Wirksamkeit überprüft werden. Gibt es wirksamere Alternativen, die bisher nicht zu seinem Verhaltensrepertoire gehören, soll es um diese erweitert werden, so dass in bestimmten Situationen mehrere Reaktionsmöglichkeiten zur Verfügung stehen. Nicht zielförderliche Verhaltensweisen sollen verändert oder ganz unterlassen werden. Damit dieses veränderte Verhaltensrepertoire auch seine Wirksamkeit entfalten kann, muss der Teilnehmer lernen, die Wirkung einzelner Reaktionsweisen zu antizipieren und die seinen Zielen je angemessenste auszuwählen.

3. Die Ausdrucksfähigkeiten müssen auf allen Ebenen (Körper, Stimme, Sprechweise, Formulierung) verbessert werden. Dabei muss der Teilnehmer auch lernen, wie schon kleinste Veränderungen des Ausdrucksverhaltens große Wirkungen erzielen können, die allerdings immer abhängig von den konkreten Gesprächspartnern sind. Im Grunde handelt es sich um eine Perspektivenumkehr von Punkt 1: Nachdem ein Sprecher gelernt hat, das Ausdrucksverhalten anderer Menschen bewusster wahrzunehmen und zu interpretieren, muss er sich nun klarmachen, wie sein eigenes Verhalten auf andere wirken kann - und sollte. Nur so kann es ihm gelingen, die beabsichtigte und die erzielte Wirkung in Übereinstimmung zu bringen, damit der Kommentar immer seltener notwendig ist: „Aber so habe ich es doch gar nicht gemeint!"

Dieses Programm ist sicherlich anspruchsvoll und nicht so leicht zu realisieren, wenn man die Bedingungen in der Trainingspraxis kennt, auf die wir im Abschnitt „Grenzen der Trainingskonzeption" zu sprechen kommen. In der Gesprächsforschung wurde jedoch ein Konzept entwickelt, mit dem diese Ziele für einen klar definierten Gesprächstyp erreicht werden können (vgl. u.a. Flieger/Fiehler/Wist 1992; Fiehler 2001 & 2002; Fiehler/Schmitt 2002). Es handelt sich um das sogenannte „gesprächsanalytische Kommunikationstraining", das seine Leistungsfähigkeit dadurch erreicht, dass es Erkenntnisse und Methoden aus Gesprächsforschung und Lernpsychologie in optimaler Weise umsetzt:

1. Das eigentliche Training basiert grundsätzlich auf Aufzeichnungen, die *vor* dem Training am Arbeitsplatz gemacht und von einem Gesprächsanalytiker ausgewertet und als Trainingsmaterial vorbereitet werden.

2. Auf diese Weise lernen die Teilnehmer im Training an echtem Gesprächsverhalten, mit dem sie täglich konfrontiert sind, dieses bewusster wahrzunehmen und zu interpretieren.

3. Sie erkennen an ihren eigenen täglich geführten Gesprächen, nach welchen Spielregeln sie verlaufen und welche Folgen es hat, wenn diese nicht eingehalten werden.

4. Sie können ihr eigenes Gesprächsverhalten beobachten und in der Aufzeichnung sofort die Wirkungen erkennen, die es hat. Sie können dann selbst entscheiden, ob und auf welche Weise sie diese Wirkungen in Zusammenarbeit mit dem Trainer optimieren wollen.

Die Fokussierung dieses Konzeptes auf die Wahrnehmung von fremdem Gesprächsverhalten und die Gestaltung des eigenen Gesprächsverhaltens auf der Ausdrucksebene, beim Einsatz von Sprache, Sprechweise und Stimme, ist deshalb so wichtig, weil der Teilnehmer damit präzise und konkrete Anleitungen zur Veränderung seines Gesprächsverhaltens erhält. Allgemeine Leitmaximen wie „sei freundlich" oder „wirke kompetent" werden dabei umgesetzt in konkrete Formulierungs- und Artikulierungsvorschläge in einer realen Situation der Arbeitspraxis.

Diese Vermittlungsmöglichkeiten auf der Ebene der sprachlichen Umsetzung sind bislang bei der Gestaltung von Kommunikationstrainings kaum ausgeschöpft worden. Die Erkenntnisse der Gesprächsforschung über Regelhaftigkeiten und Organisationsprinzipien von verbaler Interaktion gehören zur Zeit noch nicht zum festen Kanon grundlegender Seminarinhalte. An ihrer Stelle werden fast immer Modelle aus der Psychologie verwendet (vgl. Brünner/Fiehler 2002), die eigentlich zur Beschreibung von pathologischem Verhalten in therapeutischen Kontexten entwickelt wurden.[4]

Dazu gehören beispielsweise die fünf Axiome des Psychotherapeuten Paul Watzlawick (Watzlawick/Beavin/Jackson 1969). Gemäß den Vorstellungen seiner Zeit geht er von dem oben erwähnten Kommunikationsmodell der „Informationsübertragung" aus, was sich unschwer in seiner Unterscheidung von digitaler und analoger Kommunikation erkennen lässt (Axiom 4). Was von Watzlawick aber als „provisorische Formulierungen" (1969, 50) gedacht war, um sich der Beschreibung von vor allem pathologischem Verhalten in therapeutischen Kontexten zu nähern (1969, 14), hat inzwischen den Status von feststehenden Grundmaximen erhalten. Auf Watzlawick geht auch die Unterscheidung zwischen Inhalts- (= „Information") und Beziehungsaspekt einer Mitteilung zurück (Axiom 2, 1969, 53ff.).

---

4 Eine fast vollständige Übersicht über diese Modelle und Ansätze bietet Klaus Birker mit seinem Band „Betriebliche Kommunikation" aus der Lehrbuchreihe „Praktische Betriebswirtschaft" (1998).

Sie wurde von dem Psychologen Schulz von Thun wieder aufgegriffen (1981, 13) und um die Ebenen Selbstoffenbarung („Ausdruck") und Appell aus dem Organon-Modell des Sprachpsychologen Karl Bühler ergänzt (1934, 28; zum ersten Mal schon 1918 publiziert). Auch hier geht es um die *Psychologie der zwischenmenschlichen Kommunikation*" (und nicht etwa um den Sprachgebrauch), um „Störungen und Klärungen" (1981), die durch die Analyse der vier Aspekte in einer Äußerung ermöglicht werden sollen (für Kritik aus gesprächsanalytischer Perspektive vgl. Lalouschek/Menz 2002: 58ff.). Ebenfalls aus einem therapeutischen Kontext stammt die „Transaktionsanalyse", die der Psychiater Eric Berne in den 60er Jahren entwickelt hat. Auch hier geht es nicht um Sprache oder Gesprächsstrukturen, sondern um die *Psychologie der menschlichen Beziehungen*" (1967).

Diese Modelle spielen eine wichtige Rolle in der beruflichen Weiterbildung, weil sie auf einfache und einleuchtende Weise viele Formen von Beziehungsproblemen erklären können. Es gehört aber nicht zu ihrem Anspruch, auch über den Gebrauch von Sprache Aussagen zu machen, und deshalb bietet sich eine Ergänzung durch sprachwissenschaftliche Erkenntnisse und Analyseverfahren an.

4 Aufgaben der Trainingskonzeption

4.1 Ermitteln des Trainingsbedarfs

Training zielt grundsätzlich darauf, einen aktuellen Leistungsstand bei der Lösung einer bestimmten Aufgabe zu steigern. Damit also ein sinnvolles und wirksames Trainingskonzept überhaupt entwickelt werden kann, muss zuvor klar definiert werden, welche Aufgabe in Zukunft besser bewältigt werden soll und wie der aktuelle Leistungsstand aussieht. Nur so lässt sich im Anschluss an die Trainingsmaßnahme überhaupt feststellen, ob tatsächlich eine Leistungssteigerung eingetreten ist.

Die Notwendigkeit einer Leistungssteigerung im Bereich der Gesprächskompetenz kann aus ganz verschiedenen Gründen entstehen. Sie ist unabdingbar dort, wo professionelle Gesprächsführung Teil der Berufsausübung ist wie bei Dozenten und Lehrern, Therapeuten, Call-Center-Mitarbeitern, Beratern und Verkäufern aller Art, und gehört dort auch schon zur Berufsausbildung. Sie wird aber auch notwendig, wenn neue Mitarbeiter eingestellt werden und sich in einen neuen Arbeitsplatz mit ungewohnten Gesprächsaufgaben einarbeiten müssen.

Häufig werden Kommunikationstrainings auch von Führungskräften angesetzt, wenn sie Probleme oder Schwierigkeiten beobachten und ihre Ursache im Bereich der Gesprächskompetenz der Mitarbeiter vermuten. Kritisch für ein Unternehmen ist die Situation, wenn diese Probleme schon in den Rückmeldungen der Kunden deutlich werden, spätestens dann besteht dringender Handlungsbedarf. Im Idealfall werden aber auch die Mitarbeiter von sich aus den Wunsch nach Weiterbildungsmaßnahmen äußern, wenn sie Probleme mit bestimmten Situationen haben, sehr häufig z.b. bei Reklamationen und Beschwerden, oder mit neuen Aufgaben konfrontiert werden, z.B. bei einer Umstrukturierung. In einem Unternehmen mit „Weiterbildungskultur" wird Gesprächskompetenz als zentrale Schlüsselqualifikation ohnehin permanent durch regelmäßige Trainingsmaßnahmen gefördert.

Unabhängig vom Anlass einer Trainingsmaßnahme sieht das Konzept des „gesprächsanalytischen Kommunikationstrainings" vor, dass dem eigentlichen Training grundsätzlich und unverzichtbar eine Analyse der Bedingungen und Gespräche am Arbeitsplatz vorausgeht. Dabei beobachtet ein Gesprächsanalytiker die zukünftigen Teilnehmer in ihrer Alltagspraxis im Unternehmen und führt mit ihnen über seine Beobachtungen Einzelgespräche. Dabei sammelt er ethnographische Informationen aller Art, beispielsweise über Produkte und Dienstleistungen, erreichte und gewünschte Zielgruppen, Leitbild der Firma, Organisationsstruktur und Arbeitsabläufe, Vorgaben am Arbeitsplatz und ihre Realisierung. Wenn möglich, werden so viele Gespräche wie erreichbar aufgezeichnet, wenn nicht, auf jeden Fall mitprotokolliert (vgl. zum Vorgehen Antos 1992, Hartung i.V.).

Im Anschluss an diese Beobachtungsphase im Unternehmen wertet der Gesprächsanalytiker alle verfügbaren Informationen aus und bereitet die Gesprächsaufzeichnungen für das Training vor. Dazu ermittelt er auf der Grundlage der gesammelten Informationen und der aufgezeichneten Gespräche mit den wissenschaftlichen Methoden der Gesprächsforschung (vgl. dazu Deppermann 1999) das Verbesserungspotenzial in der Gesprächskompetenz der Teilnehmer. Seine Ergebnisse kann er zusätzlich vergleichen mit und ergänzen aus einer inzwischen umfangreichen Fachliteratur, in denen die Ergebnisse schon durchgeführter Gesprächsanalysen, häufig sogar des betroffenen Gesprächstyps, ausführlich dokumentiert sind (eine Übersicht von Analysen wichtiger Gesprächstypen in Unternehmen bietet z.b. Brünner 2000). Auch zu typischen Kommunikationsstörungen und ihrer Behebung liegen inzwischen umfangreiche empirische Studien vor (vgl. Fiehler 2002).

Ziel dieser Gesprächsanalyse ist es, einerseits die Aufgaben und ihre spezifischen Bedingungen zu ermitteln, die die Trainingsteilnehmer in ihrem Alltag kommunikativ bewältigen müssen, andererseits aber auch ihren aktuellen Leistungstand individuell zu dokumentieren. Nur auf der Grundlage dieser Parameter lässt sich ein sinnvolles und überprüfbares Trainingskonzept entwickeln. Trotzdem werden in der Praxis solche präzisen Analysen oft als überflüssig angesehen. Wenn Trainingsmaßnahmen geplant werden, haben die Betroffenen im Allgemeinen schon vor jeder Analyse feste Vorstellungen davon, wo die kommunikativen Probleme liegen und auf welche Weise sie behoben werden können. Oft wird nicht bedacht, dass viele fundamentale Interaktionsprozesse und damit häufige Quellen von Störungen automatisch („unbewusst") ablaufen und daher einem Sprecher, aber auch einem ungeschulten Beobachter gar nicht zugänglich sind (man denke z.B. nur an die Mimik oder das automatische Rückmelde-Signal

„hm"). Sie sind auch viel zu komplex, um durch bloßes „Mithören" im Alltag erfasst werden zu können (Fiehler/Schmitt 2002, 518). Daher ist gerade die häufig-
ste Methode zur Ermittlung des Trainingsbedarf, die Befragung von Mitarbeitern
und Vorgesetzten (vgl. z.B. Mentzel 2001, 94ff.), im Bereich der mündlichen
Kommunikation nicht geeignet.

4.2 Transfer der Alltagspraxis in das Training

Wenn feststeht, welche Aufgabe von den Teilnehmern in Zukunft besser bewältigt werden soll, muss diese Aufgabe so ins Training transferiert werden, dass sie
dort auch bearbeitet werden kann. Das ist gewährleistet, wenn im Vorfeld eine
Gesprächsanalyse durchgeführt wurde. Der Gesprächsanalytiker bereitet aus dem
erstellen Korpus exemplarische Gespräche und Gesprächsausschnitte vor, die mit
den Teilnehmern gemeinsam analysiert werden sollen. Bei Bedarf kann er zur
Unterstützung der Material-Präsentation ausgewählte Ausschnitte transkribieren.
Aus didaktischen Gründen kann er auch zusätzlich authentisches Material aus
anderen Zusammenhängen vorstellen, in denen sich ähnliche Probleme finden
und unbefangener besprechen lassen, weil keiner der Anwesenden betroffen ist.
Sollen im Verlauf des Trainings auch Rollenspiele eingesetzt werden, kann der
Analytiker auf der Grundlage der aufgezeichneten Gespräche und seiner ethnographischen Kenntnisse dafür sorgen, dass sie keine Spieleffekte hervorbringen,
sondern der tatsächlichen Arbeitpraxis entsprechen (vgl. Bliesener/Brons-Albert
1994, das Verfahren „Simulation authentischer Fälle" (SAF) in Becker-
Mrotzek/Brünner 2002, 72 und ten Thije/Lambertini in diesem Band).

Nur wenn im Training die Probleme der Arbeitspraxis tatsächlich reprodu-
ziert werden können, besteht Aussicht darauf, bei den Teilnehmern einen Lernprozess auszulösen. Zunächst kann durch die Konfrontation mit der eigenen
Handlungspraxis dafür gesorgt werden, dass überhaupt erst mal ein „Problembewusstsein" entsteht, das die Voraussetzung für das freiwillige Erlernen einer
Lösung ist. Die Lösung muss sich direkt auf eine akute, von den Teilnehmern
selbst als problematisch empfundene Situation beziehen, damit die für Lernprozesse unabdingbare Lernmotivation entstehen kann.

Bekommt ein Trainer keine Gelegenheit, im Vorfeld eine ausreichende Bedarfsanalyse durchzuführen, muss er sich im Training (das dann natürlich kein
„gesprächsanalytisches" ist!) mit Maßnahmen behelfen, die wenigstens andeu-
tungsweise die Situation am Arbeitsplatz wiedergeben. Ein solches Werkzeug ist
die „Themensammlung", bei der die Teilnehmer von ihren größten Problemen
oder schwierigsten Situationen berichten sollen. Dass sie das gerade im Bereich
der Gesprächskompetenz nur bedingt können, selbst wenn sie wollten, ist schon
im vorigen Abschnitt angesprochen worden. Darüber hinaus muss in einer solchen „Abfragerunde" mit sozialpsychologischen Effekten gerechnet werden:
Viele Mitarbeiter zögern, vor Kollegen (und teilweise sogar vor anwesenden
Führungskräften) ihre größten Defizite und Ängste offen zu legen. Da zu diesem

Zeitpunkt der Ablauf des Trainings ohnehin schon weitgehend festliegt (und oft auch die schriftlichen Unterlagen schon ausgeteilt sind), muss hier in den meisten Fällen von einer „Inszenierung des Praxisbezugs" gesprochen werden - zu der die Trainer aber oft genug durch die Rahmenbedingungen gezwungen werden.

Als ein weiteres Werkzeug für den Praxistransfer werden auch Rollenspiele eingesetzt. Die Teilnehmer sollen hier ihren Arbeitsalltag nachstellen und dabei auch - unabsichtlich - die Fehler reproduzieren, die sie auch sonst machen. Da der Trainer jedoch ohne Bedarfsanalyse mit den Besonderheiten ihrer Arbeitspraxis nicht vertraut sein kann, ist er hier vollständig auf die Spielwilligkeit und -fähigkeit der Teilnehmer angewiesen. Je mehr er diesen Kontrollverlust durch gestaltende Maßnahmen zu kompensieren versucht, um so größer wird die Gefahr, Artefakte zu produzieren, die durch mangelhafte Instruktion der Spieler oder unrealistische Vorgaben im Szenario entstehen. Im schlimmsten Fall werden gerade diese Verzerrungen vom Trainer thematisiert und zum Gegenstand der Trainingsbemühungen gemacht (vgl. Brons-Albert 1995, Schmitt 2002, Fiehler/Schmitt 2002, 518).

4.3 Erarbeiten von alternativen Verhaltensweisen

Im Training soll Gesprächsverhalten verändert werden, bei dem bisher die gewünschte Wirkung nicht eintrat. Wurde eine sorgfältige Bedarfsanalyse durchgeführt, ist dieser Schritt relativ einfach: anhand der vorbereiteten Gesprächsausschnitte können sich Trainer und Teilnehmer gemeinsam darüber verständigen, an welchen Stellen nicht die von den Teilnehmern gewünschte Wirkung eintritt. Dieses Verfahren ist didaktisch hocheffizient: die Teilnehmer werden direkt mit ihrem eigenen Gesprächsverhalten und seinen Folgen konfrontiert und können selbst beurteilen, ob eine Veränderung sinnvoll ist und in welche Richtung sie gehen sollte. So ganz nebenbei erwerben sie dabei auch eine rudimentäre Analysekompetenz und vertiefen ihre Wahrnehmung, was Voraussetzung dafür ist, dass der Lernprozess auch nach dem Training in der Alltagspraxis fortgesetzt werden kann.

Zwar hat der Trainer bei der Bedarfsanalyse vor dem Training auch unter Rückgriff auf vorliegende empirische Studien mögliche Alternativen schon erarbeitet. Dieser Schritt muss jetzt aber noch mal mit den Teilnehmern wiederholt werden, weil nur sie selbst beurteilen können, welche Alternativen in ihrem Arbeitskontext praktikabel sind. Aufgrund ihrer Erfahrung und ihrer Vorkenntnisse, z.B. über Unternehmen und Branche, finden sie auch häufig neue Alternativen, die der Trainer, der nicht denselben ethnographischen Hintergrund wie die Teilnehmer haben kann, gar nicht entwickeln konnte. Darüber hinaus kommt an dieser Stelle ein Faktor ins Spiel, der von immenser Bedeutung für den Lernerfolg ist, nämlich die persönlichen Möglichkeiten des einzelnen Teilnehmers. Nicht jede angebotene Handlungsalternative ist für jeden Teilnehmer in der gleichen

Weise geeignet. Hier sind einerseits seine Ausdrucksmöglichkeiten zu berücksichtigen (z.b. Stimme, Dialekt, Sprechweise), vor allem aber seine Persönlichkeit und sein persönlicher Stil, mit der das neue Verhalten kompatibel sein muss. Genau dieser Schritt, in dem das neue Verhalten erarbeitet wird, entscheidet über den Erfolg und die Wirksamkeit des Trainings. Und genau hier scheitern die meisten Trainingskonzeptionen, wenn Lösungen nicht wirklich gemeinsam entwickelt, sondern einfach willkürlich gesetzt werden. Nur wenn die Lösungen „passen", kann tatsächlich eine für den Sprecher spürbare Verbesserung oder Erleichterung eintreten, ein „Lernerfolg", der im Sinne der Lernpsychologie als positiver Verstärker dient und dafür sorgt, dass das neue Verhalten auch in Zukunft im Alltag beibehalten wird. Hinzu kommt, dass dieses Verhalten vom gesprächsanalytisch ausgebildeten Trainer auch plausibel begründet werden kann, zum einen unter Rückgriff auf das vorliegende Gesprächsmaterial, zum anderen durch den Rückgriff auf Erkenntnisse der Gesprächsforschung. Auf diese Weise kann es auch kognitiv stabil verankert werden.

Das Verfahren der gemeinsamen Erarbeitung von Handlungsalternativen hat außerdem noch einen weiteren Vorteil, der nicht unterschätzt werden sollte. Da sich dieses Verfahren auf beliebige Kommunikationsprobleme anwenden lässt, erweitern die Teilnehmer im Training so nebenbei auch ihre Problemlösekompetenz, die sie dann später im Arbeitsalltag eigenständig einsetzen können.

4.4 Einüben der alternativen Verhaltensweisen

Das gemeinsam als zielförderlich erarbeitete Verhalten ist zunächst nur eine „theoretische" Erkenntnis. Es muss nun von den Teilnehmern erprobt und eingeübt werden, damit es zu einer aktiven Kompetenz werden kann. Dazu gibt es Trainingsformen mit unterschiedlichem Schwierigkeitsgrad. Zunächst kann das Verhalten in Übungen mit und ohne Gesprächspartner erprobt werden. Dann können Rollenspiele dabei helfen, die neuen Verhaltensweisen in das Gesamtrepertoire einzufügen und zu automatisieren. Schließlich können auch „echte" Gesprächspartner aus dem Training heraus angerufen werden, um festzustellen, wie sich die erarbeiteten Alternativen im Arbeitsalltag bewähren. In der Trainingspraxis ist es leider häufig so, dass diese Phase aus Zeitgründen gestrichen werden muss. Ihre Funktion übernimmt dann der Arbeitsalltag im Anschluss an das Training, in dem der Teilnehmer aber auf die Unterstützung von Trainer und Lerngruppe verzichten muss.

4.5 Transfer des Trainings in die Alltagspraxis

Alle Bemühungen im Training haben letztlich das Ziel, die Alltagspraxis zu verändern. Umso wichtiger ist der Transfer der Trainingsinhalte zurück in den Alltag. Er verläuft um so reibungsloser, je erfolgreicher zuvor der Transfer in das

Training war und je angemessener die im Training erarbeiteten Handlungsalternativen sind. Genau an dieser Stelle zeigt sich, warum einige Trainings keine Auswirkung auf den kommunikativen Alltag haben können (Fiehler 2002, 30): Sie bieten Lösungen an für Probleme, die in der Praxis gar nicht vorkommen, oder die Traineranweisungen stellen keine praktikablen Lösungen dar, weil sie auf die besonderen Arbeitsbedingungen der Teilnehmer nur unzureichend abgestimmt wurden. Im schlimmsten Fall verschlechtern sie sogar vorübergehend die Performanz, weil der Teilnehmer ihnen zu folgen versucht, bis er ihre Kontraproduktivität einsieht (vgl. dazu die Beobachtungen in der Alltagspraxis der Teilnehmerinnen nach einem Training in Brons-Albert 1995).

4.6 Nachhaltigkeit

Wie erfolgreich eine einzelne Trainingsveranstaltung wirklich war, entscheidet sich jedoch nicht sofort am nächsten Arbeitstag. Erklärtes Ziel von Kommunikationstraining ist eine langfristige Verbesserung der Gesprächskompetenz, und das heißt, das neue Verhalten sollte auch noch ein Jahr später, idealer Weise für immer, im Verhaltensrepertoire verfügbar sein und angewendet werden. Nur wenn es tatsächlich in den ersten Tagen nach dem Training eingesetzt wird und zu einer spürbaren Entlastung oder Erleichterung in kritischen Situationen führt, kann es sich verfestigen. Dieser Prozess kann erheblich gefördert werden, wenn er durch das Umfeld am Arbeitsplatz (Kollegen und Führungskräfte) unterstützt wird und zudem eingebunden ist in ein Konzept, in dem sich Training und Bedarfsermittlung zyklisch in nicht zu langen Intervallen wiederholen (siehe Becker-Mrotzek/Brünner und Fiehler/Schmitt in diesem Band, Fiehler/Schmitt 2002, 523, eine ausführliche Darstellung eines solchen Konzeptes in Flieger/Wist/Fiehler 1992). Mit der Aussicht auf eine weitere Gesprächsanalyse in absehbarer Zeit nach dem Training, mit der der Teilnehmer seinen persönlichen Lernerfolg in der Praxis dokumentieren kann, steigt die Motivation zur Umsetzung sprunghaft an.

Zwar können mit einer einzelnen Veranstaltung einzelne Aspekte oder einzelne Handlungsformen erfolgreich bearbeitet werden. Bedenkt man jedoch, wie komplex Gesprächskompetenz ist, hat nur ein umfassendes Konzept mit regelmäßigen Veranstaltungen Aussicht auf nachhaltigen Erfolg.

5 Grenzen der Trainingskonzeption

Die Darstellung des „gesprächsanalytischen Trainingskonzeptes" sollte zeigen, dass es durchaus Möglichkeiten gibt, Gesprächskompetenz wirksam und nachhaltig zu verbessern. Sie setzen allerdings immer - auch bei alternativen Konzepten ohne gesprächsanalytische Fundierung - voraus, dass grundlegende Bedingungen des Lernens im Allgemeinen und des Lernens von Verhaltensweisen im Gespräch im Besonderen eingehalten werden. Ob das möglich ist, hängt von drei Faktoren ab, durch die die konkrete Weiterbildungspraxis maßgeblich bestimmt wird: den Teilnehmern, den Trainern und den Vorgaben durch das Unternehmen.

5.1 Teilnehmer

Kommunikationstraining unterliegt denselben Bedingungen wie jeder Lernprozess, und daher müssen für seine Wirksamkeit zwei Vorbedingungen erfüllt sein: Die Teilnehmer müssen lernfähig und lernwillig sein. Was sich so selbstverständlich anhört, ist in der Praxis der gewichtigste Grund für den Misserfolg.

Man kann davon ausgehen, dass die Fähigkeit, das eigene Gesprächsverhalten zu verändern, unterschiedlich ausgeprägt ist (vgl. z.b. Fiehler 2002, 33, Wist 1992, 327). Da sie unter anderem auch mit kognitiver Leistungsfähigkeit zusammenhängt, ist dieser Punkt sehr heikel und wird von den Beteiligten so gut wie nie thematisiert, weil er das Selbstbild und das Selbstwertgefühl der Menschen berührt. Aber auch die Richtung einer Verhaltensänderung ist nicht beliebig, sie muss kompatibel sein mit der Persönlichkeit und dem Wertesystem des Teilnehmers. So kann beispielsweise „Kundenfreundlichkeit" nur den Personen vermittelt werden, die in der Wertschätzung des Kunden und seiner Anliegen einen Wert sehen können (vgl. Fiehler/Schmitt 2002, 503), für die Vermittlung von „effizienten Vertriebstechniken" ist nur der offen, der in maximaler Umsatzsteigerung ein sinnvolles Ziel finden kann.

Aber auch wenn die Teilnehmer lernfähig sind, heißt das noch lange nicht, dass sie lernwillig sind. Nicht immer werden die Trainings von den Mitarbeitern freiwillig besucht, sie werden „von oben" verordnet - teilweise mit nicht unerheblichem Druck. Selbst wenn das nicht der Fall ist, werden sie von vielen Mitarbeitern als ungeliebte und nutzlose Störung des Arbeitsalltags betrachtet - gerade aufgrund der Erfahrungen, die sie häufig schon mit vorausgehenden Trainingsmaßnahmen gemacht haben. Der Trainer ist dann gezwungen, von der ohnehin schon knapp bemessenen Seminardauer einen erheblichen Anteil zu opfern, um in der Einstiegsphase überhaupt erst mal Lernbereitschaft herzustellen - nicht immer mit Erfolg. Gerade hier greift das gesprächsanalytische Konzept besonders gut: Wird der Teilnehmer mit seiner eigenen Handlungspraxis und ihren von ihm selbst unerwünschten, teilweise fatalen Folgen konfrontiert, stellt sich in den meisten Fällen eine deutlich gesteigerte Lernmotivation ein.

Um jedoch Gesprächsverhalten dauerhaft zu verändern, genügt es nicht, wenn es dem Trainer gelingt, für die Dauer der Veranstaltung Lernwilligkeit extrinsisch herzustellen. Die aktive Umsetzung im Alltag hängt allein vom Teilnehmer ab, und deshalb kann sich ein Lernerfolg nur einstellen, wenn er auch intrinsisch motiviert ist. Da kaum darüber nachgedacht wird, wie komplex Gesprächskompetenz eigentlich ist, wird auch allgemein unterschätzt, wie aufwändig und anstrengend es ist, Gesprächsverhalten tatsächlich zu verändern, und wie viel Eigeninitiative es erfordert.

Die dargestellten Voraussetzungen für den Lernprozess werden von der gesprächsanalytischen Trainingskonzeption in besonderer Weise in Anspruch genommen. Die Gesprächsforschung sensibilisiert lediglich dafür, dass unterschiedliche Ausdrucksweisen in Abhängigkeit von der aktuellen Situation zu unterschiedlichen Wirkungen führen - sie schreibt nicht vor, welche Wirkung die beste ist und wie sie unter allen Bedingungen in gleicher Weise zu erreichen ist. Von dieser Freiheit zu wählen sind aber nicht wenige Teilnehmer überfordert. Ihnen ist tatsächlich eine fixierte Formulierung lieber, von der sie glauben, mit ihr immer und überall erfolgreich sein zu können.

Das wird sehr anschaulich von folgender Begebenheit in einem gesprächsanalytischen Training illustriert: Nachdem Trainer und Teilnehmer stundenlang Formulierungsalternativen und ihre Vor- und Nachteile in unterschiedlichen Situationen diskutiert hatten, fasste ein Teilnehmer die Diskussion wie folgt zusammen: „Was ist denn jetzt? Was sollen wir denn nun sagen?!"

5.2 Trainer

Eine Trainingskonzeption wird erst durch die Person lebendig, die sie in der Praxis umsetzt, den Trainer. In den bisherigen Ausführungen wurde deutlich, dass die Entwicklung und Umsetzung einer Konzeption eine sehr anspruchsvolle Aufgabe ist, die eine Reihe von Fähigkeiten und umfangreiches Wissen erfordert. Für einen Kommunikationstrainer ist es aber gar nicht so einfach, dieses Wissen und diese Fähigkeiten zu erwerben, weil es keine verbindlichen Standards für die Ausbildung gibt. Welcher Inhalt in welcher Form im Rahmen von „Train-the-Trainer"-Seminaren vermittelt wird, bestimmen allein die Anbieter aufgrund ihrer eigenen Trainingspraxis. Es wäre deshalb eine wichtige Aufgabe für die Gesprächsforschung, auf der Grundlage ihrer Forschungsergebnisse Ausbildungsstandards für die Vermittlung von Gesprächskompetenz zu definieren und Kriterien für die Qualität von Trainerausbildungen zu entwickeln.

Darüber hinaus müsste das vielfältige Wissen der Gesprächsforschung didaktisch so aufbereitet werden, dass es Eingang in die Ausbildung finden kann. Zur Zeit ist es auch einem engagierten Trainer kaum möglich, dieses Wissen für seine Arbeit fruchtbar zu machen, weil es kaum Publikationen gibt, die auf einen größeren Leserkreis zielen und allgemein verständlich sind. Während sich die oben erwähnten „Klassiker" wie Paul Watzlawick, Friedemann Schulz von Thun und Eric Berne auch von interessierten Laien lesen lassen und inzwischen zum allgemeinen Bildungsgut avanciert sind, sind die Studien aus der Gesprächsforschung nur einer Fachöffentlichkeit zugänglich (dazu auch Weber/Antos i.V.).

Gravierender noch als durch die Trainerausbildung werden Trainingskonzeptionen durch eine unauflösbare Antinomie begrenzt. Einerseits ist der Lernerfolg der Teilnehmer umso größer, je präziser der Trainer auf ihre individuellen Bedingungen eingeht. Andererseits steigt damit auch der Aufwand für die Vorbereitung und die Anforderungen an den Trainer in den Seminaren, deren Ablauf dann weitgehend von der Interaktionsdynamik abhängt. Diese teilweise erheblichen Mehrleistungen des Trainers werden jedoch - im Allgemeinen - nicht bezahlt, und deshalb steigt paradoxerweise der Verdienst, je weniger das Training auf die Teilnehmer abgestimmt ist und je geringer damit zwangsläufig der Lernerfolg ausfällt.

Je nach Rahmen des Trainings und Stellung des Trainers kommt eine zweite unauflösbare Antinomie hinzu. Der Lernerfolg der Teilnehmer hängt auch davon ab, wie aufrichtig der Trainer Rückmeldungen zu ihrer aktuellen Gesprächspraxis gibt und wie intensiv er eine Verhaltensänderung fordert und fördert. Je nach Einstellung der Teilnehmer kann diese Nachdrücklichkeit jedoch sowohl als Chance zur Weiterentwicklung als auch als Anmaßung oder Zumutung empfunden werden. Gehört es nun zum Seminarablauf, dass die Teilnehmer die Veranstaltung zum Abschluss schriftlich bewerten und diese Evaluation an den Auftraggeber weitergegeben wird, kann es durchaus zu dem Paradox kommen, dass der „wirksame" Trainer schlechte Bewertungen erhält und nicht mehr weiter beschäftigt wird.

5.3 Unternehmen

Auftraggeber in der beruflichen Weiterbildung sind Unternehmen, Verbände und Institutionen. Letztlich entscheiden sie darüber, welcher Trainer welche Trainingskonzeption umsetzen darf und welche Teilnehmer mit welchen Lernzielen an den Schulungsmaßnahmen teilnehmen sollen. Das setzt umfangreiche Fachkenntnisse voraus, die nicht immer vorhanden sind und bei vielen Verantwortlichen auch nicht zur regulären Berufsausbildung gehören. Für sie ist es deshalb schwer, aus Tausenden von Angeboten, mit denen sie regelrecht überschüttet werden, das für die eigene Bedarfslage und das angestrebte Qualitätsniveau passende herauszufinden.[5] Den Ausschreibungen ist selten anzusehen, welche Konzepte und Methoden in den Seminaren verwendet werden und auf welche Weise sie konkret durchgeführt werden. Da objektive Beurteilungskriterien fehlen, ist in den meisten Fällen für die Entscheidung der persönliche Kontakt, ein schon erfolgreich für das Unternehmen durchgeführtes Projekt, ein prominenter Name oder der Tipp eines glaubwürdigen Kollegen ausschlaggebend.[6] Für die Ge-

---

5   „Da der freie Markt mit Trainerangeboten überschwemmt wird, kann der Weiterbildungsverantwortliche kaum Übersicht bewahren, zumal die fachlichen Qualifikationen und Fähigkeiten von freiberuflichen Trainern häufig zu wünschen übrig lassen" (Olesch 1992, 100).
6   Diese Kriterien wurden beispielsweise von den Vertretern namhafter Konzerne auf einer Veranstaltung des „Berufsverbandes Deutscher Soziologinnen und Soziologen e.V." genannt, von Firmenvertretern bei anderen Veranstaltungen ähnlich formuliert und durch persönliche Erfahrungen in der Praxis bestätigt.

sprächsforschung bietet sich hier ein wichtiges Arbeitsfeld, das von größter Relevanz für die Praxis ist.

Die Entwicklung von Kriterien, mit denen sich der Erfolg von Schulungsmaßnahmen für Gesprächskompetenz schon im Vorfeld einschätzen lässt, ist von fundamentaler Bedeutung, weil sich das Gesprächsverhalten von Menschen überhaupt nur unter bestimmten Voraussetzungen nachhaltig verändern lässt. Kein Training kann Erfolg haben, wenn keine im Alltag der Teilnehmer praktikablen und für sie nachvollziehbaren Lösungen angeboten werden oder die Teilnehmer nicht ausreichend motiviert sind, diese Lösungen auch zu übernehmen. Solche Lösungen für den konkreten Einzelfall zu entwickeln und die Teilnehmer bei ihrer Umsetzung zu begleiten, erfordert aber sowohl in der Vorbereitung als auch in der Durchführung der Maßnahme mehr Zeit und Aufwand, als im allgemeinen für notwendig erachtet und zur Verfügung gestellt wird. Wie wirksam und nachhaltig eine Trainingskonzeption sein kann, hängt also auch davon ab, wie langfristig das Konzept angelegt ist und wie viel Zeit Trainer und Teilnehmer in den einzelnen Trainings haben, um das Gesprächsverhalten zu verändern.

Hinzu kommt eine weitere Voraussetzung. Werden die Teilnehmer nach dem Training in ihrer Arbeitspraxis nicht aktiv bei der Umsetzung des Gelernten unterstützt, ist es nur eine Frage der Zeit, bis alles wieder „beim Alten" ist (dazu auch der Trainer Georg Wist 1992, 325f.). Hin und wieder kann man sich des Verdachtes nicht erwehren, dass dieser Effekt durchaus in Kauf genommen wird, denn qualifiziertere Mitarbeiter erfordern nicht selten auch eine Neuorganisation der Arbeitsprozesse. Sie wirken sich somit auf das gesamte System aus und machen Veränderungen notwendig, was inoffiziell keineswegs immer so willkommen ist, wie es das offizielle Leitbild („Change Management") vorgibt.

Ohnehin können mit Seminaren der beruflichen Weiterbildung auch ganz andere Zielsetzungen verbunden sein, bei denen für die Konzeption andere Prioritäten gelten. Sie dienen auch als Prämien in einem Anreizsystem, als Belohnungen für gute Leistungen, nicht als Instrument der Optimierung. Das erklärt, warum viele Seminare an attraktiven Erholungsorten in einem weit üppigerem Setting stattfinden, als für eine positive Lernatmosphäre tatsächlich notwendig wäre.[7] Um in solchen Fällen den eigentlichen Zweck der Seminare zu erfüllen, dürfen sie nicht zu anspruchsvoll gestaltet werden, sondern müssen vor allem einen hohen Unterhaltungswert aufweisen.

Unter anderem aus solchen Gründen ist die Evaluation des Trainingserfolgs ein heikles Thema. Während für alle Unternehmensbereiche qualitätsfördernde und -sichernde Maßnahmen eine hohe Priorität besitzen („Total Quality Management") und ein Audit den nächsten jagt, wird die Entwicklung der Schlüsselqualifikation „Gesprächskompetenz" bei Mitarbeitern und Führungskräften eher weniger systematisch gesteuert und bewertet. Das liegt sicherlich zu einem großen Teil daran, das es dafür bislang kaum brauchbare Beurteilungsverfahren und

---

7 „Um Weiterbildung konstruktiv zu betreiben, gehört ein detailliertes Bildungskonzept in die Unternehmung - nicht das konservative „Gießkannenprinzip": Weiterbildung als Urlaub!" (Olesch 1992, 85).

-kriterien gibt. Es liegt aber auch daran, dass man den Verantwortlichen für Weiterbildungsmaßnahmen keinen Lernprozess zugesteht. Von ihnen werden gleichbleibend positive Ergebnisse verlangt, obwohl gerade der Erfolg von Schulungsmaßnahmen von vielen Faktoren abhängt, auf die sie keinen Einfluss haben. Diesen Erfolg genauer zu bestimmen und zu dokumentieren liegt deshalb nicht in jedem Fall in ihrem Interesse.

Das „gesprächsanalytischen Trainingskonzept" bietet eine einfache Möglichkeit, den Erfolg eines Trainings zu überprüfen. Die Durchführung einer Gesprächsanalyse zur Bedarfsermittlung im Vorfeld des Trainings dokumentiert den aktuellen Leistungsstand, durch eine weitere Gesprächsanalyse nach der Trainingsmaßnahme lässt sich die Verbesserung der Gesprächskompetenz der Teilnehmer objektiv und nachvollziehbar feststellen. Diese Form der Trainingsevaluation (Gesprächsanalyse - Trainingsmaßnahme - Gesprächsanalyse) ist jedoch unabhängig davon, wie das eigentliche Trainingskonzept aussieht und lässt sich auch dann durchführen, wenn es nicht gesprächsanalytisch fundiert ist. Es spricht für sich, dass sich die Anbieter von Kommunikationstrainings und die Verantwortlichen für Schulungsmaßnahmen in den Unternehmen bislang kaum bereit erklärt haben, die Wirksamkeit des verwendeten Trainingskonzeptes wissenschaftlich überprüfen zu lassen (Fiehler/Schmitt 2002, 524, Brons-Albert 1995). Entsprechende Untersuchungen könnten jedoch dazu beitragen, bewährte Vorgehensweisen zu bestätigen, Bedingungen für Wirksamkeit und Nachhaltigkeit zu erarbeiten und neue Verfahren zu entwickeln.

6 Fazit

Die Gesprächsforschung bietet von der Trainerausbildung über die Bedarfsanalyse, über Inhalt und Durchführung von Schulungen bis hin zu ihrer Evaluation für alle Bereiche der Trainingspraxis Kooperationspunkte. Eine Zusammenarbeit wäre für beide Seiten fruchtbar: Die Gesprächsforschung kann einen erheblichen Beitrag dazu leisten, die Vermittlung von Gesprächskompetenz fundierter, wirksamer und nachhaltiger zu machen, und die Praxis hat wichtige Fragen zu stellen und liefert herausforderndes Untersuchungsmaterial. Die Möglichkeiten, die sich hier bieten, werden in der beruflichen Weiterbildung bisher noch nicht einmal ansatzweise genutzt. Das liegt nicht zuletzt daran, dass die Gesprächsforschung - nach wie vor - in der Öffentlichkeit so gut wie unbekannt ist. Es ist deshalb dringend an der Zeit, nachdem wir mit der „Angewandten Gesprächsforschung" schon den akademischen Elfenbeinturm verlassen haben, auch den gepflegten Vorgarten der „Reflexion von Bedingungen der Möglichkeit zur Anwendung" zu verlassen und hinauszutreten in das volle Leben auf der Hauptstraße.

Literatur

Antos, Gerd (1992): Kommunikationstraining und Empirie. Linguistische Analysen bei der Bedarfsermittlung und der Konzeptionsentwicklung von Kommunikationstrainings. In: Fiehler, Reinhard/Sucharowski, Wolfgang (Hgg.): Kommunikationsberatung und Kommunikationstraining. Opladen, 266-275.

Barth-Weingarten, Dagmar/Metzger, Markus (i.V.): „Sprachwissenschaft? Was ist das?" Über einen praxisrelevanten Gegenstand und eine unbekannte Disziplin - Eine Pilotumfrage. In: Wichter, Sigurd/Stenschke, Oliver (Hgg.): Theorie, Steuerung und Medien des Wissenstransfers. Frankfurt.

Becker-Mrotzek, Michael/Brünner, Gisela (2002): Simulation authentischer Fälle (SAF). In: Brünner, Gisela/Fiehler, Reinhard/Kindt, Walther (Hgg.): Angewandte Diskursforschung, Band 2. Radolfzell, 72-80. Kostenloser Download unter „www.verlaggespraechsforschung.de".

Becker-Mrotzek, Michael/Fiehler, Reinhard (Hgg.) (2002): Unternehmenskommunikation. Tübingen.

Berne, Eric (1967): Spiele der Erwachsenen. Psychologie der menschlichen Beziehungen. Reinbek bei Hamburg.

Birker, Klaus (1998): Betriebliche Kommunikation. Berlin.

Bliesener, Thomas/Brons-Albert, Ruth (Hg.) (1994): Rollenspiele in Kommunikations- und Verhaltenstraining. Opladen.

Brons-Albert, Ruth (1995): Auswirkungen von Kommunikationstraining auf das Gesprächsverhalten. Tübingen.

Brünner, Gisela (2000): Wirtschaftskommunikation. Linguistische Analyse ihrer mündlichen Formen. Tübingen.

Brünner, Gisela (2002): Das Verhältnis von diskursanalytischer Forschung, Ausbildung und Anwendung. Ihr Beitrag zur Professionalisierung der Linguistik. In: Brünner, Gisela/Fiehler, Reinhard/Kindt, Walther (Hgg.): Angewandte Diskursforschung, Band 2. Radolfzell, 114-124. Kostenloser Download unter „www.verlag-gespraechsforschung.de".

Brünner, Gisela/Fiehler, Reinhard (2002): KommunikationstrainerInnen über Kommunikation. Eine Befragung von TrainerInnen zu ihrer Arbeit und ihrem Verhältnis zur Sprachwissenschaft. In: Brünner, Gisela/Fiehler, Reinhard/Kindt, Walther (Hgg.): Angewandte Diskursforschung, Band 2. Radolfzell, 211-225. Kostenloser Download unter „www.verlag-gespraechsforschung.de".

Brünner, Gisela/Fiehler, Reinhard/Kindt, Walther (Hgg.) (2002): Angewandte Diskursforschung (2 Bände). Radolfzell. Kostenloser Download unter „www.verlag-gespraechsforschung.de".

Bühler, Karl (1934): Sprachtheorie. Die Darstellungsfunktion der Sprache (ungekürzter Neudruck 1982). Stuttgart/New York.

Deppermann, Arnulf (1999): Gespräche analysieren. Eine Einführung in konversationsanalytische Methoden. Opladen.

Fiehler, Reinhard (2001): Gesprächsanalyse und Kommunikationstraining. In: Brinker, Klaus/Antos, Gerd/Heinemann, Wolfgang/Sager, Sven Frederik (Hgg): Text- und Gesprächslinguistik. Ein internationales Handbuch zeitgenössischer Forschung, 2.Halbband: Gesprächslinguistik. Berlin/New York, 1697-1710.

Fiehler, Reinhard (2002): Kann man Kommunikation lehren? Zur Veränderbarkeit von Kommunikationsverhalten durch Kommunikationstrainings. In: Brünner, Gisela/Fiehler, Reinhard/Kindt, Walther (Hgg.): Angewandte Diskursforschung, Band 2. Radolfzell, 18-35.

Fiehler, Reinhard (Hg.) (2002): Verständigungsprobleme und gestörte Kommunikation. Radolfzell. Kostenloser Download unter „www.verlag-gespraechsforschung.de".

Fiehler, Reinhard / Schmitt, Reinhold (2002): Das Potenzial der angewandten Gesprächsforschung für Unternehmenskommunikation: Das Beispiel „Kundenorientierung". In: Haß-Zumkehr, Ulrike/Kallmeyer, Werner/Zifonun, Gisela (Hgg.): Ansichten der deutschen Sprache. Festschrift für Gerhard Stickel zum 65. Geburtstag. Tübingen, 501-527.

Fiehler, Reinhard/Sucharowski, Wolfgang (1992): Diskursforschung und Modelle von Kommunikationstraining. In: Fiehler, Reinhard/Sucharowski, Wolfgang (Hgg.): Kommunikationsberatung und Kommunikationstraining. Opladen, 24-35.

Flieger, Erhard/Fiehler, Reinhard/Wist, Georg (1992): Kommunikationstrainings im Vertrieb und Diskursanalyse. Erfahrungsbericht über eine Kooperation. In: Fiehler, Reinhard/Sucharowski, Wolfgang (Hgg.): Kommunikationsberatung und Kommunikationstraining. Opladen, 289-338.

Hartung, Martin (i.V.): Gesprächsanalyse als Steuerungsinstrument in der betrieblichen Praxis. In: Knapp, Karlfried et. al. (Hgg.): Angewandte Linguistik. Eine Einführung in zwei Bänden. Frankfurt.

Lalouschek, Johanna / Menz, Florian (2002): Empirische Datenerhebung und Authentizität von Gesprächen. In: Brünner, Gisela/Fiehler, Reinhard/Kindt, Walther (Hgg.): Angewandte Diskursforschung, Band 1. Radolfzell, 46-68. Kostenloser Download unter „www.verlag-gespraechsforschung.de".

Mentzel, Wolfgang (2001): Personalentwicklung. Erfolgreich motivieren, fördern und weiterbilden. München.

Olesch, Gunther (1992): Praxis der Personalentwicklung. Weiterbildung im Betrieb (2. erweiterte Aufl.). Heidelberg.

Schmitt, Reinhold (2002): Rollenspiele als authentische Gespräche. Überlegungen zu deren Produktivität im Trainingszusammenhang. In: Brünner, Gisela/Fiehler, Reinhard/Kindt, Walther (Hgg.): Angewandte Diskursforschung, Band 2. Radolfzell, 81-99.

Shannon, C. E./Weaver, W. (1949): The Mathematical Theory of Communication. Urbana.

Shannon, C. E./Weaver, W. (1976): Mathematische Grundlagen der Informationstheorie. München.

Thun, Friedemann Schulz von (1981): Miteinander reden: Störungen und Klärungen. Psychologie der zwischenmenschlichen Kommunikation. Reinbek bei Hamburg.

Watzlawick, Paul/Beavin, Janet H./Jackson, Don D. (1969): Menschliche Kommunikation. Formen, Störungen, Paradoxien. Bern/Stuttgart/Toronto.

Weber, Tilo/Antos, Gerd (i.V.): Kommunikationstrainer/innen und Linguistik. Einseitige Betrachtungen zu einem wechselseitigen Isolationsverhältnis. In: Antos, Gerd/Wichter, Sigurd (Hgg.), Transferwissenschaft. Wissenstransfer durch Sprache als gesellschaftliches Problem (= Reihe Transferwissenschaften 2). Frankfurt.

Wist, Georg (1992): Ziele, Methoden und Grenzen der Schulung von Kommunikationsfähigkeit bei Verkäufern - dargestellt an Gesprächsbeispielen aus Verkaufstrainings. In: Fiehler, Reinhard/Sucharowski, Wolfgang (Hgg.): Kommunikationsberatung und Kommunikationstraining. Opladen, 311-328.

Gesprächskompetenz vermitteln – Angewandte Forschung?

Sylvia Bendel

Zusammenfassung

In der Gesprächsforschung ist es üblich geworden, gestützt auf Ergebnisse aus der Grundlagenforschung Gesprächskompetenz in Schulungen zu vermitteln. Im vorliegenden Aufsatz versuche ich, die aktuelle Praxis kritisch zu reflektieren, um so auf problematische Aspekte aufmerksam zu machen. Dazu gehört etwa der Wechsel von der grundlagenorientierten *Deskription* zur anwendungsorientierten *Präskription* von Gesprächen. Dazu gehört die Frage nach den Normen, nach denen das Gesprächsverhalten der analysierten Personen bewertet wird. Werden Normen, wie sie bereits in einigen Grundbegriffen der Gesprächsforschung enthalten sind, unreflektiert eingesetzt, kann dies zu einseitigen Bewertungen führen. Der Beitrag endet mit einem Plädoyer für die stärkere Trennung zwischen Grundlagenforschung und Anwendung sowie für den kritischeren Umgang mit Normen.[1]

1 Einleitung: Von den Grundlagen zur Anwendung

Gesprächsforscherinnen und Gesprächsforscher untersuchen seit drei Jahrzehnten, wie Menschen miteinander reden, nach welchen Regeln private und institutionelle Gespräche funktionieren. Sie scheinen damit prädestiniert zu sein für die Aufgabe, interessierten Menschen beizubringen, wie man erfolgreich kommuniziert, mit andern Worten: Gesprächskompetenz zu definieren und zu vermitteln. Tatsächlich tun sie das auch immer häufiger. Die Initiative für Aufklärung und Schulung im Bereich Kommunikation ging und geht teilweise von den Gesprächsforschenden selber aus. So haben zum Beispiel Wahmhoff und Wenzel (1979) in ihrer Pionierarbeit zum Sozialamt nicht nur untersucht, wie Bürger-Verwaltungs-Kommunikation funktioniert, sondern auch die Frage aufgeworfen, wie diese im Bemühen um mehr Bürgerfreundlichkeit verbessert werden könnte.

---

1   Für die kritische Durchsicht des vorliegenden Aufsatzes danke ich ganz herzlich den „Berner Pragmatigern" Barbara Buri, Jakob Marti und Daniel Rellstab sowie den Herausgebern dieses Bandes.

Bis heute verfolgt die Kritische Diskursanalyse das Ziel, mit der gesprächsanalytischen Forschung zum Abbau gesellschaftlicher Diskriminierung beizutragen.[2] Zunehmend sind es jedoch die Institutionen selber, die sich von den Forschenden Ratschläge für die Verbesserung ihrer Kommunikation erbitten – oft als Gegenleistung für die zur Verfügung gestellten Untersuchungsressourcen.[3] Heute sind die Gesprächsforschenden in drei Feldern tätig. Erstens in der Grundlagenforschung, deren Ziel es ist, die Funktionsweise natürlicher Gespräche zu beschreiben; zweitens in der anwendungsorientierten Forschung oder Angewandten Linguistik, die neben der reinen Analyse Probleme herausarbeiten, Verbesserungsmöglichkeiten umreissen und Wege zur Umsetzung aufzeigen will; und drittens in der von privaten Unternehmen finanzierten Auftragsforschung, die von Anfang an auf konkrete Massnahmen wie Schulungen zielt. Dazu gehört auch die kommerzielle Kommunikationsberatung. In der Literatur wird normalerweise nicht zwischen diesen drei Tätigkeitsfeldern unterschieden.[4] Diese mangelnde Differenzierung dürfte ein Teil des im Folgenden beschriebenen Problems sein.

Bei den von den anwendungsorientierten und im Auftrag arbeitenden Forscherinnen und Forschern propagierten Aufklärungs-, Beratungs- und Trainingsmassnahmen scheint der Übergang von der Grundlagenforschung zur Anwendung problemlos und fliessend zu verlaufen. Forschungsergebnisse scheinen sich bruchlos in Berichte an die Institution, in Empfehlungen oder in Seminarunterlagen umformen zu lassen. Vielen Forschenden ist offenbar zu wenig bewusst, dass zwischen Analyse und Vermittlung kein gradueller, sondern ein struktureller Unterschied besteht. Dieser äussert sich im Akt des Bewertens. Die Grundlagenforschung untersucht wertneutral, wie Gespräche funktionieren, sie ist *deskriptiv*. Empfehlungen und Beratungen aller Art hingegen legen fest, wie Gespräche funktionieren sollen, sie sind *normativ*. Der Wechsel zur Präskription bedeutet, wie zu zeigen sein wird, eine grundlegende Umorientierung des ganzen forschenden Tuns und ist keine logische Fortsetzung der Deskription!

Wie radikal die Umorientierung vom verstehenden Beschreiben zum bewertenden Vorschreiben ist, wird durch die – an sich bewährte – Praxis, in Schulungen mit Transkripten zu arbeiten, eher verschleiert als erhellt. Transkripte wer-

---

2 „Discourse analysis as guide to reform is praxis-oriented in that it seeks to use the results of discourse analytic studies in order to develop social interventions." (Willig 1999, 15).

3 Beispielhafte Beiträge zu Bürger-Verwaltungsdiskursen, Arzt-Patienten-Gesprächen und Beratungsgesprächen finden sich in Brünner / Fiehler / Kindt (Hrsg.) (1999) und Fiehler / Sucharowski (Hrsg.) (1992).

4 Unter der Flagge "Angewandte Linguistik" segeln im Gegenteil oftmals Studien, die meines Erachtens der Grundlagenforschung zuzurechnen sind, so zum Beispiel der methodologisch ausgerichtete Sammelband von Gruber / Menz (2001). Damit ist keineswegs eine Kritik an der Qualität der darin versammelten Beiträge verbunden. Doch wäre der Sache mehr gedient, wenn von Anwendungsorientierung und vor allem Anwendung wirklich nur dann gesprochen würde, wenn konkrete Umsetzungsmöglichkeiten skizziert werden.

den von gesprächsanalytisch arbeitenden Kommunikationstrainern gerne eingesetzt, denn sie scheinen für sich zu sprechen. Kommunikationsprobleme, gute
und schlechte Verhaltensweisen liegen schwarz auf weiss vor und werden von
den Seminarteilnehmern selber erkannt, während die Analytikerin vornehme Zu-
rückhaltung üben kann. Das Verführerische daran ist, dass es so gut funktioniert:
Weder die Gesprächsforschenden noch die Betroffenen haben Mühe, Probleme
zu identifizieren und verschiedene Verhaltensweisen als gut / schlecht bzw. erfolgreich / nicht erfolgreich zu qualifizieren.[5] Durch den Vergleich von erfolgreichen mit nicht erfolgreichen Beispielen lassen sich gemäss Fiehler sogenannte
„deskriptive Normen" gewinnen (Fiehler 1999, 32). Übersehen wird dabei, dass
bereits die Entscheidung, ob ein Kommunikationsproblem vorliegt, dass bereits
die Qualifizierung bestimmter Gesprächssequenzen als „erfolgreich" nicht ohne
Rekurs auf normative Vorstellungen vom „normalen" bzw. „guten" Gespräch erfolgen können. Diese basalen Vorstellungen von Normalität und Qualität werden
in der Regel weder ausgesprochen noch reflektiert. Sie stellen in der anwendungsorientierten Gesprächsforschung und in der Beratung einen blinden Fleck
dar.

Ich versuche in diesem Beitrag zu zeigen, dass von der Grundlagenforschung
kein direkter Weg zur anwendungsorientierten Definition und praktischen Vermittlung von Gesprächskompetenz führt. Zwei strukturelle Hindernisse stehen
dem im Weg:
1. Anwendungsorientierung wirkt einschränkend auf den Begriff der Gesprächskompetenz und auf die Auswahl der untersuchten Phänomene.
2. Normen und davon abhängige Bewertungen von Gesprächsverhalten können
   nicht direkt aus der Forschung bzw. aus den Transkripten abgeleitet werden,
   sondern nur aus dem untersuchten Feld und den Zielen der Schulung.

Den erwähnten zwei Hindernissen sind die folgenden Abschnitte gewidmet.
Meine Erläuterungen stütze ich auf Beispiele aus der Literatur und eigene Forschungsprojekte. Im letzten Abschnitt werde ich zeigen, dass sich die Gesprächsforschung von der Vermittlung von Gesprächskompetenz trotzdem keineswegs
verabschieden muss. Notwendig sind jedoch eine schärfere Trennung zwischen
Grundlagenforschung, anwendungsorientierter Forschung und Auftragsforschung sowie ein Umgang mit Normen, der kritischer und transparenter ist als
bisher.

2 Anwendungsorientierte Einschränkung der Forschungsfragen

Der Begriff der 'Kompetenz' gelangte über die Generative Grammatik in die
Sprachwissenschaft. Er bezeichnet dort die Fähigkeit, in einer bestimmten Sprache grammatikalisch korrekte Sätze zu bilden. Übertragen auf die Gesprächsfor-

---

5 Die Teilnehmerinnen und Teilnehmer der von mir geleiteten Kommunikationsseminar-
e jedenfalls waren mit klaren Urteilen bezüglich gut und schlecht immer rasch bei der
Hand.

schung würde Kompetenz demnach die Fähigkeit bedeuten, interaktiv korrekte Gespräche zu führen: eine zentrierte Interaktion herzustellen, den Sprecherwechsel zu koordinieren, Themen zu generieren usw. Eine so verstandene Kompetenz ist für die Angewandte Gesprächsforschung jedoch uninteressant, denn die Fähigkeit, überhaupt Gespräche zu führen, ist nicht das Ziel der verschiedenen Vermittlungsbemühungen, sondern deren Voraussetzung.

'Kompetenz' wird im Zusammenhang mit Schulungen daher meistens als *Handlungskompetenz* definiert, als die Fähigkeit, in einer bestimmten Situation und im Hinblick auf ein bestimmtes Ziel adäquat und erfolgreich zu kommunizieren. Der Begriff der Kompetenz gewinnt damit eine normative Komponente.[6] Die Verschiebung des Kompetenzbegriffs aus dem Bereich der grundlegenden Gesprächsfähigkeit in den Bereich des konkreten Handelns ist zwar notwendig und sinnvoll, soll Kompetenz als etwas noch im Erwachsenenalter Erwerb- und Veränderbares begriffen werden, gleichzeitig macht sie den Begriff jedoch unscharf. Ist Kompetenz nun die allgemeine Befähigung zur erfolgreichen Gesprächsführung, oder ist sie ein je situationsspezifisch zu definierendes Repertoire kommunikativer Fertigkeiten? Ist Kompetenz als solche erlernbar oder sind es nur einzelne Handlungsweisen?[7] Für die Praxis relevant dürfte die zweite Sicht sein: Kompetenz als situationsspezifisches Repertoire kommunikativer Fähigkeiten (zum Beispiel 'die Situation einschätzen'), dialogischer Strategien ('mit Alternativfragen den Gesprächsabschluss herbeiführen') und rhetorischer Fertigkeiten ('mit Beispielen und Zitaten überzeugen').

Mit der Hinwendung von der Grundlagenforschung zur Anwendung geht demnach eine Verschiebung in der Definition und Verwendung des Begriffs Kompetenz einher. Diese Verschiebung wäre nicht weiter von Belang, würde sie sich nicht einschränkend auf die Auswahl der Forschungsfragen und der untersuchten Phänomene auswirken. Tatsache ist jedoch, dass die Orientierung auf die spätere Anwendung und Schulung wie ein Filter wirkt, in welchem alles hängen bleibt, was entweder als nicht veränderbar oder nicht praxisrelevant betrachtet wird. Anwendungsorientierte Forscherinnen und Forscher fragen zum Beispiel nicht danach, auf welche Art die Prosodie dazu beiträgt, sprachliche Einheiten und „Transition Relevant Places" zu generieren (Selting 1998), da das prosodische Verhalten der Sprechenden in der Regel weder verändert werden muss noch kann. Die 'Angewandten' fragen auch nicht danach, ob eine Pause von 1.2 Sekunden lang oder kurz ist und wem die Pause zuzuschreiben ist (Meise 1996), weil das für die alltägliche Gesprächspraxis irrelevant ist. So fällt ein Grossteil der Fragen, die von der Gesprächsforschung bisher behandelt wurden, unter dem

---

6   Vgl. Deppermann in diesem Band.
7   Die Schwierigkeit der Begriffsbestimmung äussert sich bei Deppermann unter anderem im wechselnden Gebrauch von Singular und Plural. Meines Erachtens wäre es sinnvoll, Gesprächskompetenz nur in der Einzahl zu verwenden und dafür die verschiedenen Fähigkeiten und Fertigkeiten zu unterscheiden, die zusammengenommen Gesprächskompetenz ausmachen.

Blickwinkel der Anwendung zum Vornherein weg. Das ist legitim, sollte aber nicht übersehen werden.[8] Erst recht eingeschränkt wird die Auswahl der untersuchten Phänomene, wenn die Analyse nicht einem wissenschaftlichen Projekt entstammt, sondern im Auftrag eines Unternehmens durchgeführt wird. In diesem Fall schlägt das vertragliche Verhältnis zwischen dem Auftraggeber und der ausführenden Forscherin auf den gesamten Forschungsprozess durch, von der Fragestellung und der Zielformulierung über das Vorgehen, die Interpretation der Daten bis hin zur Präsentation der Resultate.

Dazu ein Beispiel aus meiner eigenen Forschungstätigkeit. In den Jahren 2000 und 2001 führte ich für eine Schweizer Bank eine Untersuchung der Kommunikation in ihren verschiedenen Call Centern durch mit dem Ziel, die Qualität des Kundenservices zu verbessern. Als reguläre Angestellte der Bank stand mir aussergewöhnlich viel Zeit zur Verfügung, ich hatte freien Zugang zu allen gewünschten Informationen und Personen und genoss als Interne – nach anfänglicher Skepsis gegenüber dem exotisch anmutenden gesprächsanalytischen Instrumentarium – das Vertrauen der Mitarbeitenden und Vorgesetzten. Gleichzeitig beeinflusste die Organisation das ganze Projekt massgeblich. Hatte ich ursprünglich geplant, Interaktionen am Schalter zu untersuchen, befanden die Auftraggeber, die Verbesserung der telefonischen Kommunikation sei dringlicher. Die Konsequenzen waren gravierend: Das Projekt und damit meine Person wurden einer andern Abteilung zugewiesen, die Aufnahmen und Analysen beschränkten sich auf den auditiven Kanal, und inhaltlich wies das Korpus eine ganz andere Zusammensetzung auf, da über das Telefon teilweise andere Geschäfte abgewickelt werden als am Schalter.

Zeitpunkt, Art und Qualität der Aufnahmen wurden nicht allein von meinem Untersuchungsdesign bestimmt, sondern waren weitgehend vom Goodwill der einzelnen Abteilungsleiter und von den technischen Möglichkeiten vor Ort abhängig.[9] Bei der Auswahl der Phänomene, welche ich genauer unter die Lupe nehmen wollte, war ich auch nicht völlig frei. Ich konnte mich nicht von gesprächsanalytisch besonders interessanten Fragestellungen leiten lassen, wie zum Beispiel der auffallenden Demonstration von Kompetenz durch die männlichen Kunden bei Börsenaufträgen, weil diese Frage für die Angestellten bei der Entgegennahme von Aufträgen nicht relevant ist. Ich hatte mich nach dem umzusehen, was in der Ausbildung vermittelbar ist, im Alltag umgesetzt werden kann und – wenigstens dem Anspruch nach – die Kommunikation effizienter und / oder kundenfreundlicher macht. Dazu gehörten Fragen wie: Mit welchen Fragen

---

8 Vor allem nicht angesichts des gegenwärtig auf die Universitäten ausgeübten Drucks, vermehrt angewandte Forschung zu betreiben und Aufträge aus der Industrie zu acquirieren.

9 Das ist allerdings ein Problem, mit dem auch Grundlagenforscher kämpfen.

kann ich die Kundin am sichersten identifizieren?[10] Wie bringe ich den Kunden dazu, sein Anliegen dem Angestellten im Call Center zu unterbreiten, anstatt den persönlichen Kundenberater zu verlangen?[11] Wie erkläre ich den Unterschied zwischen einem 'limitiert' und einem 'bestens' gegebenen Börsenauftrag? Auf welche Weise kann ich die Kunden dazu motivieren, an einer telefonischen Kundenzufriedenheitsstudie teilzunehmen?

Bei der Interpretation der Daten versuchte ich zwar, die Sicht der Kundinnen und Kunden einzubeziehen, so weit sie sich aus den Gesprächen selbst rekonstruieren liess; letztlich erfolgte die Analyse jedoch weitgehend aus der Perspektive des Unternehmens. Zu schildern war, wie „wir" von der Bank es machen und wie sich „unser" Verhalten auf die Gespräche auswirkt. Auch die Stossrichtung meiner Analysen und Interpretationen war klar: Ziel war nicht, die Gespräche in den Call Centern einfach zu beschreiben, sondern sie zu *bewerten* und am Schluss klare Verhaltens*empfehlungen* abzugeben. Als Forscherin stand ich unter dem in der Grundlagenforschung nicht bekannten Druck, brauchbare, umsetzbare Ergebnisse zu produzieren, denn daran wird der Erfolg von unternehmensinternen Projekten gemessen.

Schliesslich machte sich das Auftragsverhältnis auch bei der Präsentation und Streuung der Ergebnisse bemerkbar. Die Darstellung hatte nicht primär wissenschaftlichen Kriterien zu genügen, sondern war in Formen zu präsentieren, die im Unternehmen gebräuchlich sind (unter anderem Power-Point-Präsentationen und Intranet), in einer Sprache, die gebildete Laien verstehen, und in einem Umfang, der von viel beschäftigten Kaderleuten zu bewältigen ist. Die Formulierungen hatten Rücksicht zu nehmen auf die persönliche Empfindlichkeit und die betriebliche Position der Beteiligten, und bei der Streuung der Ergebnisse hatte ich darauf zu achten, dass vor allem meine kritischen Bemerkungen nicht den falschen Leuten in die Hände kamen bzw. nicht in den heiklen Phasen der Budgetierung und Bonuszuteilung über die Abteilung hinaus bekannt gemacht wurden. Auftragsforschung im Unternehmen bedeutet zusammengefasst:

- Vorgabe des Untersuchungsbereichs und der globalen Zielformulierung durch den Auftraggeber,
- Abhängigkeit der Korpusgrösse, -zusammenstellung und -qualität von den personellen und technischen Voraussetzungen im Betrieb,
- Interpretation der Daten aus der Sicht des Unternehmens und des Praxisbezugs,
- Formulierung klarer Verhaltensempfehlungen,
- populärwissenschaftliche Darstellung der Analysen und
- strategischer Umgang mit den Ergebnissen.

---

10 Aufgrund des Bankgeheimnisses müssen Kunden sich mit präzisen Angaben zu ihrer Bankverbindung als Kontoinhaber ausweisen, bevor sie Auskünfte bekommen oder Aufträge erteilen können.
11 Das Call Center hat den Auftrag, möglichst viele Anfragen selber zu beantworten und die Kunden wenn möglich nicht weiterzuverbinden.

Was im Vergleich zur Grundlagenforschung gleich bleibt, ist die Methode. Wie in jedem andern gesprächsanalytischen Projekt konnte ich mit authentischen, aufgezeichneten Gesprächen arbeiten, eine Gesprächsdatenbank und detaillierte Transkripte erstellen und daran sequenzielle wie gesprächsstrukturelle Analysen vornehmen. Gestützt auf die Resultate der Untersuchung konnte ich schliesslich einen mehrteiligen Workshop für die betroffenen Angestellten entwickeln und durchführen (vgl. Bendel 2002). Aus der Sicht der Umsetzung war das Projekt somit erfolgreich. Als Beitrag zur Grundlagenforschung kann es in der gegenwärtigen Form allerdings nicht gewertet werden: Die Auswertung erfolgte zu stark im Hinblick auf die unternehmens-, ja abteilungsspezifischen Bedürfnisse, als dass sie allgemeingültige Erkenntnisse zu Tage gefördert hätte. Die Analyse ist von A bis Z durchzogen von Wertungen, vor allem aber sind die als interne Papiere publizierten Ergebnisse der wissenschaftlichen Öffentlichkeit schlicht nicht zugänglich. Für eine wissenschaftliche Publikation muss ich das erhobene Gesprächsmaterial einer neuen Analyse unterziehen.

Bedeutet das nun, dass Auftragsforschung eine um gewisse Fragestellungen reduzierte Form der Grundlagenforschung ist, die kleine Schwester sozusagen? Die Ausführungen sollten gezeigt haben, dass die Differenzen tiefer reichen. Von der Orientierung auf die unmittelbare Umsetzung und Verwertung ist der gesamte Forschungsprozess betroffen. Dahinter liegt ein nicht zu überwindender struktureller Unterschied: Die angewandte Forscherin ist in letzter Instanz nicht der Wissenschaftlichen Gemeinschaft gegenüber verantwortlich, sondern ihrem Auftraggeber.[12]

3 Willkürliche Bewertungen und heimliche Normen

Ihrem Selbstverständnis nach ist die Grundlagenforschung wertneutral. Sie beschreibt die von ihr untersuchten Phänomene, bewertet sie aber nicht. Deppermann betont, die von der Gesprächsforschung etablierten Begriffe und Konzepte seien für die normative Praxis gar nicht vorgesehen (in diesem Band). Bei genauerem Hinsehen zeigt sich jedoch, dass die Gesprächsforschenden oft nicht neutral und unbeeinflusst von bestimmten Vorstellungen von „Gespräch" an ihr Material herangehen. Ich versuche im Folgenden zu zeigen, dass Normen
a) implizit in einigen der verwendeten Fachbegriffe stecken,
b) bei der Identifizierung von „Störungen" zum Tragen kommen,
c) die Beurteilung des Verhaltens der analysierten Interaktanten beeinflusst.

---

12 Das schliesst eine anwendungs- oder gar grundlagenorientierte Re-Analyse des erhobenen Materials natürlich nicht aus.

3.1 Metaphorische Begriffe

Wie jede Wissenschaft braucht die Gesprächsforschung Begriffe, um die untersuchten Phänomene modellieren zu können. In der Gesprächsforschung stammen viele Begriffe aus dem Alltag (zum Beispiel 'Unterbrechung') oder aus anderen Fachgebieten (zum Beispiel 'Interaktion'). Eine ganze Reihe von Begriffen stammt aus dem technischen Bereich: 'Muster', 'Schema', 'Regel', 'mechanism' oder 'machinery of turn-taking', 'Apparat', 'Störung' und 'Reparatur' kommen aus dem Maschinenbau. Durch ihre Übernahme in die Gesprächsanalyse wird suggeriert, ein Gespräch funktioniere wie eine Maschine. Die Maschine dient als veranschaulichende Metapher für das abstrakte Phänomen Gespräch. Doch mit Antos ist zu betonen, dass „Metaphern über ihre analogisierende Funktion hinaus unser Denken und Handeln weithin erkenntniskonstituierend vorprägen können." (Antos 1999, 96). Mit dem Konzept von Kommunikation als Maschine sind somit auch Erwartungen verbunden: Orientierung an Output, Effizienz, Reibungslosigkeit. Ich habe den Eindruck, dass vielen Arbeiten, in denen von 'Störungen', 'Schleifen' oder 'Problemen' die Rede ist, das unausgesprochene Ideal des reibungslosen und effizienten Gesprächs zugrunde liegt.[13] Ein Blick in die populären Rhetoriklehrbücher zeigt, dass diese auf denselben Idealen fussen, ist in diesen Ratgebern doch viel von Gesprächs'techniken' die Rede, welche die angestrebte Effizienz und Reibungslosigkeit garantieren sollen. Andere mögliche Gesprächsformen wie das gemeinsame Suchen und Abwägen, das Umkreisen eines Themas, das Ausloten von Gegensätzen geraten aus dem Blickfeld oder sind als Gesprächs'schleifen', 'mangelnde Zielorientierung' usw. mit einem Stigma behaftet.

Ein zweiter Bereich, der als Bildspender für metaphorisch verwendete Begriffe dient, ist die Arbeit. Einzelne Gesprächssequenzen werden als 'Aufgaben' oder 'Probleme' konzipiert, welche die Beteiligten 'lösen' oder 'bewältigen' müssen. Gesprächsmuster erscheinen als 'Aufgabenschemata', die 'abgearbeitet' werden müssen. Das miteinander Reden erscheint in diesen Konzepten als (mitunter mühselige) Arbeit.[14]

Andere Konzeptualisierungen von Gesprächen existieren, schlagen sich aber weit weniger umfangreich im Vokabular nieder. Der 'Gesprächszug' zum Beispiel erinnert an Goffmans Konzept von Interaktion als Spiel (Goffman 1973), der 'Gesprächsschritt' an Aronssons Idee vom Gespräch als Tanz (Aronsson 1998), Ausdrücke wie 'Strategie' und 'Taktik' an die altbekannte Metapher vom Gespräch als Kampf.

---

13 Typisch für diese Haltung sind einige Beiträge im Sammelband von Fiehler (1997).
14 Schon Ehlich hat die Expansion der Arbeits-Metapher in alle möglichen gesellschaftlichen Bereiche inklusive Psychologie ("Beziehungsarbeit") kritisch beobachtet (Ehlich 1987). Herrmanns betont, dass nicht jedes Sprechen per se Handlungscharakter hat oder aufgabenorientiert ist, sondern dass es durchaus zweckfreies Sprechen gibt (Herrmanns 1987).

Warum Gespräche heute eher als Maschine oder (Team-)Arbeit konzeptualisiert werden denn als Tanz oder Kampf, darüber liesse sich spekulieren. Mir geht es aber darum zu zeigen, dass mit metaphorischen Begriffen auch Vorstellungen und Ideale von Kommunikation transportiert werden, die vielleicht nicht beabsichtigt waren, aber umso aufschlussreicher sind.

Ein Spezialfall ist schliesslich der Begriff der 'Kooperation'. Von Grice wurde Kooperation ursprünglich als lediglich auf der Gesprächsoberfläche funktionierendes Prinzip zur Verständigungssicherung konzipiert, welches sogar im Streit notwendig ist, um die Kommunikation aufrecht zu erhalten. In diesem Sinne wird der Begriff noch heute von der funktionalen Pragmatik verwendet. Die Sprechwissenschaft hingegen versteht unter Kooperation eine im ethischen Sinne erstrebenswerte Haltung dem Gesprächspartner gegenüber.[15] Und die feministische Linguistik hat mit ihrer (heute so nicht mehr akzeptierten) Unterscheidung zwischen (weiblichem) kooperativem und (männlichem) kompetitivem Gesprächsstil das Ihre zur Moralisierung des Begriffs beigetragen.[16] Obwohl die Positionen eigentlich klar sind, sorgt die unterschiedliche Auslegung des Begriffs an Tagungen, mitunter aber auch in der Literatur, immer wieder für Verwirrung.

Die Analyse zeigt, dass einige zentrale Begriffe der Gesprächsforschung implizite Normen enthalten. Gespräche sind dem Ideal nach aufgabenorientiert, effizient, störungsfrei und – je nach Standpunkt – kooperativ im diskursethischen Sinne. Die jeweiligen Gegenstücke, als da sind Spass, Abschweifen, Kreisen, Kompetitivität und Konflikt, werden ausgeblendet oder sind negativ konnotiert.[17] Es wäre an der Zeit, dass sich die Gesprächsforschenden bewusster der Frage stellen, mit welchen Vorstellungen von Kommunikation sie eigentlich an ihre Arbeit gehen.

3.2 Heimliche Normen

Noch deutlicher wird die Orientierung an unreflektierten Normen und Idealen, wenn das Gesprächsverhalten bestimmter Personen untersucht wird, besonders von Institutionenvertretern. In der Gesprächsforschung herrscht eine lange Tradition, die Klienten von Institutionen als Opfer darzustellen und sich mit ihnen zu solidarisieren. Ob Schulunterricht, Hochschulsprechstunden, Gerichtsprozesse, Arbeitsamt, Arzt-Patienten-Kommunikation oder Fernsehdiskussion, stets wird das Verhalten der Institutionenvertreter negativ bewertet. Überspitzt for-

---

15 Vgl. die Sammelbände von Bartsch (1994) und Mönnich / Jaskolski (1999).
16 Gegen diese Vorstellung von Kooperation haben Hess-Lüttich (1981) und Keller (1987 und 1995) mehrfach Position bezogen, letzterer, indem er postulierte, Menschen würden nicht primär kooperativ, sondern rational handeln.
17 Ausnahmen dazu bilden Untersuchungen zu medialen Streitgesprächen, zu rituellen Beschimpfungen und zu gruppenspezifischem Frotzeln, in denen Konflikte und Schaukämpfe als konstitutiv, unterhaltsam und gruppenerhaltend beschrieben werden: Gruber (1995), Labov (1976) (Kapitel 9), Kotthoff (Hg.) (1996).

muliert: Lehrer inszenieren Scheindialoge, Dozierende an der Hochschule produzieren sich selbst, anstatt den Studierenden weiterzuhelfen, Richter verhindern eine adäquate Schilderung des Falles und das eigenständige Nachfragen des Angeklagten, Ärzte achten nicht auf die subjektiven Einschätzungen ihrer Patienten, sondern schleusen diese durch Kataloge geschlossener Fragen, TV-Moderatoren üben verbale Gewalt aus usw. Hoffmann / Nothdurft finden sogar, „viele institutionelle Formen kommunikativen Handelns" seien „ganz offenkundig in eine Krise geraten", so die Kommunikation im Gesundheitswesen, vor Gericht, in der Schule und im therapeutischen Bereich. (Hoffmann / Nothdurft 1989, 118f).

Gestützt auf die negative Einschätzung des kommunikativen Verhaltens von Institutionenvertretern werden Schulungsmassnahmen propagiert, die sich einseitig auf diese Agenten beziehen: Die Beamten sollen bürgernah, die Ärztinnen patientengerecht kommunizieren lernen usw. Dabei wurden und werden die individuellen Veränderungsmöglichkeiten nicht selten massiv überschätzt, unterschätzt werden demgegenüber die Zwänge, unter denen die Institutionsagenten selber stehen. Erst in jüngerer Zeit wird vermehrt berücksichtigt, dass es oft die institutionellen Vorgaben sind, die zum kritisierten Gesprächsverhalten führen: Zeitdruck, Kostendruck, widersprüchliche Anforderungen. Die geschlossenen Fragen der Ärztinnen, das doppelbödige Agieren der Sozialarbeiter erscheinen vor diesem Hintergrund als durchaus rational. Schliesslich machen neuere soziolinguistische Studien darauf aufmerksam, dass die Klienten mit ihren Positionierungsaktivitäten selber einen wesentlichen Beitrag zur Aufrechterhaltung oder gar Vertiefung der strukturell vorgegebenen Asymmetrie institutioneller Kommunikation leisten. Die Idee, man müsste die *Klienten* im Umgang mit Institutionen schulen, also die Studierenden, die Bürgerinnen, die Patienten, scheint für die meisten Gesprächsforschenden jedoch völlig abwegig zu sein. Dabei wäre dies angesichts der Tatsache, dass sich die gesellschaftlichen Strukturen nicht von heute auf morgen ändern lassen und alle Beteiligten vorläufig mit den bestehenden Strukturen leben müssen, mindestens eine diskussionswürdige Alternative. Letztlich sind beide Seiten für das Gelingen der Kommunikation verantwortlich und sollten entsprechend in ihren kommunikativen Fähigkeiten gefördert, aber auch über die institutionsspezifischen, strukturellen Grenzen des Möglichen ins Bild gesetzt werden. Hier ist Realismus gefragt, nicht Idealismus.

Warum wird institutionelle Kommunikation im Allgemeinen und das Verhalten der Institutionenvertreter im Besonderen oft negativ bewertet? Ein Grund dürfte sein, dass institutionelle Gespräche häufig mit Alltagsgesprächen verglichen und daran gemessen werden. Für viele Forschende zeichnet sich institutionelle Kommunikation unter anderem gerade dadurch aus, dass aus dem Alltag bekannte Gesprächsmuster institutionell überformt und verändert werden. Andere setzen das Alltagsgespräch stillschweigend als Kontrastfolie für alle andern Formen von Kommunikation voraus. Da nun das Alltagsgespräch aber idealisiert wird als Hort ursprünglicher, symmetrischer, von allen Zwängen befreiter Kommunikation, muss institutionelle Kommunikation ihm gegenüber als minderwertig erscheinen, als unnatürlich, unegalitär, eingeschränkt und einschränkend.

Diese Sichtweise entspricht zwar dem Empfinden von Laien, wie Weydt (1993) gezeigt hat.[18] Für die Wissenschaft ist es aber fragwürdig, das Alltagsgespräch als unhinterfragte Normalform menschlicher Kommunikation anzunehmen, kommunizieren doch - heute mehr denn je - die meisten Menschen unserer Gesellschaft jeden Tag häufiger und länger in institutionellen Kontexten als in privaten. Letztlich scheint in der negativen Einstellung gegenüber Institutionsgesprächen das Habermas'sche Ideal des herrschaftsfreien Diskurses durch.

Warum reite ich dergestalt auf gewissen in der Gesprächsforschung verbreiteten unausgesprochenen Normen und Idealen herum? Das Ideal des herrschaftsfreien Diskurses, das Streben nach effizienter Kommunikation ohne Missverständnisse und Konflikte, sie sind beileibe nicht schlecht. Schlecht ist, wenn diese Ideale weder offen gelegt noch diskutiert werden. Unstatthaft ist, wenn Gesprächsforschende ihre eigenen Vorstellungen vom guten Gespräch unreflektiert in ihre Definition von Gesprächskompetenz einfliessen lassen.

3.3 Beispiel: Hotelreception

Dazu wieder ein ausführlicheres Beispiel. Vor vier Jahren hatte ich die Gelegenheit, an einer Hotelreception Gespräche zwischen den Angestellten und den Gästen aufzunehmen und zu analysieren. Das Projekt, unterstützt von einer regionalen Fachhochschule, einer nationalen Forschungsförderungskommission und dem Hotelier, hatte den typisch zwitterhaften Charakter, der den sogenannt anwendungsorientierten Forschungsunternehmen eigen ist. Zum einen sollte ich herausfinden, wie „Wiedergutmachungsgespräche nach Servicefehlern" ablaufen. Das war die grundlagenorientierte Fragestellung, angesiedelt im Schnittbereich zwischen Linguistik und Betriebsökonomie. Zum andern sollte ich dem Hotelier eine Rückmeldung über das Verhalten und die Servicequalität seiner Angestellten geben. Das war die umsetzungsorientierte Fragestellung. Letztere führte dazu, dass ich von Anfang an mit Begriffen wie „gut gelöst", „schlecht gelöst", „freundlich", „kurz angebunden" usw. operierte. Diese Bewertungen prägten die gesamte Analysearbeit dergestalt, dass die Grundlagenfrage: 'Wie laufen diese Gespräche ab?' zum Schluss nicht mehr neutral beantwortet werden konnte. Ich musste das gesamte Material einer zweiten Analyse unterziehen und eine neue Begrifflichkeit für eine angemessene Beschreibung suchen.

Hinzu kommt, dass die meisten meiner Bewertungen einseitig aus der Sicht der Gäste bzw. der aussenstehenden Analytikerin formuliert waren. Damit folgte ich – selbstverständlich völlig unbewusst – der oben erwähnten gesprächsanalytischen Tradition, die Klienten als die schuldlosen Opfer und die Agenten als die

---

18 Weydt hat Menschen aus verschiedenen Kulturen gefragt, was für sie ein gutes Gespräch ist. Für die Befragten waren das in erster Linie Feierabendgespräche unter maximal drei Personen, welche sich um ein bedeutsames Thema drehten, bei denen Sach- und Beziehungsebene nicht getrennt wurden und wo beide Seiten neue Erkenntnisse gewannen (Weydt 1993).

alleine für das Gelingen der Kommunikation Verantwortlichen darzustellen. Ein Beispiel:

In einem der aufgenommenen Gespräche beschwert sich ein Tourguide über das angekündigte Menü für seine Gruppe. Die Receptionistin versteht es, die Reklamation weitgehend abzuschmettern und den Aufwand zur Rettung der Situation für sich und das Unternehmen auf ein Minimum zu beschränken: Sie ratifiziert weder das Anliegen des Tourguide noch dessen Bewertung des Geschehens als *„strange"*. Sie beweist ihm mit der Reservationsbescheinigung „schwarz auf weiss", dass sie im Recht ist. Zum Schluss demonstriert sie Hilfsbereitschaft und Entgegenkommen, indem sie den vom Tourguide gemachten Vorschlag zur Problemlösung als *ihren* Vorschlag umdeutet.[19]

In meiner Analyse habe ich das Gespräch seinerzeit so resümiert:

Auf der Sachebene werden sich die beiden rasch handelseinig. Aber auf der Beziehungsebene läuft das Gespräch von Anfang an schief, da die Receptionistin die Emotionen des Tourguide schlicht ignoriert. Sie nimmt seine Klagen, wie 'komisch' das alles sei, nicht als Appell wahr, ihm zuzustimmen. Sie versteift sich völlig auf die Sachebene und ihr 'Recht'. Das entspricht im übrigen genau ihrer Handlungsmaxime, die sie im Interview äusserte: 'Dem zeige ich es schwarz auf weiss'. (Bendel 2001, 131).

Das Verhalten der Receptionistin habe ich negativ bewertet, als mangelndes Eingehen auf den Tourguide. An dieser Bewertung störte sich bis heute offenbar niemand, obwohl sie doch einseitig aus der Sicht des Kunden oder gar aus der Sicht der Analytikerin mit ihrer Vorstellung von „guten" Servicegesprächen und ihrem Konzept von „Befriedigung auf der Sach- und Beziehungsebene" formuliert ist.

Damit befinde ich mich in guter Gesellschaft. In ihrem grundlegenden Aufsatz über Reklamationsgespräche analysieren Fiehler, Kindt und Schnieders ein beispielhaftes Telefongespräch und kommen zu einem ganz ähnlichen Schluss wie ich: „Das Gespräch ist insofern erfolgreich, als es zu einer Lösung des Sachproblems führt (...). Trotzdem glückt das Gespräch nur teilweise und einseitig; es weist eindeutig problematische Aspekte auf." (Fiehler et al. 1999, 126). Als problematisch bezeichnet wird zum Beispiel die Tatsache, dass der Sachbearbeiter die Darstellung der Kundin nicht ratifiziert und sie in ihrem berechtigten Ärger nie bestätigt. „Fehlende oder verzögerte Emotionsbearbeitung" wird als eines der regelmässig auftauchenden Probleme bei Reklamationen aufgeführt, die zu Störungen im Gespräch führen, und es wird die normative Forderung gestellt: „Generell sollte die Bearbeitung von Emotionen in der Kommunikation Vorrang vor anderen Aktivitäten haben." (Ebd., 147).

Natürlich stimme ich dieser Aussage grundsätzlich zu. Aber ich möchte doch noch einmal die Rolle des Advocatus Diaboli wahrnehmen und die Frage aufwerfen: Welche Normen sind im Spiel, wenn solche Behauptungen, ja Vorschriften aufgestellt werden? Wer gibt uns das Recht, den Kunden emotionales

---

19 Das ganze Gespräch ist abgedruckt und ausführlich analysiert in Bendel (2001).

Verhalten vorbehaltlos zuzugestehen, von den Angestellten jedoch zu verlangen, dass sie dieses auffangen? Trägt die „Bearbeitung von Emotionen" tatsächlich zur Steigerung der Effizienz oder zur Erhöhung der Kundenzufriedenheit bei und wäre demnach eine unternehmerisch berechtigte Forderung im Zeichen der Gewinnmaximierung? Oder wird hier etwa unreflektiert ein im Grunde genommen therapeutischer Ansatz in einen völlig fremden Gesprächskontext übertragen?[20] Aus der Sicht des Sachbearbeiters ist es absolut rational, vernünftig und effizient, die Reklamation der Kundin (mindestens in einem ersten Schritt) nicht zu ratifizieren, auf ihre Emotionen nicht einzugehen, ihre Behauptungen in Frage zu stellen und ihre Ansprüche herunterzuschrauben. Damit schützt er den Betrieb vor überzogenen Forderungen, erspart sich eine Menge Arbeit und schützt sich selber als Person. Die von mir zitierte Receptionistin verfügt über eine reiche Palette an Kommunikationsstrategien, mit denen sie ihre Interessen durchsetzt und sich den Seelenfrieden bewahrt. Mit anderen Worten: Aus ihrer Sicht verfügt sie über eine hohe Gesprächskompetenz.

4 Kompetenz definieren: eine strategische Frage

Und damit sind wir zurück bei der zentralen Frage: Wer definiert, was kompetent ist? Das Beispiel der Reklamationsgespräche macht deutlich, dass die Gesprächsanalyse zwar aufzeigen kann, wie diese Gespräche verlaufen, welche Verhaltensweisen und Strategien es gibt und allenfalls wie sich diese auf den weiteren Gesprächsverlauf auswirken. Aber sie kann deswegen noch nicht darüber befinden, welche dieser Verhaltensweisen empfehlenswerter sind. Sind es jene, mit denen die Angestellten am leichtesten durchs Leben kommen oder jene, die dem Kunden maximale Bedürfnisbefriedigung verschaffen? Sind es Verhaltensweisen, die in Form eines Verkaufsgeschäfts oder einer abgeschmetterten Reklamation zu einem kurzfristigen Erfolg im laufenden Gespräch führen, oder solche, die in Form von Kundenbindung dem Unternehmen auf lange Sicht am meisten einbringen?

Was gut bzw. erfolgversprechend ist, lässt sich nur im Hinblick auf bestimmte Ziele formulieren. Dabei ist im Kontext institutioneller Kommunikation grundsätzlich von divergierenden, wenn nicht sogar konfligierenden Interessen der Beteiligten auszugehen. Während die Agenten häufig daran interessiert sein dürften, unter Wahrung der Pflichterfüllung den persönlichen Aufwand zu minimieren, sind die Klienten darauf aus, für möglichst wenig Geld möglichst viel aus der Institution herauszuholen (Produkte, Beratungszeit, Pflege usw.). Die Institution als ganze wiederum steht vor dem Dilemma, Aufwand und Ertrag in ein

---

20 Cameron (2002) hat gezeigt, dass in den jüngeren Kommunikationstrainings und populären Ratgebern zur privaten und beruflichen Kommunikation immer häufiger Verhaltensweisen propagiert werden, die aus der Gesprächspsychotherapie stammen, unter anderem das „aktive Zuhören", das „Spiegeln" oder das „Ausdrücken von Gefühlen".

tragbares (öffentliche Institutionen) bzw. rentables (private Unternehmen) Verhältnis zu bringen. In der Hochschule zum Beispiel möchten die Studierenden umfassend beraten und betreut werden, die Dozierenden jedoch möchten ihren Betreuungsaufwand klein halten. Und die Universität als ganze steht vor der Aufgabe, bei steigenden Studierendenzahlen und sinkenden Subventionen ihren Bildungsauftrag wahrzunehmen (vgl. Meer 2003). Die Sachbearbeiterin im Kundendienst eines Warenhauses kann und will nicht einen halben Tag darauf verwenden, der Lieferung eines defekten Haartrockners nachzurennen, während die aufgebrachte Kundin sofortige und umfassende Wiedergutmachung verlangt. Die Warenhausleitung wiederum versucht, dem Zeitmangel der Angestellten und den Ansprüchen der Kundinnen mit einem Formular zur schematischen Reklamationsbearbeitung gleichermassen gerecht zu werden.

Welche Verhaltensweisen der Angestellten im Namen der Kompetenz nun gefordert und gefördert werden, ergibt sich nicht aus der Natur der Sache, sondern ist ein unternehmerischer Entscheid, der sich je nachdem gegen eine der beteiligten Parteien richten kann. Sollen die Angestellten primär zu raschem Handeln befähigt werden, ist damit zu rechnen, dass nicht alle Bedürfnisse der Klienten befriedigt werden. Soll die Fähigkeit zum Zuhören und zur Empathie bei den Angestellten gesteigert werden, dann nimmt man in Kauf, dass die Interaktionen mehr Zeit beanspruchen und die emotionale Belastung der Angestellten zunimmt.

Wenn Gesprächsanalytiker vorschnell Partei ergreifen, aus ihrer eigenen Sicht oder aus der Klientenperspektive definieren, welches Verhalten der Institutionenvertreter am besten wäre, dann tragen sie bei zur Verschleierung der Interessengegensätze, wie sie in der traditionellen Verkaufsliteratur und in Unternehmensleitbildern betrieben wird. Das moderne Schlagwort der „Kundenorientierung", welches selbst in der Verwaltung Einzug gehalten hat, kann die Tatsache nicht aus der Welt schaffen, dass Betreuungs- und Kostenoptimierung sich gegenseitig ausschliessen. Die Gesprächsanalytiker können zur Aufklärung dieses Dilemmas beitragen, indem sie die Konsequenzen gegensätzlicher Interessen in der Kommunikation aufzeigen, und nicht durch unrealistische Forderungen zusätzlichen Druck auf Lehrerinnen, Ärzte, Sachbearbeiter oder Receptionistinnen ausüben.[21]

Dazu wieder ein Beispiel aus der Praxis: Als ich in einem Coachinggespräch einen Bankberater fragte, warum er bei den Kunden keine genauere „Bedürfnisanalyse" durchführe, wie es im Jargon heisst, entgegnete er mir: „Wissen Sie, wenn ich für die Kunden dieser Kategorie wirklich die beste Lösung suchen würde, müsste ich ihnen sagen: 'Gehen Sie zur Konkurrenz'." Die im Unternehmen intern vermittelte und übrigens in jedem Verkaufsratgeber geforderte Norm, man solle „vom Kunden und seinen Bedürfnissen her" argumentieren, war in diesem Fall gar nicht einzulösen bzw. nur um den Preis des Verlustes eines Kunden. Das „Fehlverhalten" des Beraters war nichts anderes als eine rationale Re-

---

21 Eingelöst wird dieser Anspruch unter anderem in Becker-Mrotzek / Ehlich / Fickermann (1992).

aktion auf den manchmal unlösbaren Widerspruch, Kunden optimal zu beraten und für das eigene Unternehmen zu gewinnen.

Ein zweites Beispiel: Die Angestellten der beiden von mir untersuchten Call Center in der Bank hatten in einem Monate dauernden Kampf durchgesetzt, dass die Zeitmessung als Teil ihrer Leistungsbeurteilung aufgegeben wurde. Sie argumentierten völlig korrekt, umfassende Kundenbetreuung und Zeitlimitierung würden sich gegenseitig ausschliessen. Trotzdem blieb der Zeitdruck vorhanden, indem die Gesprächszeiten der Angestellten nach wie vor erfasst und bei der Schichtplanung knapp bemessene Gesprächszeiten eingesetzt wurden. Das führte in einzelnen Fällen zu nachweisbaren „Abkürzungsstrategien" der Angestellten. Diese Abkürzungsstrategien würde ich, obwohl von den internen Vorschriften abweichend und bei den Kundinnen vermutlich unbeliebt, vor dem Hintergrund der konkreten Arbeitsbedingungen als Zeichen hoher Gesprächskompetenz werten; Gesprächskompetenz nicht im Sinne von „Normen erfüllen", sondern im Sinne von „strategisch mit konfligierenden Normen umgehen" können.

Die Beispiele zeigen: Gesprächskompetenz definieren, Gesprächskompetenz verstanden als die Fähigkeit, situationsadäquat Handlungsweisen auszuwählen und durchzuführen, ist keine unparteiische Angelegenheit, sondern abhängig von der Frage: „Wem soll es nützen?" Die Antwort auf diese Frage kann nur eine strategische sein, die sich im Spannungsfeld divergierender Interessen, unternehmerischer Ziele und faktischer Arbeitsbedingungen zu bewähren hat.

5 Die Kompetenzen neu verteilen

Der Gang durch die Literatur und einige angewandte Projekte aus dem Bereich der Gesprächsforschung haben gezeigt:

- Grundlagenforschung und Auftragsforschung unterscheiden sich in ihrem Kompetenzbegriff, in der Auswahl der untersuchten Phänomene und in den Zielen ihres Tuns nicht graduell, sondern strukturell.
- Einige Grundbegriffe der Gesprächsanalyse haben metaphorischen Charakter und prägen die Vorstellung vom Gespräch als Maschine oder (Team-)Arbeit. Diese Metaphern haben normsetzende Wirkung, indem - gestützt auf sie - bestimmte Interaktionsformen wie Aufgabenorientierung, Reibungslosigkeit und Effizienz andern möglichen Interaktionsformen vorgezogen werden.
- Die Vorstellungen von Normalität, mit denen Gespräche analysiert werden, die Normen, nach denen Gespräche beurteilt werden, die Ziele, die mit Verhaltensempfehlungen verfolgt werden, bleiben oft ungenannt. Die Forschenden richten sich nach ihrem eigenen Empfinden oder lassen das Transkript „für sich" sprechen.
- Bei der Analyse institutioneller Kommunikation neigen viele Forschende dazu, einseitig das Verhalten der Institutionenvertreter zu kritisieren. Die strukturellen Voraussetzungen und das Verhalten der Klienten werden zu

wenig berücksichtigt. Das (idealisierte) Alltagsgespräch dient häufig als Vergleichsfolie.

Insgesamt ist bei einigen anwendungsorientierten und im Auftrag arbeitenden Forschenden das Bewusstsein zu wenig entwickelt, *dass* Normen im Spiel sind, und zwar auf allen Stufen des Forschungsprozesses, von der Wahl der Fragestellung und der Begrifflichkeit über die Identifikation bestimmter Gesprächsphänomene als Problem bis hin zur eigentlichen Bewertung kommunikativer Verhaltensweisen.

Muss die Gesprächsforschung also das Feld der Kommunikationsschulung anderen überlassen? Beileibe nicht. Die Gesprächsanalyse ist nach wie vor die ideale Methode, wenn untersucht werden soll, wie natürliche Gespräche funktionieren, wenn divergierende Verhaltensweisen der Beteiligten und die Folgen für den Gesprächsprozess verglichen werden sollen, wenn die Auswirkungen situationeller und institutioneller Gegebenheiten auf die Interaktion zu beobachten sind. Die Methode der Transkription und Analyse authentischer Gespräche ist sowohl aus der Grundlagenforschung wie aus der Angewandten Forschung nicht mehr wegzudenken. Aber drei Punkte sollten in Zukunft doch aufmerksamer beobachtet werden:

1. Die Gesprächsforschenden sollten sich bewusst sein, dass von der Grundlagenforschung kein direkter Weg zur Angewandten Forschung und zur Vermittlung von Gesprächskompetenz führt. Bei Forschungsprojekten sollten sich alle Beteiligten von Anfang an klar sein darüber, welche Ziele anvisiert werden. Nicht zuletzt geprägt von meinen eigenen Erfahrungen warne ich ausdrücklich vor Zwitterprojekten, bei denen neben der Beantwortung einer Frage aus der Grundlagenforschung quasi als Nebenprodukt eine Rückmeldung an oder eine Schulung für die beobachteten Personen abfallen soll. Grundlagenforschung und Anwendung können sich wohl auf dasselbe Material und dieselben Beobachtungen stützen, bei der Interpretation der Daten müssen sie jedoch klar getrennt werden. Das gilt nicht nur für die Gesprächsanalyse. Max Weber formulierte bereits 1904: „Eine empirische Wissenschaft vermag niemanden zu lehren, was er *soll*, sondern nur, was er *kann* und – unter Umständen – was er *will!*" (Weber 1904, 141).

2. Welche kommunikativen Verhaltensweisen „gut" sind, kann nicht allgemeingültig definiert werden, sondern immer nur im Hinblick auf bestimmte Situationen, konkrete Ziele und spezifische Interessen, die je nach institutionellem Hintergrund durchaus konfliktär sein können. Welche Ziele erreicht, welche Interessen befriedigt werden sollen, ist ein strategischer Entscheid, den nicht die Gesprächsforschenden fällen können, sondern nur die Vertreter der Institution, in deren Dienst sie arbeiten. Sind die Ziele einmal festgelegt, zum Beispiel höhere Verkaufszahlen, kürzere Durchlaufzeiten, gesteigerte Kundenzufriedenheit, bessere Krankheitsdiagnosen oder höhere Schulnoten, dann ist die Gesprächsforschung durchaus in der Lage, empirisch zu erfassen, welche Verhaltensweisen zu den genannten Zielen führen.

Bei der Definition, Überprüfung und Vermittlung einer solchermassen stärker situationsspezifisch verstandenen Gesprächskompetenz könnten im Übrigen vermehrt Instrumente der externen Validierung beigezogen werden, zum Beispiel Kundenzufriedenheitsstudien, Verkaufszahlen, Statistiken ärztlicher Behandlungserfolge oder Notendurchschnitte von Schulklassen. Das bedeutet für die Gesprächsforschenden, Position zu beziehen, das kann für sie auch heissen, sich ökonomischen oder politischen Interessen zu unterwerfen. Versteht man Gesprächskompetenz nicht nur als die Fähigkeit, bestimmte, unter Umständen antrainierte, kommunikative Strategien durchzuführen, sondern als die Fähigkeit, Situationen selbständig einzuschätzen und aus einem grösseren Repertoire von Verhaltensweisen jene auszuwählen, die zum gewünschten Ergebnis führen, so wird erst der enorme Anspruch deutlich, den die Angewandte Gesprächsforschung mit ihrem Tun verbindet.

3. Die Gesprächsforschung sollte vermehrt reflektieren und diskutieren, nach welchen Normen und Idealen sie selber funktioniert. Weder das zwecklose, herrschaftsfreie Alltagsgespräch noch das reibungslose, zeit- und nutzenoptimierte institutionelle Gespräch können die unhinterfragte Folie bilden, vor deren Hintergrund Interagierende analysiert und Gesprächskompetenzen definiert werden. Darüber hinaus könnte die Gesprächsforschung, gerade in Auseinandersetzung mit den Institutionen, mit denen sie zunehmend zusammenarbeitet, die Führung in der Diskussion darum übernehmen, welche Umgangsformen und welche Diskursstrukturen unsere Gesellschaft generell anstreben will. Wenn es den Gesprächsforschenden gelingt, ihre eingefahrenen Bewertungsmassstäbe abzustreifen und unbefangen an die von ihnen untersuchten Gespräche heranzugehen, würden sie gewisse Gesprächsformen in einem anderen Licht sehen: Streiten, Probleme ungelöst lassen, Konflikte offen und laut austragen, divergierende Meinungen nebeneinander stehen lassen, sachliche Anliegen abschmettern, sich gegen gefühlsmässige Appelle abschotten, beharrlich thematisch sich wiederholende Runden drehen oder Fragen einfach unbeantwortet im Raum stehen lassen – könnten diese heute stigmatisierten Verhaltensformen je nach Situation nicht auch Ausdruck von Gesprächskompetenz sein?

Zitierte Literatur

Antos, Gerd (1999): Mythen, Metaphern, Modelle. Konzeptualisierung von Kommunikation aus dem Blickwinkel der Angewandten Diskursforschung. In: Brünner/Fichler/Kindt (Hgg.): Band 1, 93-117. Kostenloser Download unter "www.verlag-gespraechsforschung.de".

Aronsson, Karin (1998): Identity-in-Interaction and Social Choreography. In: Research on Language and Social Interaction 31, 75-89.

Bartsch, Elmar (Hg.) (1994): Sprechen, Führen, Kooperieren in Betrieb und Verwaltung. Kommunikation in Unternehmen. Sprache und Sprechen 29. Basel.

Becker-Mrotzek, Michael/Ehlich, Konrad/Fickermann, Ingeborg (1992): Bürger-Verwaltungs-Diskurse. In: Fiehler/Sucharowski (Hgg.): 234-253.

Bendel, Sylvia (2001): Die interaktive Bearbeitung von Servicefehlern: Problemgespräche und Gesprächsprobleme zwischen Gästen und Angestellten an der Hotelreception. In: Gesprächsforschung. Online-Zeitschrift zur verbalen Interaktion. Ausgabe 2/2001, 115-140. www.gespraechsforschung-ozs.de.

Dies. (2002): „Gesprächskompetenz am Telefon" - Ein Weiterbildungskonzept für Bankangestellte auf der Basis authentischer Gespräche. In: Becker-Mrotzek, Michael/Fiehler, Reinhard (Hgg.): Unternehmenskommunikation, Tübingen. 257-276.

Brünner, Gisela/Fiehler, Reinhard/Kindt, Walther (Hgg.) (1999): Angewandte Diskursforschung. Band 1: Grundlagen und Beispielanalysen. Band 2: Methoden und Anwendungsbereiche. Opladen. Kostenloser Download unter "www.verlag-gespraechsforschung.de".

Cameron, Deborah (2000): Good to talk? Living and Working in a communication culture. London u.a.

Ehlich, Konrad (1987): Kooperation und sprachliches Handeln. In: Liedtke, Frank/Keller, Rudi (Hgg.): Kommunikation und Kooperation, Tübingen. 17-32.

Fiehler, Reinhard (Hg.) (1997): Verständigungsprobleme und gestörte Kommunikation. Wiesbaden.

Fiehler, Reinhard (1999): Kann man Kommunikation lehren? Zur Veränderbarkeit von Kommunikationsverhalten durch Kommunikationstrainings. In: Brünner/Fiehler/Kindt (Hgg.): Band 2, 18-35. Kostenloser Download unter "www.verlag-gespraechsforschung.de".

Fiehler, Reinhard/Kindt, Walther/Schnieders, Guido (1999): Kommunikationsprobleme in Reklamationsgesprächen. In: Brünner/Fiehler/Kindt (Hgg.): Band 1, 120-154. Kostenloser Download unter "www.verlag-gespraechsforschung.de".

Fiehler, Reinhard/Sucharowski, Wolfgang (Hgg.) (1992): Kommunikationsberatung und Kommunikationstraining. Anwendungsfelder der Diskursforschung. Opladen.

Goffman, Erving (1973): Interaktion: Spass am Spiel, Rollendistanz. München.

Gruber, Helmut (1995): Streitgespräche. Zur Pragmatik einer Diskursform. Opladen.

Gruber, Helmut/Menz, Florian (Hgg.) (2001): Interdisziplinarität in der Angewandten Sprachwissenschaft. Methodenmenü oder Methodensalat? sprache im kontext 10. Bern.

Herrmanns, Fritz (1987): Handeln ohne Zweck. In: Liedtke, Frank/Keller, Rudi (Hgg.): Kommunikation und Kooperation, Tübingen. 71-105.

Hess-Lüttich, Ernest W. (1981): Grundlagen der Dialoglinguistik. Berlin.

Hoffmann, Ludger/Nothdurft, Werner (1989): Kommunikation und Kommunikationsprobleme in Institutionen. In: Förster, Jürgen/Neuland, Eva/Rupp, Gerhard (Hgg.): Wozu noch Germanistik? Wissenschaft - Beruf - kulturelle Praxis, Stuttgart. 118-132.

Keller, Rudi (1987): Kooperation und Eigennutz. In: Liedtke, Frank/Keller, Rudi (Hgg.): Kommunikation und Kooperation, Tübingen. 3-14.

Ders. (1995): Rationalität, Relevanz und Kooperation. In: Liedtke, Frank (Hg.): Implikaturen: grammatische und pragmatische Analysen, Tübingen. 5-18.

Kotthoff, Helga (Hg.) (1996): Scherzkommunikation. Beiträge aus der empirischen Gesprächsforschung. Opladen.

Labov, William (1978): Sprache im sozialen Kontext. Beschreibung und Erklärung struktureller und sozialer Bedeutung von Sprachvariation. Band 2. Monographien Linguistik und Kommunikationswissenschaft 23. Königstein.

Meer, Dorothee (2003): Sprechstundengespräche an der Hochschule. Ein Ratgeber für Lehrende und Studierende. Baltmannsweiler.

Meise, Katrin (1996): Une forte absence. Schweigen in alltagsweltlicher und literarischer Kommunikation. Diss. Freiburg 1995. ScriptOralia 89. Tübingen.

Mönnich, Annette/Jaskolski, Ernst W. (Hgg.) (1999): Kooperation in der Kommunikation. Festschrift für Elmar Bartsch. München, Basel.

Selting, Margret (1998): TCUs and TRPs: The Construction of Units in Conversational Talk. InLiSt - Interaction and Linguistic Structures, Nummer 4. http://inlist.uni-konstanz.de/issues/4/index.htm.

Wahmhoff, Sibylle/Wenzel, Angelika (1979): Ein Hm ist noch lange kein Hm - oder was heisst klientenbezogene Gesprächsführung? In: Dittmann, Jürgen (Hg.): Arbeiten zur Konversationsanalyse, Tübingen. 258-297.

Weber, Max (1904 / 1988): Die „Objektivität" sozialwissenschaftlicher und sozialpolitischer Erkenntnis. In: Winckelmann, Johannes (Hg.): Max Weber: Gesammelte Aufsätze zur Wissenschaftslehre, 146-214. Tübingen.

Weydt, Harald (1993): Was ist ein gutes Gespräch? In: Löffler, Heinrich (Hg.): Dialoganalyse IV. Referate der 4. Arbeitstagung Basel 1992, Tübingen. 3-19.

Willig, Carla (1999): Introduction: making a difference. In: Dies. (Hg.): Applied discourse analysis. Social and psychological interventions. Philadelphia, 1-21.

Gesprächsführung lernen. Welche impliziten Konzeptualisierungen des Kommunikationslernens sind in Methoden zur Entwicklung der Gesprächsfähigkeit zu finden?

Annette Mönnich

1 Einleitung

Indem die Angewandte Diskursforschung die Konzeptionen und Lehrverfahren diskursanalytisch fundierter Kommunikationstrainings reflektiert, treibt sie einerseits diese Konzeptionen für die Anwendung in der Praxis unmittelbar voran; andererseits setzt sie sich kritisch mit grundlegenden Fragen von Kommunikationstrainings auseinander und innoviert dadurch die Kommunikationsdidaktik. (Vgl. zu beiden Aspekten Brünner/Fiehler/Kindt 1999)

So stellt Fiehler fest: „Die Bedingungen und Grenzen der Veränderbarkeit von Kommunikationsverhalten [sind] bisher unzureichend reflektiert und erforscht worden (...). Es gibt zwar eine entsprechende *Praxis,* aber eine *Theorie* des Lehrens und Lernens von Kommunikation liegt bisher nur in Umrissen vor" (1999, 18). Dem damit angesprochenen Desiderat, diese Theorie weiterzuentwickeln, stellt sich Fiehler anhand der Frage „Kann man Kommunikation lehren?" (ebd.) und kristallisiert heraus, dass Antworten auf diese Frage „von der jeweiligen Konzeptualisierung von Kommunikation abhängen" (ebd., 28). So rekonstruiert Fiehler anhand seiner Analyse der Gesprächsführung in Kommunikationstrainings für Beratungs- und Verkaufsgespräche[1] als zugrunde liegende Auffassung der Veränderung von Kommunikationsverhalten „das Bild einer sprecherzentrierten und instrumentellen Auffassung von Kommunikation" (ebd., 28) – eine Auffassung, die von den Trainings auf diskursanalytischer Basis deutlich divergiert (vgl. ebd., 33f.). Demgegenüber formuliert Fiehler auf der Basis der diskursanalytischen Auffassung von Gesprächen Folgerungen für die Gestaltung von Lehr-/Lernprozessen in diskursanalytisch fundierten Kommunikationstrainings. Aus der diskursanalytischen Auffassung von Gesprächen „als in-

---

1   Fiehler analysiert 60 sog. „Monita": Ausschnitte aus Besprechungen, die in den Trainings im Anschluss an Übungsgespräche durchgeführt wurden. „In den Übungsgesprächen sollen (...) problematisch erscheinende Phänomene identifiziert werden, und es müssen Alternativen vorgeschlagen werden." (21)

teraktive Prozesse" (ebd., 33) folgt z. B. für gesprächsanalytische Trainings, „dass nicht allein der Sprecher mit seinem Verhalten im Mittelpunkt stehen kann, sondern dass sehr viel stärker der Gesprächspartner mit seinen Möglichkeiten reflektiert und berücksichtigt werden muss" (ebd.).

„Wo liegen die Möglichkeiten und Grenzen einer (langfristig habitualisierbaren) sprachlich-kommunikativen Verhaltensänderung bei Erwachsenen?" Im Hinblick auf diese Grundfrage nimmt Antos (1995, 52f.) eine ganz andere „unhinterfragte Prämisse des sprachvermittelnden und kommunikationsfördernden Ausbildungssektors" kritisch in den Blick: den „Demosthenes-Mythos, durch unermüdliche Übung die eigene Ausdrucksfähigkeit verbessern zu können" (ebd., 52). Indem er diesen Mythos mit der Theorie der Sprechtätigkeit von Leont'ev konfrontiert, differenziert Antos zunächst zwischen *Fertigkeiten (Operationen)* und *Fähigkeit (Tätigkeit, Handlung)*. Als Thesen Leont'evs fasst Antos zusammen: „Alle (sprachlich-kommunikativ relevanten) *Fertigkeiten* sind ursprünglich automatisierte *Fähigkeiten*." „Bei der Substitution von alten durch erwünschte neue Fertigkeiten müssen zunächst die eingeschliffenen Fertigkeiten (als Voraussetzung einer Verhaltensänderung) deautomatisiert werden." Die diesen Thesen zugrunde liegende Hypothese lautet nach Antos: „Fertigkeiten können (durch Bewusstwerdung oder durch bewusste Kontrolle), also durch *Deautomatisierung*, wieder in Fähigkeiten umgewandelt werden" (ebd., 58). Auf dieser Basis definiert Antos das Übungs-Konzept als Zusammenspiel von „Deautomatisierung und Automatisierung": „die (durch Bewusstwerdung/bewusste Kontrolle) bewirkte Deautomatisierung schon eingeschliffener Verhaltensweisen" ist „die Voraussetzung für die Automatisierung (neuer, erwünschter) Fähigkeiten" (ebd., 65). Die Bewusstseinsveränderung als kognitiver Prozess ist also notwendiger Bestandteil des Übungs-Konzeptes. So verstanden, hat das Übungs-Konzept das Potenzial, eine punktuelle „Deautomatisierung mit nachfolgender Re-Automatisierung" (ebd., 60) bewirken zu können. Als Grenze des Übungs-Konzeptes formuliert Antos: „Die Hypothese jedoch, dass (ontogenetisch verfestigte) Automatisierung von sprachlich-kommunikativen Fertigkeiten durch Deautomatisierung wieder vollständig reversibel gemacht werden kann, muss negativ beurteilt werden" (ebd., 65).

Die Rekonstruktion impliziter Annahmen in Kommunikationstrainings findet sich auch in der von Brons-Albert vorgelegten empirischen Studie über die „Auswirkungen von Kommunikationstraining auf das Gesprächsverhalten" (1995), in der sie ein Verkaufstraining für Buchhändlerinnen analysiert und mit dem Gesprächsverhalten zweier Teilnehmerinnen vor und nach dem Training vergleicht. Brons-Albert deckt auf, dass in den Trainerkommentaren z. B. „das Rollenspiel so behandelt wird, als sei es ein echtes Verkaufsgespräch" (1994, 121); auch die Kursteilnehmerinnen glauben, dass die Videoaufnahmen vom Rollenspiel „,die Realität' zeigen" (ebd., 124f.). Im Gegensatz dazu zeigt Brons-Albert gravierende Unterschiede auf zwischen der Gesprächsführung der Buchhändlerinnen in realen Verkaufsgesprächen und den Verkaufsgesprächen im Rollenspiel während des Trainings. Diese Unterschiede sind durch künstliche

Spieleffekte, sog. Artefakte, zu erklären. Für Brons-Albert liegt „die Vermutung nahe, dass sich anhand von Rollenspielen (...) kaum ein realistischer Eindruck vom tatsächlichen Verhalten der Trainierten gewinnen lässt, der eine geeignete Basis für Trainerinterventionen sein könnte" (ebd., 124).[2]

Diese Beispiele aus der Diskussion über das Lehren und Lernen mündlicher Kommunikation verdeutlichen, dass die Rekonstruktionen impliziter Annahmen handlungsrelevant sind; denn sie bergen jeweils Impulse für die Veränderung der didaktisch-methodischen Konzeption von Kommunikationsseminaren.

Der vorliegende Beitrag soll im Hinblick auf die Erarbeitung einer Theorie des Kommunikationslernens *weitere implizite Auffassungen rekonstruieren*, die in Kommunikationstrainings wirksam sind: *implizite Konzeptualisierungen des Lernens von Kommunikation*. Untersucht werden Methoden, die in institutionellen Lehr-/Lernsituationen für das Lernen von Gesprächsführung eingesetzt werden. Zu fragen ist:

- Welche impliziten Annahmen über die Veränderbarkeit von Kommunikationsverhalten bilden die Basis für Methoden?
- Mit welchen lerntheoretischen Konzepten kann der Einsatz von Methoden verknüpft werden? Welche didaktisch-methodischen Muster des Kommunikationslernens sind zu beobachten?
- Welche Methoden weisen zum gesprächsanalytischen Konzept von Gesprächsschulungen eine besondere Affinität auf?

Diese Leitfragen bestimmen die Gliederung der vorliegenden Überlegungen. Da Methoden dem Primat der Ziele untergeordnet sind, gehe ich zunächst auf die Ziele institutioneller Lehr-/Lernprozesse zur Entwicklung der Gesprächsfähigkeit ein.

2 Ziele diskursanalytischer und sprechwissenschaftlicher Fortbildungskonzepte im Bereich Gesprächsführung

Diskursanalytische und sprechwissenschaftliche Fortbildungskonzepte im Bereich Gesprächsführung stimmen darin überein, Gespräche als „situativ gesteuerte intentionale wechselseitige Verständigungshandlungen" aufzufassen, „d.h., dass das kommunikative Handeln immer in einem sozialen und individuellen Kontext stattfindet, durch den jegliches Miteinandersprechen bedingt und gesteuert wird" (Lepschy 1999, 51). Analog umfassen beide Konzeptionen als Ziel nicht nur die Förderung der individuellen Gesprächskompetenzen, sondern darüber hinaus die Integration der Kompetenz, strukturelle Rahmenbedingungen der Sprechsituation in der Organisation zu erkennen und sich für deren konstruktive Veränderung einzusetzen. So haben diskursanalytische Fortbildungskonzepte als Ziele, die „sprachlich-kommunikative Kompetenz" und die „Institutionskompetenz" zu erweitern (Becker-Mrotzek/Brünner 1999, 36). Mit dieser Zielsetzung stimmen sprechwissenschaftlich basierte Fortbildungskonzepte zur

---

2 Vgl. zur Diskussion dieser These Bliesener 1994.

Gesprächskompetenz überein (Mönnich 1998, 398) – dennoch sind Unterschiede zu beobachten; denn die Sprechwissenschaft betont meistens, Gesprächsfähigkeit im Sinne der Konfliktfähigkeit, Verantwortungsfähigkeit und Freiheitsfähigkeit zu fördern und Schulungen zur Gesprächs- und Redekompetenz als politische Bildung zu verstehen (Geißner 1999). Die Fortbildungskonzepte auf der Basis Angewandter Diskursforschung betonen den interaktiven Prozess von Gesprächen stärker (Fiehler 1999, 33) und erweitern das Zielspektrum mit der Förderung der „selbstreflexive(n) Kompetenz" von beruflich Handelnden, damit diese auch den Einfluss der „informellen beruflichen Sozialisation" auf ihre Kommunikationspraxis reflektieren (Becker-Mrotzek/Brünner 1999, 36). Ein spezifisches Zielspektrum diskursanalytisch fundierter Fortbildungskonzepte entsteht durch den Einsatz der Transkriptanalyse und der Simulation authentischer Fälle (vgl. ebd., 36ff.) – Methoden, auf die ich im nächsten Abschnitt eingehe.

In beiden Konzeptionen sind die *Lernziele* auf mehreren Ebenen angesiedelt: Die Teilnehmer/innen sollen z. B. linguistisch-diskursanalytisches *Wissen* über sprachliche Formen und Funktionen *erwerben* und ihre *Reflexionsfähigkeiten* erweitern (Becker-Mrotzek/Brünner 1999, 36); die Zielgruppe soll *sensibler* werden für sprachliches Handeln sowie für die „Rahmenbedingungen ihrer kommunikativen Praxis" (ebd., 37); die Teilnehmer/innen sollen „das praktische sprachliche Handeln" (ebd., 52) *verbessern* und „kommunikationsbehindernde Strukturen" (ebd., 53) *verändern* können. Beiden Konzepten geht es um das Weiterentwickeln von Gesprächs*fähigkeiten* und *-fertigkeiten*.

3   Implizite Annahmen über die Veränderbarkeit von Kommunikationsverhalten beim Einsatz von Methoden

Das Lehren und Lernen von Kommunikation wird durch eine Vielzahl von Methoden unterstützt. Lepschy unterscheidet Lehr- und Lernmethoden zur Entwicklung der Gesprächsfähigkeit nach den Aufgaben, die sie in Kommunikationsseminaren erfüllen: „Repräsentationsmethoden" sind „Verfahren, mit denen die Kommunikationsrealität in den Lehr- und Lernprozess geholt wird, um sie zu bearbeiten und entwickelte Handlungsalternativen in Kommunikationshandeln umzusetzen" (1999, 54); „Bearbeitungsmethoden" haben die Funktion, die in der Lehr-/Lernsituation „repräsentierte Kommunikationsrealität" (ebd., 62) zu bearbeiten – durch die „reflexive Bearbeitungsmethode: Feedback" (ebd., 63) oder durch „analytische Bearbeitungsmethoden" (ebd., 64).

Um die impliziten Annahmen über die Veränderbarkeit von Kommunikationsverhalten bewusst zu machen, werde ich im Folgenden exemplarisch Repräsentations- und Bearbeitungsmethoden zur Entwicklung der Gesprächsfähigkeit beleuchten. Im Anschluss an eine kurze Beschreibung einer Methode werde ich jeweils benennen, welche impliziten Annahmen über das Lernen von Gesprächsfähigkeit und -fertigkeit mit der Methode verbunden sind.

3.1 Analyse von Gesprächen (z.B. Transkriptanalyse)

Die Analyse authentischer Gespräche anhand von Transkripten ist signifikantes Merkmal diskursanalytischer Fortbildungskonzepte. Untersucht werden Gespräche anhand linguistischer und gesprächslinguistischer Kriterien, und zwar im Kontext der institutionellen Sprechsituation sowie im sozialen, kulturellen, ökonomischen, politischen Kontext (vgl. z.B. Deppermann 2001).

Der Einsatz der Transkriptanalyse in Kommunikationsseminaren mit dem Ziel, die Gesprächskompetenz der Teilnehmer/innen zu erweitern, geht implizit von der Annahme aus: *Die Veränderung von Kommunikationsverhalten erfolgt durch einen kognitiven Prozess vermittels Reflexion.* Diese implizite Voraussetzung entspricht dem „Reflexions-Konzept" (Antos 1992, 52) auf der Basis des „,learning by monitoring'" (ebd., 65) aus der Theorie des Zweitspracherwerbs: So wie Lernende einer Zweitsprache sich geltende Regeln bewusst machen und die Anwendung der neu erlernten Regeln überwachen, verändern Lernende professioneller Gesprächsführung ihr Bewusstsein für Formulierungen, Ablaufformen, institutionelle Muster im Gespräch etc. Die Lernenden *erkennen* deren *Formen, Funktionen und Wirkungen* im Gespräch.

Hinzuzufügen ist: Es geht um eine Veränderung von Gespräch*sfähigkeiten und -fertigkeiten* über den Weg, die *Verstehensfähigkeiten* zu erweitern. Verstehen ist aufzufassen als „kognitive Konstruktion", als „Asssimilation bzw. als Integration einer Gegebenheit in die Struktur des subjektiven Weltwissens"; Verstehen ist ein „Prozess der Wissensaktualisierung (Wissensnutzung) und gleichzeitig der (zumindest minimalen) Transformation des bestehenden Wissens" (Reusser/Reusser-Weyeneth 1994, 17). Zugleich ist Verstehen ein Vorgang, der „auf Sinnvollheit (Intelligibilität), Strukturgüte (Wahrheit, Richtigkeit) und Funktionalität (situative Angemessenheit)" (ebd.,18) bezogen ist. Daher umfasst der Verstehensprozess nicht nur die Interpretation von Phänomenen, sondern auch die Stellungnahme: Wie ist das zu analysierende Gesprächsverhalten zu bewerten? Der kontroverse Geltungsanspruch „Richtigkeit von Handlungsnormen" (Habermas 1995, 45) verweist auf die ethische Dimension der Kommunikation.

Verstehen lernen hat darüber hinaus eine personenbezogene Seite im Sinne von ‚Verständnis für jemanden haben': „Ich verstehe dich/ich verstehe mich": Wenn z.B. Schulleiter/innen in einer Fortbildung lernen, ein Transkript eines Kritikgesprächs anhand der Leitfrage zu untersuchen: „Aus *welcher Sorge heraus* äußert der Schulleiter im aufgezeichneten Gespräch seine Kritik an der Lehrerin nur indirekt?" (Boettcher 2002), deuten sie die handlungsleitenden Motive und erkennen diese Sorge als Folge eines Rollenkonflikts (vgl. ebd.). Die *Verstehensfähigkeit* umfasst hier nicht nur kognitive Prozesse, sondern auch die Fähigkeit zur Perspektivenübernahme als Empathie. Indem die *Einsicht* einen ersten Schritt für das Schulleitungsmitglied bildet, den eigenen Rollenkonflikt zu lösen und sich für ein stringentes Handeln aus einer klar definierten Rolle heraus zu entscheiden (vgl. ebd.), ist auch das personenbezogene Verstehen dem *Refle-*

xions-Konzept des Kommunikationslernens zuzuordnen und erweitert es zugleich.

3.2 Methoden mit der Funktion: Motivation und Hinführung zur Problemstellung

Emotive Lernziele dominieren in Kommunikationstrainings oft in Anfangssituationen mit der didaktischen Funktion, die Teilnehmer/innen zur Problemstellung hinzuführen. Es werden Methoden und Medien ausgewählt, um die Teilnehmer/innen zu motivieren, sich mit dem Thema auseinander zu setzen und Probleme der Gesprächsführung zu erkennen; außerdem sollen die ausgewählten Methoden und Medien die Teilnehmer/innen motivieren, eigene Probleme der Gesprächsführung zu nennen und zu bearbeiten. Geeignete Methoden sind der Einsatz auditiver, visueller oder audio-visueller Medien als Gesprächsimpuls, z.B. eine Karikatur, die ein Problem der Gesprächsführung fokussiert und zum Widerspruch reizt, oder z.B. der Einsatz eines Filmes, der Probleme eines Gesprächstyps zeigt und zum Vergleich mit der eigenen Gesprächspraxis herausfordert.

Als implizite Annahme des Lernens von Kommunikation ist zu beobachten: Die Veränderung von Kommunikationsverhalten erfolgt durch das Wecken von Gesprächs- und Reflexionsbereitschaft, durch das Sensibilisieren für und Wahrnehmen von Probleme(n) im Kommunikationsverhalten und durch die Motivation, diese Probleme zu bearbeiten, um für sie eine Lösung zu finden.

Deutlich wird: Die *emotiven* Lernziele sind den *kognitiven* Lernprozessen zugeordnet. Das *impliziert* im Hinblick auf das „'Reflexions-Konzept'" (Antos 1992, 52), dass Methoden mit primär emotiven Lernzielen dieses Konzept bestätigen, aber auch erweitern; denn für das Lernen von Kommunikation werden nicht nur *Bewusstseins*prozesse, sondern auch *Motivations*prozesse als notwendig behauptet.

Diese impliziten Annahmen sind auch beim Einsatz von Kommunikationsübungen in Anfangsphasen von Lehr-/Lernprozessen anzutreffen. Je nach Übung werden zusätzliche Lernziele angestrebt:
a) Förderung des aktiven, kreativen und spontanen Sprechdenkens (vgl. z.B. die Übungen bei Wagner 1999, 147)
b) Aktivieren routinierter Kommunikationsstrategien z.B. beim Argumentieren (vgl. ebd., 149ff), genauen Formulieren (vgl. ebd., 142f.), verständlichen Informieren (vgl. ebd., 145); oder im Teamgespräch (z.B. durch die Übung „Notizblöcke herstellen"): Konkurrierende Gruppen mit jeweils 5 Teilnehmer/inne/n haben die Aufgabe, innerhalb einer vorgegebenen Zeit eine vorgegebene Anzahl von Notizblöcken herzustellen, die vorgegebene Normen erfüllen müssen. Jede Gruppe hat mehrere Beobachter/innen, die u. U. spezielle Beobachteraufgaben haben, z.B. den Entscheidungsprozess für den Produktionsablauf zu beobachten. Im Anschluss an dieses Übungsgespräch er-

folgt eine Auswertung, die auch die Perspektive der Beobachter/innen berücksichtigt (vgl. Lepschy 2000).[3]
Diese Übungen motivieren durch das Aktivieren des eigenen Erlebens. Indem
die Übungen anschließend durch eine Reflexion im Hinblick auf das zu bearbei-
tende Thema ausgewertet werden, ist dieses Aktivieren von Kommunikations-
routinen und dieses Ausagieren der eigenen Vorstellungen von einer gelingenden
Kommunikation ein erster Schritt der De-Automatisierung von Fertigkeiten. Insofern sind diese Methoden dem Übungs-Konzept des Kommunikationslernens
zuzuordnen – und differenzieren es durch das Anknüpfen an eigenes Erleben. Zu
beachten ist, dass dieses Aktivieren erst den Beginn einer De-Automatisierung
bildet; denn De-Automatisierung heißt, Fertigkeiten durch *Bewusstseinsprozesse*
in Fähigkeiten zu transformieren. Die notwendige Verankerung des Reflexions-
Konzeptes in das Übungs-Konzept des Kommunikationslernens (vgl. Antos
1992, 65) wird implizit vorausgesetzt, wenn betont wird: Nicht allein die Durchführung der Kommunikationsübung, „sondern vor allem die anschließende Bearbeitung einschließlich eines Abwägens des Fürs und Widers bestimmter alternativer Handlungsmöglichkeiten ist notwendig, um Handlungsveränderung zu ini-
tiieren" (Lepschy 1999, 58).

3.3 Bearbeitungsmethoden: Analyse und Feedback

Die im Anschluss an Kommunikationsübungen erfolgende Reflexion kann durch
Analyse und Feedback erfolgen. Diese Reflexionsmethoden unterscheiden sich
grundlegend: Die *Analyse* z.B. anhand diskurslinguistischer Kriterien ist primär
kognitiv orientiert und bestätigt implizit das Reflexions-Konzept des Kommunikationslernens. Mit der Auswertung der Übung durch *Feedback* wird ein anderes
Konzept des Kommunikationslernens genannt: das „'Feed-back'-Konzept"
(Antos 1992, 52). „In Diskursen können sich jeweils die Kommunikationspartner
eine permanente Rückmeldung über inhaltliche, formale und beziehungsrele-
vante Aspekte der Kommunikation geben." (Ebd., 65) Feedbackgespräche basieren auf dem Vergleich zwischen Selbst- und Fremdwahrnehmung sowie dem
Vergleich zwischen intendierter und realisierter Wirkung von Kommunikationsverhalten. Feedback wird hier aufgefasst als „explizite und in der Regel verbale
Rückmeldung vom Rezipienten an den Kommunikator, die diesem Aufschluss
über die Aufnahme und Interpretation sowie die Wirkung von Kommunikations-
vorgängen gibt." (Rechtien 1999, 197)
    Inwiefern der Auffassung von Antos zuzustimmen ist, dass „das auf Monito-
ring aufbauende ‚Reflexions-Konzept' die *Grundlage* auch für das ‚Feedback-
Konzept' darstellt (1992, 65; Hervorh. A.M.), ist offen; auf jeden Fall ist Reflexionsfähigkeit ein wichtiger Bestandteil des Feedback; denn aus der Konfrontation von Selbst- und Fremdbild entwickelt sich „ein Problembewusstsein für in-
dividuelles Kommunikationshandeln" (Lepschy 1999, 63); Feedback vermittelt

---

3   Vgl. zudem weitere „aktivierende Repräsentationsmethoden" bei Lepschy 1999, 55f.

„Einsicht in Verhalten und seine Folgen" (Rechtien 1999, 200); und Feedback kann eine „Methode zur Überprüfung von Kodierungs-, Übermittlungs- und Dekodierungsvorgängen und somit zur Aufdeckung etwaiger Kommunikationsstörungen sein" (ebd., 197).

Hier ist eine *Gemeinsamkeit von Analyse und Feedback* zu beobachten: Beide Bearbeitungsmethoden setzen als *implizite Annahmen für das Lernen von Gesprächsführung* voraus: Wenn es das Ziel ist, Lernende zur Gesprächsführung als Gesprächs*fähigkeit* weiter zu befähigen, und Gesprächsfähigkeit als „Tätigkeit" aufgefasst wird - „Die Tätigkeit hat ein selbständiges, dem Subjekt der Tätigkeit bewusstes Ziel" (Leont'ev 1974, 18, zit. nach Antos 1992, 57) -, dann ist es wichtig, das Subjekt in der Steuerung der Zweck-Mittel-Relationen zu stärken. Hinsichtlich des Kommunikationslernens als Lernen von Kommunikations*fähigkeit* ist also das Bewusstsein für die Wirkungen der kommunizierten Äußerungen besonders relevant. Es ist die Voraussetzung, die eigene Gesprächsführung im Sinne einer *Tätigkeit* zu realisieren.

Wesentlich ist, dass „der Feedbackempfänger das Gesagte produktiv nutzen kann, etwa um (...) ein neues Verhalten, aber auch eine Bestätigung für sich abzuleiten" (Rechtien 1999, 197). Die Bedeutung der kognitiven Prozesse des Lernens durch Feedbacknehmen wird durch die Methode unterstrichen, dass die Lernenden als Fazit aus Analyse und Feedback eigene, individuelle Lernziele formulieren, die sie in einer nächsten praktischen Übung realisieren können (vgl. Bartsch 1991). Daraus können „Lernzyklen" entstehen, in deren Verlauf die Lernenden auch ihre Analysefähigkeiten weiterentwickeln. (Berkemeier/Pfennig 2001, 51)

Der Prozess, einander über Wirkungen des Verhaltens Rückmeldungen zu geben und dadurch Verhaltensänderungen bewirken zu können, birgt als *lerntheoretische Implikation das „Prinzip der Verstärkung"*, aber nicht im Sinne des operanten Konditionierens (Rechtien 1999, 200); denn Feedback soll z.B. „*Einsicht* in Verhalten und seine Folgen" vermitteln (ebd. Hervorheb. A.M.). Hingegen bestätigt Rechtien eine andere lerntheoretische Implikation des Feedback: Feedback ermöglicht *soziales Lernen*. Zu vermuten ist, dass dieses soziale Lernen dadurch ermöglicht wird, dass explizites verbales *Feedback auf der Basis von Feedbackregeln* eine *besondere Qualität der Kommunikation* konstituiert; denn dieses Feedbackgeben und -nehmen ist eine persönliche, subjektive, personenbezogene Gesprächsform (Slembek 1998; Lepschy 1999; Mönnich 2001), für die bestimmte Regeln gelten und die bestimmte Haltungen erfordert, wie sie z.B. Rechtien nennt: „Der effektive Einsatz von Feedback setzt ein Klima mit einem Mindestmaß an gegenseitiger Unterstützung voraus" (1999, 201).

3.4 Rollenspiele und ihre Auswertung durch Analyse und Feedback

Rollenspiele treten in Schulungen zur Gesprächsführung typischerweise in zwei Phasen auf: zum einen in der *Motivationsphase* – es handelt sich um Gesprächssimulationen, durch die Kommunikationsrealität bearbeitbar wird (vgl. Lepschy 1999, 55f.); die Teilnehmer/innen realisieren z.b. ein Gespräch mit einer bestimmten Problematik –, zum anderen in der *Phase der Anwendung* des Gelernten, um das Gesprächsverhalten zu erproben. Das Rollenspiel ist für Martens die „ideale Lernform", gelerntes neues Verhalten anzuwenden: Die „Ausübung der erlernten Verhaltensweisen erfolgt weitgehend gesteuert und kontrolliert. (...) In der Spielsituation kann man neue Verhaltensweisen ausprobieren, ohne wie im Ernstfall soziale Nachteile befürchten zu müssen." (1993, 184)[4]

Implizite Voraussetzung des Kommunikationslernens ist in beiden Funktionen des Rollenspiels der Nutzen des *Lernens am konkreten Beispiel*. Allerdings divergiert der Umgang mit dem Beispiel: In der Motivationsphase geht der Lernweg *induktiv vom Konkreten zum Abstrakten* – z.b. die Lernenden konstituieren durch das Rollenspiel ein Beispiel für ein Kommunikationsproblem, das im folgenden Seminarverlauf auch auf einer allgemeinen Ebene bearbeitet wird. In der Phase der Anwendung verläuft der Lernweg *deduktiv vom Abstrakten zum Konkreten*, indem das in der Erarbeitung Gelernte in konkrete Beispiele umgesetzt wird. Wenn die Teilnehmer/innen Beispiele für das Gelernte mehrmals ausprobieren können, wird die deduktive Phase durch induktive Prozesse erweitert.

„Anschauung ohne Begriff ist blind" (Kant) – in Analogie dazu gilt: Rollenspiele ohne Reflexion sind blind; sie entfalten ihr Potenzial erst durch die anschließende Auswertung. Als mögliche implizite Voraussetzung des Rollenspiels in beiden didaktischen Funktionen (Motivation und Erproben/Einüben von Kommunikationsalternativen) ist die Verbindung mit dem *Reflexions-Konzept* und dem *Feedback-Konzept* des Kommunikationslernens zu benennen. Wenn es um das Ziel geht, anhand des Rollenspiels neues Verhalten einzuüben, ist die Verknüpfung mit dem *Übungs-Konzept* gegeben, wie es Antos definiert (1999, 65). Insofern sind mit dem Einsatz des Rollenspiels kognitive Lernziele und – darüber hinaus – pragmatische Lernziele verbunden.

Eine Besonderheit der Verwendung des Rollenspiels ist die Annahme, dass es emotionales Lernen ermöglicht: „Im Rollenspiel kann man die unterschiedlichsten affektiven Lernziele im Bereich des sozialen Lernens erreichen": „Einfühlungsvermögen", „Selbsterfahrung", „Selbstvertrauen und Sicherheit im sozialen Verhalten" (Martens 1993, 184).

Diese emotionalen Lernziele können in bestimmten Formen des Rollenspiels dominieren, die meist in psychologisch-pädagogischen Lernkontexten angewendet werden: Hier ist das Rollenspiel eine pädagogische „*Aktionsmethode zur Erkundung der Erlebensinhalte* eines Menschen" (Schützenberger 1976, 37) mit dem Ziel, eine „Lernhilfe und Trainingsmöglichkeit in Bezug auf zwischenmenschliche Beziehungen, zum indirekten Angehen später zu behandelnder wirklicher Konflikte über fiktive Konflikte, durch Darstellung von vielerlei Rollen meist traditioneller, familiärer oder beruflicher Art" (ebd.) zu geben. Durch das Spiel realer oder fiktionaler Situationen agieren die Spielenden Gefühle aus

---

4   Zur Vielzahl von Rollenspielformen vgl. Martens 1993, 182-183.

und unterdrücken sie nicht aufgrund gesellschaftlicher Konventionen. Dadurch entsteht eine Katharsis. „Die Emotion, die zum freien Ausdruck kommt, lässt unbewusste Bestrebungen, verborgene Beweggründe und alte Traumata mit hervortreten, sie setzt Erstarrtes wieder in Bewegung und ermöglicht so, sich all dessen bewusst und für Änderungen und neue Rollen empfänglicher zu werden." (Ebd., 68) Der unbewusste Einfluss von Gefühlen auf das Verhalten wird durch die anschließende Auswertung bewusst. Das Rollenspiel übt darüber hinaus die Fähigkeit ein, „sich an die Stelle des anderen zu versetzen, um sowohl ihn wie auch sich selbst besser zu verstehen" (ebd., 69). Es ist ein „Mittel, die eigenen Einstellungen oder Haltungen gegenüber denen eines anderen zu erkunden und zu modifizieren, Spontaneität und Kreativität zu trainieren und sich von Konflikten zu befreien" (ebd., 90). Wichtig ist die Resonanz der Gruppe und die gemeinsame Auswertung des Spiels mit der Gruppe, „indem jeder anschließend äußert, was er dabei erlebt und gespürt hat, welchen Widerhall und welche Probleme das Spiel bei ihm hervorgerufen hat. Das ist der Effekt der ,indirekten Beteiligung'" (ebd., 37). Angedeutet ist hier die *implizite Verknüpfung des Rollenspiels insbesondere mit dem Feedback-Konzept des Kommunikationslernens.*

Das Potenzial von Rollenspielen, die Gesprächsfähigkeit der Teilnehmer/innen zu fördern, indem *die Emotionen der im Gespräch Interagierenden* mit einbezogen werden, kann sich auch in gesprächslinguistisch basierten Schulungen zeigen: Bliesener berichtet von seinen Ausbildungsseminaren für Aidsberater zum Thema Gesprächsführung in der Telefonberatung: „Das Ziel des Trainings besteht in der Bewusstmachung des manifesten Verhaltens *und* des dahinterliegenden emotionalen Erlebens des Beraters" (1994, 29). Für den Einsatz des Rollenspiels berücksichtigte er folgende Faktoren: „Abschirmung gegen Publikum"; „Einschränkung des Kontakts zum Partner" nur durch Telefon; „Freistellung der Intimität des Themas". Diese Faktoren dienten dazu, eine möglichst große Nähe zu den realen Gesprächen zu konstituieren und unerwünschte Spieleffekte (Artefakte) zu vermeiden. Die Auswertung der Rollenspiele zeigte: „Die diesem Setting (...) innewohnende Kraft zur Stiftung authentischer Gespräche gibt die Gewähr, dass der Berater etwas über sein wahres Beraterverhalten lernt, das auch für seine anderen Telefonberatungen Gültigkeit hat." Darüber hinaus eignet sich dieses Setting auch zu einem anderen Zweck: „Wenn es nicht darauf ankommt, dass der Rollenspieler ein mit der Praxis möglichst ähnliches Verhalten zeigt, sondern dass er ein möglichst authentisches Erleben hat", eignet sich die Telefonsimulation zur Fallsupervision. (Ebd.)

Implizite Voraussetzung für das Lernen von Gesprächsführung ist hier, dass die Möglichkeit besteht, Gesprächs*fähigkeit* auch über das Ausagieren und Reflektieren von Gesprächs*erleben* zu lernen. Das erweitert das von Antos (1992) beschriebene Reflexionsmodell des Kommunikationslernens, welches sich auf das Bewusstmachen von Gesprächs*verhalten* bezieht.

3.5 Simulation authentischer Fälle (SAF)

Das spezifische Profil diskursanalytischer Fortbildungskonzepte für die Entwicklung der Gesprächsfähigkeiten und -fertigkeiten besteht darin, vor der Durchführung der Schulung authentische Gespräche der Teilnehmer/innen aufzunehmen und zu transkribieren; diese dokumentierten Gespräche analysieren die Trainer/innen vor der Schulung und wählen Schlüsselstellen aus den Transkripten aus, die sie während des Trainings mit der Zielgruppe analysieren. Im Anschluss an die Transkriptanalyse erfolgt eine „Simulation authentischer Fälle" (SAF) (Becker-Mrotzek/Brünner 1999), die es den Teilnehmer/innen ermöglicht, einerseits die während der Gesprächsanalyse gewonnenen Einsichten nun im Gesprächsverhalten anzuwenden und andererseits die gesuchten Alternativen selbst zu entwickeln (s. auch Lambertini/ten Thije i.d.Bd.).

Die SAF basiert also auf der Dokumentation und Analyse echter Fälle aus dem Berufsalltag der Seminarteilnehmer/innen. „Die hieraus rekonstruierten Problemstrukturen bilden dann die Grundlage für die Settings und die Handlungsanweisungen der Simulationen." (Becker-Mrotzek/Brünner 1999, 72) Das Problem der Artefakte in Rollenspielen wird vermieden, indem die Teilnehmer/innen vom realen Beispiel ausgehen: „Die Handlungsbedingungen der Simulation entsprechen weitgehend denen des beruflichen Alltags. ... In den Simulationen selbst spielen die Seminarteilnehmer also ihre eigenen oder zumindest eng verwandte Berufsrollen. Im Idealfall sind Spiel- und Berufsrollen identisch..." (ebd.); dadurch gewinnt das Handeln in der Simulation „den Charakter eines ins Seminar ausgelagerten authentischen beruflichen Handelns" (ebd., 74).

Die SAF wird mit Video aufgezeichnet und im Gespräch ausgewertet. Anschließend erfolgt ein Vergleich zwischen dem im Transkript dokumentierten authentischen Fall und der Simulation. „Dabei lassen sich Gemeinsamkeiten und Unterschiede aufzeigen, auch solche, die sich einem größer gewordenen Problembewusstsein und der gewachsenen sprachlich-kommunikativen Kompetenz verdanken." (Ebd., 72) Durch die Verknüpfung der SAF mit der Analyse des authentischen Falles „werden die Handlungskonsequenzen, die sich gerade für den Berufsalltag ableiten lassen, prägnanter erkennbar. Das erleichtert den Transfer auf Einstellungen und Handlungen im Beruf." (Ebd., 74)

Als implizite Voraussetzungen für das Kommunikationslernen sind zu beobachten: die SAF hat Verknüpfungen mit dem Reflexions-Konzept und dem Übungs-Konzept des Kommunikationslernens, indem sie deren Annahmen teilt. Zugleich differenziert die SAF diese Konzepte, indem der Lerneffekt einer Simulation mit der Nähe zum konkreten Berufsalltag korreliert wird. Eine weitere implizite Voraussetzung des Kommunikationslernens ist durch den Vergleich zwischen SAF und authentischem Fall zu beobachten: Implizit wird vorausgesetzt, dass die Effektivität des Lernens dadurch gesteigert wird, dass die Lernenden ihre Lernfortschritte erkennen. Eine dritte implizite Voraussetzung des Kommunikationslernens zeichnet sich ab: zuerst Beispielanalysen mit kritischer Reflexion, dann ausgehend von einem anderen Beispiel die Simulation eines authentischen Falles als Alternative, daran anschließend der Transfer auf den Berufsalltag – das ist ein Lernweg ausgehend vom Konkreten.

3.6 Kommunikationsübungen mit dem Ziel des Einübens von Gesprächsführung

Für das Erproben und Einüben von Gesprächsführung gibt es eine Fülle praktischer Übungen für Kommunikationsseminare, einerseits, um *Gesprächstypen* einzuüben (Diskussion, Debatte, moderierte Besprechung, Mitarbeitergespräch u.a.), andererseits, um für *bestimmte Sprechhandlungen* Alternativen zu erproben (z.B. prägnantes Argumentieren - vgl. Wagner 1999, 143f., konstruktives Ansprechen von Problemen - vgl. ebd., 148), oder um *Fähigkeiten des Hörverstehens* einzuüben (vgl. z.b. Berthold 2000, 57ff.). Die Transformation von Fertigkeiten in Fähigkeiten und umgekehrt kann auf zwei Ebenen erfolgen: auf der *Ebene der Oberflächenstruktur der kommunizierten Äußerungen* – z.b. Gewohnheiten im Umgang mit der Satzmelodie zu erkennen und zu verändern, um eine andere Wirkung zu erzielen – und auf der *Ebene der Tiefenstruktur der kommunizierten Äußerungen* – z.b. den Zuhörerbezug zu intensivieren (vgl. Mönnich 1999a). Indem das Erproben und Einüben des *Könnens* jeweils mit der Vermittlung von *Wissen* verbunden wird, entspricht dies den im Übungs-Konzept zu verankernden Bewusstseinsprozessen.

Wenn die Übungen im Anschluss an eine Phase der Deautomatisierung stattfinden, ist es plausibel, dass die Übungen durch die Entwicklung von Handlungsalternativen einen Prozess der Re-Automatisierung einleiten. Wenn aber im Seminar die Phase der Deautomatisierung vorher nicht erfolgt, verändert sich die Funktion der Kommunikationsübung: Das Einüben der neuen Sprechhandlungsmöglichkeiten mit der dazu gehörenden Auswertung durch Analyse und Feedback dient dem Trainieren neuer Fertigkeiten und implizit dem Deautomatisieren alter Fertigkeiten.

Eine Kommunikationsübung kann auch beide Funktionen erfüllen: das Einüben schon gelernter Sprechhandlungen (z.B. zum Präsentieren und Argumentieren) und das Einleiten neuer Lernprozesse zu weiteren Aspekten der Gesprächsführung (z.B. zur Gesprächssteuerung in Konferenzen). Der Transfer des Gelernten in den Berufsalltag wird im Seminar unterstützt, wenn die Teilnehmer/innen praxisnah arbeiten. Dies wird implizit vorausgesetzt, wenn z.B. die Teilnehmer/innen in der im Seminar durchgeführten Konferenz eine Problemstellung aus ihrem Unternehmen bearbeiten und die erarbeiteten Lösungsvorschläge im Unternehmen präsentieren.

3.7 Gemeinsame Gesprächspraxis mit dem Ziel, Gesprächsfähigkeiten weiter zu entwickeln

Gesprächs*fertigkeiten* und *-fähigkeiten* werden in Fortbildungen auch geschult durch das gemeinsame Konstituieren einer Gesprächspraxis anhand bestimmter Gesprächsregeln oder Haltungen. In Kursen zur Gesprächsführung wird z.b. durch das praktizierte Feedback eine andere Gesprächskultur konstituiert als durch Kritik (vgl. Slembek 1998). Da Bewusstwerdung auf der Ebene der Fähigkeit angesiedelt ist (vgl. Antos 1992, 59), fördert das *bewusste* Anwendenkönnen z.b. von Feedbackregeln die Gesprächs*fähigkeit*.

Eine Schulung der Gesprächs*fähigkeit* durch die gemeinsame *Gesprächspraxis im Bewusstsein spezieller Handlungsmaximen* erfolgt auch durch Seminare zu speziellen Formen der Gesprächsführung, z.b.:

- In Seminaren zur Einübung des philosophischen Gesprächs in Form des *Neosokratischen Dialogs nach Leonard Nelson* ist z.b. die Regel handlungsleitend, Phänomene (z.b. „Was ist Freiheit?") nur ausgehend von einem konkreten Beispiel aus der Erfahrung eines Seminarteilnehmers zu definieren (vgl. Nelson 2002, Horster 1994), um im gemeinsamen Gespräch den Weg vom Konkreten zum Abstrakten zu gehen. Im Anschluss an die Durchführung der neosokratischen Gespräche anhand der speziellen Regeln erfolgt jeweils eine Metakommunikation, um die spezielle Methode bewusst zu machen. Zu beachten ist: Die neosokratische Gesprächsführung ist dem primären Ziel zugeordnet, miteinander denken zu lernen und konsensfähige Einsichten in philosophische Probleme zu finden, und zwar in einem herrschaftsfreien Dialog (vgl. Raupach-Strey 2002a, 2002b; Heckmann 1993, 84ff.; Mönnich 1997).
- In Seminaren zum *Offenen Dialog nach David Bohm* geht es insbesondere um das Einüben bestimmter *Haltungen*, z.b. auf Überzeugung und Überredung zu verzichten. „Der Sinn des Dialogs ist nicht, etwas zu analysieren, eine Auseinandersetzung zu gewinnen oder Meinungen auszutauschen. Das Ziel ist vielmehr, die eigenen Meinungen in der Schwebe zu halten und sie zu überprüfen, sich die Ansichten aller anderen Teilnehmer anzuhören, sie in der Schwebe zu halten und zu sehen, welchen Sinn sie haben." (Bohm 2000, 66) Für dieses nicht-lineare Gespräch ist z.b. die Haltung eines Lerners entscheidend (vgl. Findeis-Dorn 2002).

Als *implizite Annahmen für das Kommunikationslernen* kann festgehalten werden: Die Veränderung von Kommunikationsverhalten und -kompetenzen erfolgt durch das Erfahren einer alternativen Dialogpraxis; Er-fahren meint: Erleben *und* Reflexion. Das Erfahren ist zugleich ein Einüben. Eingeübt werden das Realisieren von Handlungsmaximen und das Realisieren von Haltungen in Handlungen.

4 Didaktisch-methodische Muster des Lehrens von Gesprächsführung in Kommunikationstrainings und ihre lerntheoretischen Implikationen

Mit welchem lerntheoretischen Konzept sind Methoden zur Entwicklung von Gesprächsfähigkeiten und -fertigkeiten besonders verknüpft? Dieser komplexen Fragestellung gehe ich im Folgenden nach, indem ich didaktisch-methodische Muster des Lehrens von Kommunikation in Kommunikationstrainings skizziere.[5] Charakteristisch für diese Lehrmuster ist einerseits, aus welchen Methoden sie bestehen und welche typischen Settings für diese Methoden konstituiert werden. Andererseits ist für diese didaktisch-methodischen Muster charakteristisch, auf welche Lerntheorien sie sich implizit beziehen. Als Bezugstheorien des Lernens wähle ich die Paradigmen Behaviorismus, Kognitivismus und Konstruktivismus, zudem die Theorie des Modell-Lernens (sozial-kognitive Lerntheorie nach Bandura) sowie die Kontroverse über Entdeckendes Lernen (Bruner) versus Re-zeptives Lernen (Ausubel). Darüber hinaus berücksichtige ich Lerntheorien als Handlungstheorien. Die Lerntheorien, auf die ich im Folgenden Bezug nehme, werden zunächst in Umrissen zusammengefasst:

Wenn der *Behaviorismus* auf der Außendeterminiertheit des Lernens basiert und ein „Paradigma der Verhaltenskontrolle" konstituiert, so ist dieses „behavio-ristische Denken in der auf Unterricht bezogenen Lernpsychologie faktisch überwunden. An seine Stelle ist die kognitive Lernpsychologie getreten, die Ler-nen als einen bedeutungsvollen Prozess der Informationsverarbeitung, oder all-gemeiner: als Prozess der aktiven Auseinandersetzung des Lernenden mit seiner Umwelt betrachtet" (Terhart 1997, 54). Der *Kognitivismus* begreift Lernen als aktiven „Wechselwirkungsprozess zwischen Lernsubjekt und Umwelt"; die „selbständigen, internen Prozesse der Wahrnehmung und Verarbeitung von In-formationen sowie die Entscheidung über Handlungen" werden besonders betont (ebd., 56): Es entsteht ein „Paradigma der Informationsverarbeitung" (ebd.). Verändert wird dieses Paradigma durch den *lern- und instruktionspsychologi-schen Konstruktivismus*: Der „Eigenanteil des lernenden Subjekts" wird weit hö-her angesetzt als im Kognitivismus; denn die „Vorstellung eines durch Lehren, durch methodisches Arrangieren äußerer Bedingungen punkt- und zielgenau zu steuernden Lernens" verliert mehr und mehr ihre Basis. Es ist ein Wandel hin zu einem „Paradigma der Informationserzeugung" zu beobachten (ebd.).

Lerntheorien als Handlungstheorien: „Handlungstheorien sind auch kogniti-ve Theorien" (ebd., 8). Lernen als „Handeln lernen" zu verstehen, fokussiert den Kern der Theoriebildung auf das Phänomen des *„Handlungskonzepts"* (ebd., 9) und verweist damit „auf das zentrale Merkmal psychologischer Handlungstheo-rien, dass nämlich der Mensch als *Subjekt* gesehen wird, das sich selbst Ziele setzen kann und Mittel zur Erreichung dieser Ziele bereitstellt" (ebd.). „Je deutli-cher die Merkmale ‚bewusster und absichtlicher Einsatz der Handlung zur Zielerreichung', ‚Abwägen von Handlungsalternativen', ‚Erkennen eines sub-

---

5   Vgl. zu unterschiedlichen Seminarformen zur Entwicklung der Kommunikationsfä-higkeit von Studierenden Mönnich 1999b.

jektiven Sinnes', ‚Erleben der Verantwortlichkeit', ‚Entwicklung eines flexiblen Handlungskonzeptes' feststellbar sind", desto eher liegt kein Verhalten, sondern „eine Handlung" vor. (Ebd., 293)

Modell-Lernen: Bandura (1976) zeigt auf, wie Menschen Verhalten lernen, indem sie Vorbilder beobachten. Entscheidend ist, dass kein blindes Nachahmen erfolgt, sondern dass beim Erlernen kognitive Verarbeitungsprozesse stattfinden und daher das Modell-Lernen als sozial-kognitive Lerntheorie aufgefasst werden muss. Diese kognitiven Verarbeitungsprozesse umfassen bei den Lernenden die genaue Beobachtung und Reflexion der Folgen des modellierten Verhaltens. Ob die beobachteten Konsequenzen negativ oder positiv sind, beeinflusst jedoch nicht das *Lernen* dieses Verhaltens, sondern die Ausführung des modellierten Verhaltens. Dieses Phänomen nimmt Bandura zum Anlass, den Prozess des Modell-Lernens in zwei Phasen zu differenzieren. Er unterscheidet 1. die Aneignungsphase (Akquisition), in der er speziell Aufmerksamkeitsprozesse und Gedächtnisprozesse untersucht; und 2. die Ausführungsphase (Performanz), in der er motorische Reproduktionsprozesse sowie Verstärkungs- und Motivationsprozesse untersucht (vgl. auch die Zusammenfassung bei Edelmann 1996, 285f.).

Rezeptives Lernen (Ausubel) versus *Entdeckendes Lernen (Bruner):* Ausubel betont: Es ist wichtig, Lernenden den „Aufbau einer klar gegliederten kognitiven Struktur" zu ermöglichen (ebd., 213), und zwar am besten durch ein sinnvoll rezeptives verbales Lernen. Diese Form des Lernens ist ein höchst aktiver Vorgang: „Dargebotene Informationen werden inhaltlich gelernt und mit Vorwissen assimiliert" (ebd., 212). Dieses rezeptive Lernen ist sehr geeignet, Sachwissen in großem Umfang zu lernen. „Als Konsequenzen für die Organisation von Lehr-Lern-Prozessen ergibt sich hieraus, dass eine sorgfältig abgestimmte Sequenz von Lehreinheiten vorrangig das Prinzip der progressiven Differenzierung (Fortschreiten vom Allgemeinen zum Besonderen; unterordnendes Lernen, [*deduktives* Lernen, A.M.]) zu beachten hat." (Ebd., 214) Demgegenüber stellt Bruner heraus: Entscheidend ist ein Lernen, das zum Problemlösen befähigt. Daher ist in organisierten Lernprozessen *induktives* Lernen zu ermöglichen, das die Techniken des Problemlösens vermittelt, d.h. „Fähigkeiten, die Problemstellung zu analysieren, Hypothesen zu formulieren und zu prüfen" (ebd., 216). „Unter optimalen Bedingungen führt ein Unterricht, der das entdeckende Lernen betont und den allgemeinen Transfer fördert, den Schüler dazu, zu lernen, wie man lernt'." (Ebd.) Zum entdeckenden Lernen gehören darüber hinaus die Weiterentwicklung des intuitiven Denkens und der intrinsischen Motivation.

Um lerntheoretische Implikationen in Fortbildungen zur Gesprächsführung aufzuzeigen, nutze ich für die Skizzierung der didaktisch-methodischen Muster eine typische Phasenstruktur von Unterricht: Phase der Motivation und Problemstellung, Phase der Erarbeitung der Lerninhalte, Phase der Anwendung und des Transfers (vgl. Müller-Michaels 1991).

Im Folgenden werden fünf didaktisch-methodische Muster für die Entwicklung von Gesprächsfähigkeiten und -fertigkeiten skizziert, ausgehend von fünf Beispielen.

4.1 Gesprächsführung lernen – durch Verhaltenstraining (,enges deduktives Übungs-Konzept')

Beispiel 1: Im Anschluss an eine Problemstellung (z.B. „Wie stelle ich mich jemandem vor?") erklärt und modelliert der Trainer/die Trainerin das ‚richtige' Verhalten. In der Phase der Anwendung üben die Teilnehmer/innen dieses Verhalten ein, indem sie das modellierte Verhalten nachahmen. Erfolgt diese Phase primär mit Lob und Tadel, wird m.E. ein „*Verhaltens*training" konstituiert; denn es passiert eine Außensteuerung des Verhaltens vermittels positiver oder negativer Verstärkung. Als *Bezugstheorien des Lernens* sind zu beobachten: In der Phase der Erarbeitung dominiert das *rezeptive Lernen* und das *Modell-Lernen*. In der Phase der Anwendung dominiert der *Behaviorismus*, sofern nur Lob oder Tadel erfolgt.

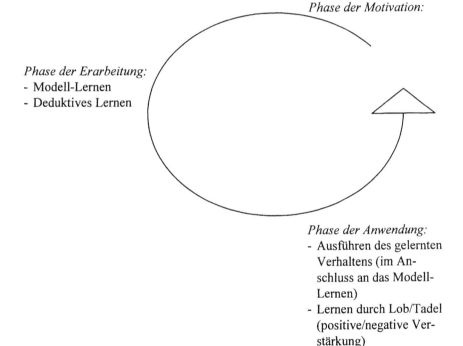

Phase der Motivation:

Phase der Erarbeitung:
- Modell-Lernen
- Deduktives Lernen

Phase der Anwendung:
- Ausführen des gelernten
  Verhaltens (im An-
  schluss an das Modell-
  Lernen)
- Lernen durch Lob/Tadel
  (positive/negative Ver-
  stärkung)

*Abb. 1: Implizite Bezugstheorien im engen deduktiven Übungs-Konzept des Kommuni-
kationslernens*

4.2 Gesprächsführung lernen – durch Handlungstraining („deduktives Übungs-Konzept, erweitert durch das Reflexions-Konzept')

Beispiel 2: Wenn wir wie in *Beispiel 1* davon ausgehen, dass der Trainer/die Trainerin ein erfolgreiches Verhalten modelliert, aber in der Phase der Anwendung zum Einüben des neuen Verhaltens primär die Schulung der Reflexionsfähigkeit und Kritikfähigkeit hinzu nimmt, korrespondiert dies mit einem „*Handlungs*training" (zum Begriff des Handelns s.o.). Wirksam sind als Bezugstheorien des Lernens in der *Phase der Anwendung:* Wird beim Erproben und Einüben großen Wert auf die Reflexion gelegt, wird der Behaviorismus durch den *Kognitivismus* abgelöst. Wenn die Lernenden als Fazit aus Feedback und Analyse ihre individuellen Lernziele formulieren, entspricht dies dem Konstrukt von *Lerntheorien als Handlungstheorien.* Für die *Phase der Erarbeitung* gilt: Wenn die Trainerin/der Trainer als Vorbild für das richtige Verhalten fungiert, wird das *Lernen am Modell* genutzt. Wenn die Trainerin/der Trainer zudem deduktiv vorgeht, dominiert *rezeptives* Lernen. Aber die Orientierung am Handeln-Lernen wird vermutlich dazu führen, dass der Trainer/die Trainerin auch in der Erarbeitungsphase den *Kognitivismus* stärker berücksichtigt und daher auch das *induktive* Lernen nutzt.

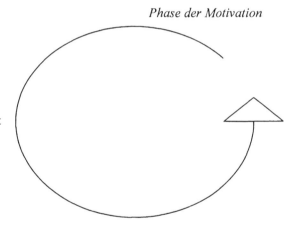

Phase der Motivation

Phase der Erarbeitung:
- Modell-Lernen für das
  Lernen des Gesprächs,
  das Lerngegenstand ist
- Deduktives oder
  induktives Lernen

Phase der Anwendung:
- Ausführen des Gelernten
- Handlungsorientiertes
  Lernen durch Erproben
  und Reflexion (Analyse,
  Kritik)

Abb. 2: Implizite Bezugstheorien im deduktiven, durch das Reflexions-Konzept erweiterten Übungs-Konzept des Kommunikationslernens

4.3 Gesprächsführung lernen – nur durch die Förderung der Analysefähigkeit ('enges Reflexions-Konzept')

Beispiel 3: Ein Seminar zur Gesprächsführung kann sich auf die Analyse von Transkripten authentischer Gespräche konzentrieren, mit dem Ziel, die Analysefähigkeit und Kritikfähigkeit der Teilnehmer/innen zu schulen – beides im Sinne von Methodenkompetenzen: Analysefähigkeit wird geschult durch die Fähigkeit, gesprächslinguistische Kriterien für das Verstehen von Gesprächen zu nutzen; Kritikfähigkeit durch die Reflexion über die handlungsleitenden Normen (Welche Gesprächsführung ist „richtig"?). Die Phase der Anwendung erfolgt im Seminar lediglich durch eine Zusammenfassung und ein kognitives Fazit für den Transfer.

Als *Bezugstheorien des Lernens* werden in der Phase der Erarbeitung je nach methodischem Vorgehen das *rezeptive* Lernen und/oder *entdeckende* Lernen eingesetzt. Deutlich ist darüber hinaus der *Kognitivismus* als Bezugstheorie. Beim *Lernen am Modell* gibt es eine deutliche Veränderung gegenüber dem genannten Verhaltenstraining: Die Trainerin/der Trainer fungiert nicht als Modell für die Gesprächsführung, die Lerngegenstand ist, sondern als Modell für die Anwendung der Kompetenzen: Analysefähigkeit und Kritikfähigkeit.

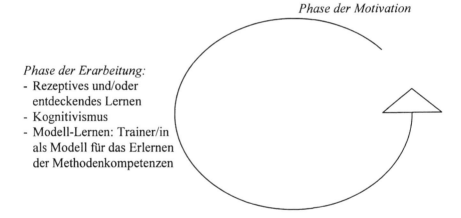

Phase der Motivation

Phase der Erarbeitung:
- Rezeptives und/oder entdeckendes Lernen
- Kognitivismus
- Modell-Lernen: Trainer/in als Modell für das Erlernen der Methodenkompetenzen

Phase der Anwendung:
- Kognitivismus

Abb. 3: *Implizite Bezugstheorien im engen Reflexions-Konzept des Kommunikationslernens*

4.4 Gesprächsführung lernen – durch die Schulung der Analysefähigkeit und durch das Erproben von Handlungsalternativen („Reflexions-Konzept, erweitert um das Übungskonzept")

Beispiel 4: Die *Erarbeitungsphase* stellt (wie in Beispiel 3) die Analyse von Gesprächen in den Mittelpunkt – *Bezugstheorie des Lernens* ist der *Kognitivismus*; zudem kann die Transkriptanalyse sowohl das deduktive als auch das induktive Lernen nutzen. Wenn es sich um eine Transkriptanalyse handelt, in der die Teilnehmer/innen ihre eigenen Gespräche untersuchen, wird damit das erfahrungsorientierte Lernen unterstrichen. Die *Phase der Anwendung* unterscheidet sich grundlegend von Beispiel 3: Sie wird so gestaltet, dass die Teilnehmer/innen entweder ausgehend von der erarbeiteten Fehleranalyse selbst Handlungsalternativen entwickeln, oder die Trainer/innen geben Anweisungen für ein Übungsgespräch vor, so dass die Teilnehmer/innen die alternative Gesprächspraxis zunächst konstituieren und anschließend reflektieren (vgl. das Verfahren der Simulation authentischer Fälle (SAF) bei Becker-Mrotzek/Brünner 1999). Beide Anwendungsmethoden nutzen das *induktive, entdeckende Lernen.* Das *handlungsorientierte Lernen* wird gestützt, indem Fragen des Transfers des Gelernten in den Berufsalltag explizit thematisiert werden. Möglich ist, im Anschluss an das Seminar wiederum Gespräche der Teilnehmer/innen in ihrem Berufsalltag

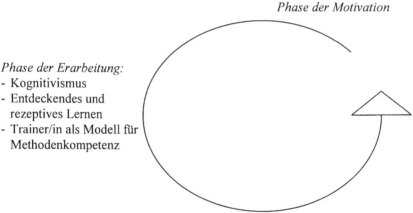

Phase der Motivation

Phase der Erarbeitung:
- Kognitivismus
- Entdeckendes und
  rezeptives Lernen
- Trainer/in als Modell für
  Methodenkompetenz

Phase der Anwendung:
- Erproben/Einüben durch
  induktives, entdeckendes,
  handlungsorientiertes
  Lernen

Abb. 4: Implizite Bezugstheorien im Reflexions-Konzept des Kommunikationslernens, das durch das Übungskonzept erweitert ist

aufzunehmen, zu transkribieren und zum Gegenstand einer weiteren Schulung zu machen, so dass ein Trainingszyklus entsteht.[6]

4.5 Gesprächsführung lernen durch ein Handlungstraining („induktives Übungskonzept, erweitert um Reflexions- und Feedback-Konzept')

Beispiel 5: Ein anderes Muster für die Schulung der Kommunikationsfähigkeit in einer institutionellen Lehr-/Lernsituation ist dadurch gekennzeichnet, dass die Lernenden in der Erarbeitungsphase eine Übungsanleitung für das Erproben einer Rede- oder Gesprächsform erhalten (z.B. für das Üben von Moderationen, Diskussionen, Debatten, Präsentationen, Überzeugungsreden oder -statements); die Teilnehmer/innen erproben eine Rede- oder Gesprächsform und werten diese anschließend durch Analyse und Feedback aus. Analyse, Kritik und Feedback münden in die Bestimmung individueller Lernziele, die sich die Lernenden für die folgende Übung setzen (vgl. Bartsch 1991), so dass „Lernzyklen" (Berkemeier/Pfennig 2001, 51) entstehen können.[7] In diesem Konzept haben die Auswertungsgespräche einen eigenen Stellenwert für die Vermittlung der Gesprächsfähigkeit; denn sie sind nicht nur Instrument für die Reflexion der durchgeführten Übung, sondern zugleich eine handlungsorientierte Einführung in eine spezielle kommunikative Praxis des Kritik- und Feedbackgesprächs als Beratungsgespräch mit ihren möglichen Diskursen (vgl. Mönnich 2001).

Als *Bezugstheorien des Lernens* dominieren *handlungsorientiertes Lernen* und *Kognitivismus*, ergänzt durch das *soziale Lernen* und das *selbstgesteuerte Lernen*. Die Bedeutung des *Modell-Lernens* verändert sich: Auch die Teilnehmer/innen fungieren füreinander als Modell – sowohl für das Rede- oder Gesprächsverhalten während der Übung (z.B. eine Präsentation zu gestalten) als auch für die Praxis von Kritik- und Feedbackgespräch (siehe Abb. 5, S. 107).

5 Welche Methoden weisen zum gesprächsanalytischen Konzept für Gesprächsschulungen eine besondere Affinität auf?

Die Transkriptanalyse authentischer Gespräche, besonders solcher Gespräche, die die Teilnehmer/innen in ihrem Berufsalltag selbst geführt haben, ist eine signifikante Methode gesprächsanalytischer Konzepte für Gesprächsschulungen; sie weist auf den Primat kognitiver Prozesse in diskursanalytisch fundierten Schulungen hin. Die Arbeit mit der Simulation Authentischer Fälle (SAF) erweitert das Reflexions-Konzept des Kommunikationslernens um das Übungs-

---

6 Vgl. zur Organisation von Schulungen zur Gesprächsführung auf diskurslinguistischer Basis in einem sich „zyklisch wiederholende(n) Prozess" Fiehler 1999, 34.
7 Vgl. zur Integration von praktischer Übung und Feedbackgespräch in Lernzyklen für Schüler/innen Berkemeier/Pfennig 2001, 51f.

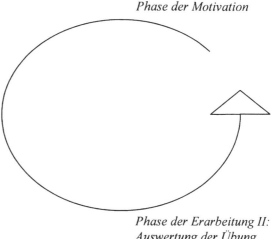

Phase der Motivation

Phase der Erarbeitung I:
praktische Übung:
- Deduktives/induktives
  Lernen
- Handlungsorientiertes
  Lernen
- Modell-Lernen

Phase der Erarbeitung II:
Auswertung der Übung
- Kognitivismus
- Soziales Lernen
- Modell-Lernen
- Selbstgesteuertes Lernen
- Handlungsorientiertes
  Lernen

Abb. 5: Implizite Bezugstheorien im induktiven, durch das Reflexions- und Feedback-Konzept erweiterten Übungskonzept des Kommunikationslernens

Konzept. Durch den sich anschließenden Vergleich zwischen Simulation und authentischem Fall werden kognitive Kompetenzen und die Fähigkeit des reflektierten Lernens geschult. Transkriptanalyse und SAF bilden ein für diskursanalytisch fundierte Fortbildungskonzepte zur Gesprächsführung typisches Muster: das ‚Reflexions-Konzept, erweitert um das Übungskonzept'. Demgegenüber ist das ‚induktive Übungs-Konzept, erweitert um das Reflexions- und Feedback-Konzept', eine Möglichkeit, sprechwissenschaftlich fundierte Kommunikations-schulungen durchzuführen. Das ‚enge deduktive Übungs-Konzept' sowie das ‚deduktive Übungs-Konzept, erweitert um das Reflexions-Konzept', die in der Praxis von Seminaren zur Gesprächsführung anzutreffen sind, werden vermutlich weder von Diskursanalytiker/inne/n noch von Sprechwissenschaftler/inne/n angewandt.

Diskursanalytisch fundierte Kommunikationsschulungen gehen aus vom Primat der kognitiven Prozesse, betonen das Reflexions-Konzept des Kommunikationslernens und integrieren auch das Übungs-Konzept. Verglichen mit den in diesem Aufsatz diskutierten Methoden für das Lernen der Gesprächsführung entsteht für die diskursanalytisch ausgerichteten Konzepte der Impuls zu prüfen, welchen weiteren Annahmen über das Kommunikationslernen (s.o. Abschnitt 3)

sie zustimmen bzw. in ihrem Konzept berücksichtigen wollen. Kommunikationsübungen können beispielsweise in diskursanalytisch fundierten Fortbil-
dungskonzepten das Ausschöpfen des Übungs-Konzeptes erweitern, denn Kommunikationsübungen mit anschließender Reflexion unterstützen den Prozess der
Transformation von Verhalten in Handeln sowie den sich anschließenden Prozess der Transformation bewussten Handelns in Routinen.

Wichtig erscheint im Hinblick auf eine Erweiterung des genutzten Refle-
xions- und Übungs-Konzeptes darüber hinaus,

• das „Lernen lernen" der Teilnehmer/innen zu erweitern: z.B. Methodenkompetenzen nicht nur für die Analyse von Gesprächen zu vermitteln, sondern
auch für die Gesprächsform Kritik sowie eine Gesprächskultur des Feedback-
nehmens und -gebens (vgl. Slembek 1998) und dadurch das Feedback-
Konzept des Kommunikationslernens einzubeziehen.

• die Rezeption der konstruktivistischen Lerntheorie zu erweitern: Lernen
wird aufgefasst als eine Selbsttätigkeit, die „in einem selbstreferentiellen System erfolgt" (Arnold/Siebert 1995, 91). „Der/die Lehrende schafft ,ledig-
lich' Bedingungen für die Selbstorganisation der Lernenden. Mit anderen
Worten ,erzeugt' der Lehrer nicht mehr das Wissen, das ,in die Köpfe der
Schüler soll', er ,ermöglicht' ... Prozesse der selbsttätigen und selbständigen
Wissenserschließung und Wissensaneignung.'" (Ebd.) Ein Beispiel kon-
struktivistischer Lernumgebungen bildet die „Cognitive Apprenticeship":
„Das Vorbild für diesen Ansatz ist die traditionelle Handwerkslehre, bei welcher der Lerner von Anfang an authentische Aktivitäten beobachtet und
nachahmt, wobei er allmählich unter Anleitung eines Meisters selbst zum
Experten wird. Die *kognitive* Variante einer Handwerkslehre simuliert deren
typische Handlungsabläufe und Interaktionen, weist als Lernobjekt jedoch
intellektuelle (und nicht manuelle) Fertigkeiten auf [...]. In allen Fällen dient
der Lehrer anfänglich als Vorbild, zieht sich dann jedoch immer stärker zurück und überlässt die Durchführung der Lerngruppe. Natürlich steht er weiter als *coach* zur Verfügung, falls Probleme auftauchen. Die Lerner werden
dazu angehalten, ihre Denkprozesse zu artikulieren und mit den anderen zu
diskutieren und zu reflektieren. Am Ende soll die Fähigkeit zum selbständigen Explorieren stehen, wozu Prozesse der eigenständigen Problemerken-
nung und -lösung gehören." (Meixner/Müller 2001, 27) (Vgl. das Konzept
des kommunikativen Selbstmanagements; Lalouschek i.d.Bd.) Wie kann eine
solche Lernumgebung in Schulungen zur Gesprächsführung entstehen?

• die Förderung individueller Gesprächskompetenzen mit Konzepten der Organisationsentwicklung zu verbinden: Gesprächsschulungen z.B. auf der Basis der linguistischen Gesprächsforschung (und/oder auf der Basis der
Sprechwissenschaft) stärken das handelnde Subjekt. Im Kontext der Organisationsentwicklung ist jedoch eine zunehmend systemische Betrachtungswei-
se gefragt. Daher stellt sich als Aufgabe, wie die Förderung der individuellen
Gesprächskompetenz z.B. mit der Fähigkeit vermittelt werden kann, in einer
lernenden Organisation zu agieren und welche Gesprächskompetenzen in ler-

nenden Organisationen besonders relevant sind. Es entsteht z.b. der Impuls, eine Aufmerksamkeit nicht nur für das funktionale Gesprächshandeln, sondern auch für die Haltungen der miteinander sprechenden Personen zu entwickeln.

Literatur

Antos, Gerd (1992): Demosthenes oder: Über die „Verbesserung der Kommunikation". Möglichkeiten und Grenzen sprachlich-kommunikativer Verhaltensänderungen. In: Fiehler, Reinhard/Sucharowski, Wolfgang (Hgg.): Kommunikationsberatung und Kommunikationstraining. Opladen, 52-67.

Arnold, Rolf/ Siebert, Horst (1995): Konstruktivistische Erwachsenenbildung. Von der Deutung zur Konstruktion der Wirklichkeit. Hohengehren.

Bandura, Albert (1979): Sozial-kognitive Lerntheorie. Stuttgart.

Bartsch, Elmar (1991): Rhetorik der Rede. In: Hernsteiner Heft 3/1991, 19-24.

Baumann, Gisela (1994): „Sprech ich JETZ endlich mit der TeleFONseelsorge?" Beobachtungen und Überlegungen zur Simulationsinteraktion. In: Bliesener, Thomas/Brons-Albert, Ruth (Hgg.): Rollenspiele in Kommunikations- und Verhaltenstrainings. Opladen, 141-154.

Becker-Mrotzek, Michael/Brünner, Gisela (1999): Simulation authentischer Fälle (SAF). In: Brünner, Gisela/ Fiehler, Reinhard/ Kindt, Walther (Hgg.): Angewandte Diskursforschung Bd. 2. Opladen, 72-80. Kostenloser Download unter „www.verlag-gespraechsforschung.de".

Berkemeier, Anne/Pfennig, Lothar (2001): Gesprächsformen innerhalb schulischer Lehr-Lern-Kultur. In: Der Deutschunterricht Heft 6/2001, 48-57.

Berthold, Siegwart (2000): Im Deutschunterricht Gespräche führen lernen. Unterrichtsanregungen für das 5.-13. Schuljahr. Essen.

Bliesener, Thomas (1994): Authentizität in der Simulation. Möglichkeiten des Trainers zur nachträglichen Behandlung und zur vorsorglichen Verhinderung von Artefakten in Rollenspielen. In: Bliesener, Thomas/Brons-Albert, Ruth (Hgg.): Rollenspiele in Kommunikations- und Verhaltenstrainings. Opladen, 13-32.

Boettcher, Wolfgang (2002): Vom aufrechten Gang in Kritikgesprächen – Gesprächsschulungen für Schulleitungsmitglieder. Vortrag im Rahmen der Veranstaltungsreihe „Dialoge. Forum für professionelle Kommunikation" an der Ruhr-Universität Bochum, 9.7.2002.

Bohm, David (2000): Der Dialog. Das offene Gespräch am Ende der Diskussionen. Stuttgart.

Brons-Albert, Ruth (1994): Artefakte in simulierten Verkaufsgesprächen und ihre Behandlung durch den Trainer. In: Bliesener, Thomas/Brons-Albert, Ruth (Hgg.) Rollenspiele in Kommunikations- und Verhaltenstrainings. Opladen, 105-127.

Brons-Albert, Ruth (1995): Auswirkungen von Kommunikationstraining auf das Gesprächsverhalten. Tübingen.

Brünner, Gisela/ Fiehler, Reinhard/Kindt, Walther (Hgg.) (1999): Angewandte Diskursforschung. Bd. 1 und 2. Opladen. Kostenloser Download unter „www.verlag-gespraechsforschung.de".

Deppermann, Arnulf (2001): Gespräche analysieren. Eine Einführung in konversationsanalytische Methoden. Opladen.

Edelmann, Walter (1996): Lernpsychologie. Weinheim.

Fiehler, Reinhard (1999): Kann man Kommunikation lehren? Zur Veränderbarkeit von Kommunikationsverhalten durch Kommunikationstraining. In: Brünner, Gisela/Fiehler, Reinhard/Kindt, Walther (Hgg.): Angewandte Gesprächsforschung. Bd. 2. Opladen, 18-35. Kostenloser Download unter „www.verlag-gespraechsforschung.de".

Findeis-Dorn, Christine (2002): Der offene Dialog nach David Bohm – ein Weg zu einer neuen Unternehmenskommunikation. Vortrag im Rahmen der Veranstaltungsreihe „Dialoge. Forum für professionelle Kommunikation" an der Ruhr-Universität Bochum, 5.2.2002.

Geißner, Hellmut (1999): Entwicklung der Gesprächsfähigkeit. Sprechwissenschaftlich begründete Kommunikations'trainings'. In: Brünner, Gisela/Fiehler, Reinhard/Kindt, Walther (Hgg.) Angewandte Gesprächsforschung. Bd. 2. Opladen, 197-210. Kostenloser Download unter „www.verlag-gespraechsforschung.de".

Habermas, Jürgen (1995): Theorie des kommunikativen Handelns. Bd. 1: Handlungsrationalität und gesellschaftliche Rationalisierung. Frankfurt.

Heckmann, Gustav (1993): Das sokratische Gespräch. Erfahrungen in philosophischen Hochschulseminaren. Frankfurt.

Horster, Detlef (1994): Das Sokratische Gespräch in Theorie und Praxis. Opladen.

Lepschy, Annette (1999): Lehr- und Lernmethoden zur Entwicklung von Gesprächsfähigkeit. In: Brünner, Gisela/Fiehler, Reinhard/Kindt, Walther (Hgg.) (1999): Angewandte Gesprächsforschung. Bd. 2. Opladen, 50-71. Kostenloser Download unter „www.verlag-gespraechsforschung.de".

Lepschy, Annette (2000): „Notizblöcke herstellen" – eine praktische Übung zur Entwicklung der Gesprächsfähigkeit. Arbeitskreis Angewandte Gesprächsanalyse, Rauischholzhausen.

Martens, Jens Uwe (1993): Verhalten und Einstellungen ändern. Hamburg 3. Aufl.

Meixner, Johanna/Müller, Klaus (Hgg.) (2001): Konstruktivistische Schulpraxis. Beispiele für den Unterricht. Neuwied, Kriftel.

Mönnich, Annette (1997): Konzept einer Sokratischen Gesprächsdidaktik im Deutschunterricht. In: Pabst-Weinschenk, Marita/Wagner, Roland/Naumann, Carl Ludwig (Hgg.) Sprecherziehung im Unterricht. München, 124-137.

Mönnich, Annette (1998): Schulung und Beratung in mündlicher, rhetorischer Kommunikation für das Handlungsfeld Pastoral – auch für die Katechese. In: Tebartz-van Elst, Franz-Peter (Hg.) Katechese im Umbruch. Freiburg, 393-407.

Mönnich, Annette (1999a): Kooperation in der Kommunikation – realisiert durch akustische Zeichen. In: Jaskolski, Ernst/Dies. (Hgg.): Kooperation in der Kommunikation. München, 37-51.

Mönnich, Annette (1999b): Zwischen Workshop und Wissenschaft: Rhetorik für Studierende der Germanistik. In: Dies. (Hg.): Rhetorik zwischen Tradition und Innovation. München, 227-236.

Mönnich, Annette (2001): Mündliche Kommunikationsfähigkeit weiterentwickeln. In: Deutschunterricht Heft 3/2001, 21-28.

Müller-Michaels, Harro (1991): Produktive Lektüre. In: Deutschunterricht Heft 4/1991, 584-594.

Nelson, Leonard (2002): Die sokratische Methode. In: Birnbacher, Dieter/ Krohn, Dieter (Hgg.): Das sokratische Gespräch. Stuttgart, 21-72.

Raupach-Strey, Gisela (2002a): Sokratische Didaktik. Die didaktische Bedeutung der Sokratischen Methode in der Tradition von Leonard Nelson und Gustav Heckmann. Münster Hamburg London (zugl. Diss. Univ. Marburg).

Raupach-Strey, Gisela (2002b): Das sokratische Paradigma und seine Bezüge zur Diskurstheorie. In: Birnbacher, Dieter/Krohn, Dieter (Hgg.): Das sokratische Gespräch. Stuttgart, 106-139.

Rechtien, Wolfgang (1999): Angewandte Gruppendynamik. Weinheim, 3. Aufl.

Reusser, Kurt/Reusser-Weyeneth, Marianne (1994): Verstehen als psychologischer Prozess und als didaktische Aufgabe: Einführung und Überblick. In: Dies. (Hgg.): Verstehen. Psychologischer Prozess und didaktische Aufgabe. Bern, 9-35.

Schützenberger, Anne (1976): Einführung in das Rollenspiel. Stuttgart.

Slembek, Edith (1998): Feedback als hermeneutischer Prozess. In: Dies./Geißner, Hellmut (Hgg.): Feedback. Das Selbstbild im Spiegel der Fremdbilder. St Ingbert, 55-72.

Terhart, Ewald (1997): Lehr-Lern-Methoden. Eine Einführung in Probleme der methodischen Organisation von Lehren und Lernen. Weinheim München, 2. überarbeitete Aufl.

Wagner, Roland (1999): Praktische Übungen zum kooperativen und effektiven Gespräch. In: Mönnich, Annette (Hg.): Rhetorik zwischen Tradition und Innovation. München, 137-151.

Die Vermittlung kommunikativer Fähigkeiten als Kommunikation. Kommunikationstrainings als Gegenstand der Gesprächsanalyse

Reinhard Fiehler / Reinhold Schmitt

1 Gegenstand und Erkenntnisinteresse

Kommunikationstrainings sind zu verstehen als Lehr-Lern-Situationen, in denen in der Regel erwachsene Teilnehmer und Teilnehmerinnen unter Anleitung eines Trainers/Experten bestimmte Aspekte von Kommunikation trainieren bzw. ihre bereits vorhandene Gesprächsfähigkeit ziel- und problemorientiert erweitern und optimieren sollen. Kommunikationstrainings sind so in doppelter Hinsicht interessante Situationen:

(1) In *inhaltlich-thematischer* Hinsicht kann man sich fragen, *was* das eigentlich ist, was in solchen Situationen trainiert und erweitert werden soll. Hier stellt sich also die Frage nach der *Charakteristik und Spezifik* von Gesprächskompetenz(en) und den *Inhalten* der Vermittlung.

(2) Unter *empirisch-interaktionistischer* Perspektive kann man sich fragen, *wie*, d.h. in welcher *kommunikativen Gestalt*, die Aspekte von Kommunikation vermittelt werden, die trainiert werden sollen. Hier geht es um die Frage, welche neuen Erkenntnismöglichkeiten es birgt, wenn man Kommunikationstrainings selbst als Kommunikation konzipiert und sich ihnen gesprächsanalytisch nähert.

Wir werden uns im Folgenden mit beiden Fragen beschäftigen, wobei wir als Konsequenz unserer interaktionistischen Perspektive den Schwerpunkt auf den Aspekt „Kommunikationstraining als Kommunikation" legen werden. Als empirische Grundlage haben wir aus zwei Trainings jeweils eine Sequenz ausgewählt, in der sich die Trainingsgruppe unter Anleitung des Trainers reflexiv-analytisch mit einem konkreten Gespräch beschäftigt.

Unser Erkenntnisinteresse ist, an empirischem Material zu rekonstruieren, in welcher *Form* und zu welchen *Zwecken* die Beteiligten sich mit diesen Gesprächen beschäftigen, und damit – an einem kleinen Ausschnitt aus dem Gesamtgeschehen der Trainings – nachzuzeichnen, wie sich die Vermittlung von Gesprächskompetenz in actu vollzieht.

Angesichts der gesellschaftlichen Relevanz von Kommunikationstrainings der verschiedensten Art (s. Hartung i. d. Bd.) ist es überraschend, dass sie in analytischer Perspektive bisher weitgehend eine terra incognita sind. Dies betrifft insbesondere die Untersuchung, wie das Lehren und Lernen von Gesprächsfähigkeiten in ihnen konkret kommunikativ organisiert sind und welche Folgen – welche Chancen und Risiken – mit den je konkreten Organisationsformen verbunden sind.

Kommen wir jedoch zunächst zur ersten Frage nach der Spezifik des Vermittlungsgegenstandes Gesprächsfähigkeit bzw. Gesprächskompetenz.

2 Zur Spezifik von Gesprächskompetenz(en) und ihrer Vermittlung

Grundlegend für jede Gesellschaft ist, dass zum einen das bestehende Wissen und die vorhandenen Fähigkeiten in ihr ungleich verteilt sind und deshalb distribuiert werden müssen und dass zum anderen Wissen und Fähigkeiten systematisch an die folgenden Generationen weitergegeben werden müssen. Beide Notwendigkeiten konstituieren ein *Universum von Vermittlungsprozessen*. Diese Vermittlungsprozesse betreffen die unterschiedlichsten Inhalte, und sie erfolgen in den unterschiedlichsten Formen. Eine Teilmenge dieses Universums sind Vermittlungsprozesse, die die Weitergabe von Gesprächskompetenz bzw. kommunikativen Fähigkeiten zum Ziel haben. Dabei stellt sich unmittelbar die Frage, ob und ggf. wodurch sich Vermittlungsprozesse, die Gesprächskompetenz zum Gegenstand haben, von solchen unterscheiden, die sich hauptsächlich auf Wissen oder auf Fähigkeiten anderer Art beziehen.

Unter *Gesprächskompetenz* verstehen wir im Sinne einer Arbeitsdefinition diejenigen verbalen und nonverbalen Fähigkeiten, die man benötigt, um sich sozial angemessen und – in Bezug auf die eigenen Handlungsziele – erfolgreich an den vielfältigen alltagsweltlichen und beruflichen Interaktionssituationen beteiligen zu können. Wir benutzen die Singularform des Begriffs in kontrastiver Absicht, um damit Gesprächskompetenz allgemein *gegen andere Formen von Kompetenz* abzuheben. Dabei sind wir uns natürlich bewusst, dass sich Gesprächskompetenz aus einer Vielzahl sehr unterschiedlicher, speziellerer Kompetenzen zusammensetzt. Die Begriffe ‚Gesprächskompetenz‘ und ‚Gesprächsfähigkeit‘ verwenden wir synonym.

Im Vergleich zu anderen Kompetenzen weist Gesprächsfähigkeit eine Reihe von Spezifika auf:

(1) Gesprächskompetenz ist – wie schon erwähnt – eine *hochkomplexe* Fähigkeit, die sich aus dem Zusammenspiel sehr unterschiedlicher Komponenten ergibt: Wesentliche Komponenten sind Fähigkeiten der Situations- und Partnereinschätzung, die Fähigkeit, die eigenen Absichten in Relation zu den vermuteten Zielen des Gesprächspartners zu setzen, die Fähigkeit zur Planung und Realisierung gesprächsrhetorisch angemessener Äußerungen durch den Einsatz entsprechender sprachlich-kommunikativer Mittel, die Fähigkeit, die

Äußerungen des Gesprächspartners auf verschiedenen Ebenen zu verstehen, sowie die Fähigkeit zu einem permanenten Monitoring des laufenden Gesprächsprozesses (vgl. Becker-Mrotzek/Brünner i. d. Bd.). Den Kontrast zu solchermaßen komplexen Fähigkeiten bilden einfache Fertigkeiten wie z.B. das Binden einer Schuhschleife.

(2) Gesprächskompetenz ist eine Fähigkeit, die sich nicht mit einem *eindimensionalen Maß* messen lässt. Sie ist in dieser Hinsicht mit künstlerischen Fähigkeiten vergleichbar, zu deren Beurteilung mehrdimensionale Bewertungsmaßstäbe herangezogen werden müssen, und unterscheidet sich so von sportlichen Fähigkeiten oder Rechenfähigkeiten, deren Bewertung eindimensional erfolgen kann (Dauer eines Laufs, Höhe eines Sprungs, Richtigkeit einer Lösung).

(3) Gesprächskompetenz ist *kontextabhängig*. Sie zeigt sich in unterschiedlichen Situationen in unterschiedlicher Weise und besteht nicht notwendig in der Produktion immer gleicher kommunikativer Verhaltensweisen. Darin unterscheidet sie sich von rezeptbasierten Fähigkeiten wie z.B. Backen oder Puzzles-Zusammensetzen.

(4) Gesprächskompetenz ist eine Fähigkeit, die nicht von einer einzelnen Person ausgeübt werden kann, sondern deren Realisierung immer *kooperativ* erfolgt. D.h. sie erfordert das Zusammenwirken von mehreren Personen. Damit unterscheidet sie sich von Fähigkeiten wie Klavier spielen, Schwimmen, Quadratwurzeln ziehen etc. Sie ist vergleichbar mit Fähigkeiten wie Fußball spielen (in einer Mannschaft) oder Walzer tanzen.

(5) Die Art des Zusammenwirkens im Gespräch unterliegt dabei nur zum Teil *festen Regeln* und ist deshalb auch nur zum Teil *antizipierbar*. Gesprächskompetenz gleicht darin dem Schach spielen und unterscheidet sich vom Gesellschaftstanz.

(6) Die Vermittlung von Gesprächskompetenz beginnt nicht an einem Nullpunkt, sondern *setzt auf bereits vorhandenen Fähigkeiten auf.* Sie ist in diesem Sinne immer Fort- bzw. Weiterbildung. Sie gleicht damit der Weiterentwicklung des Zeichnens und Malens oder der Schulung der Wahrnehmungsfähigkeit, sie unterscheidet sich von Fähigkeiten, deren Erwerb bei einem Nullpunkt beginnt, wie z.B. dem Auto fahren, Kochen oder Nähen.

(7) Der Erwerb von Gesprächskompetenz ist kein *einmaliger* Vorgang, der zu einem *dauerhaften* Ergebnis führt, sondern sie ist etwas, das sich ungesteuert und auch gesteuert lebenslang verändert. Gesprächsfähigkeit gleicht darin der Steigerung von sportlichen Fähigkeiten durch Training. Beispiele für Fähigkeiten, die einmalig erworben werden und dann permanent beherrscht werden, sind auf der anderen Seite das Fahrrad fahren oder das Schwimmen.

Betrachtet man es im Überblick, so besteht die Charakteristik und Spezifik der Gesprächskompetenz im Wesentlichen darin, dass sie hochkomplex ist, in unterschiedlichen Situationen sehr Unterschiedliches erfordert (also nicht immer nur im Gleichen besteht) und letztlich eine Fähigkeit ist, die nur im sozialen

Austausch realisiert werden kann. Daher ist es analytisch sehr schwer, ihre einzelnen Komponenten zu rekonstruieren und in ihrem Zusammenspiel aufzuklären. Es ist zu vermuten, dass diese Spezifik der Gesprächskompetenz (im Vergleich zu anderen Fähigkeiten) eine dementsprechende Gestaltung der Vermittlungsprozesse erfordert und zeitigt.

Die Vermittlung von Gesprächskompetenzen kann nun ihrerseits wieder in *verschiedenen Formen* erfolgen. Dies reicht von der Lektüre von Ratgeberliteratur bis hin zu Vermittlungsprozessen, die selbst wieder gesprächsförmig organisiert sind. Die Vermittlung von Gesprächsfähigkeiten erfolgt in diesem Fall *in und durch* Kommunikation in interaktiven Lehr-/Lernsituationen.

Im Rahmen der gesprächsförmigen Vermittlung von Gesprächskompetenzen kommen nun verschiedene *Methoden* zum Tragen (vgl. Mönnich i. d. Bd.). Eine dieser Methoden ist das Lernen aus und an einem *Fallbeispiel*. Zur Entwicklung von Gesprächsfähigkeiten wird ein singuläres Gespräch genutzt, mit dem sich die Beteiligten reflexiv-analytisch beschäftigen.

3 Zwei reflexiv-analytische Bearbeitungen von Gesprächen

Bei der Auswahl der beiden Sequenzen aus den Trainings, die wir im Folgenden betrachten werden, hat uns die Annahme geleitet, dass bei der Bearbeitung von konkreten Gesprächen im Training die reflexive Struktur dieser Situation besonders deutlich wird und dass sich die De-facto-Konzepte des Trainers über Kommunikation in der unmittelbaren Interaktion mit den Teilnehmer/innen besonders klar erfassen lassen.

Gespräche können nicht nur in unterschiedlicher Weise Bestandteil und analytischer Bezugspunkt von Kommunikationstrainings sein. Auch in typologischer Hinsicht gibt es deutliche Unterschiede. Wir werden uns konkret mit den interaktiven Folgen beschäftigen, die in dem einen Training mit dem Einsatz eines Rollenspiels,[1] in dem anderen Training mit dem Einsatz eines Ernstfall-Gesprächs verbunden sind.[2] Um gleich einem möglichen Missverständnis vorzubeugen: Wir intendieren hier keinen didaktischen Beitrag, der unterschiedliche Implikationen des Einsatzes bestimmter Lehrmethoden diskutiert. Unser Interesse gilt allein den unterschiedlichen interaktiven Folgen, die im Rahmen unseres Gegenstandes „Kommunikationstraining als Kommunikation" für die Beteiligten (in erster Linie den Trainer) mit der Entscheidung des Einsatzes eines bestimm-

---

1   Das Rollenspiel und seine Besprechung sind als Transkripte, die Besprechung auch als Tonaufzeichnung dokumentiert in Redder/Ehlich (1994, 229-271).

2   Uns geht es hier nicht um Fragen der Authentizität, sondern um die unterschiedliche Konstitutionsspezifik dieser beiden Gespräche und ihr unterschiedliches Verhältnis zur aktuellen Trainingssituation. Die von uns synonym benutzten kategorialen Beschreibungen *faktisches Arbeitsgespräch* und *Ernstfall-Gespräch* haben augenblicklich noch den Status von Arbeitsbegriffen. Grundsätzlich zur Vorstellung „Rollenspiele als authentische Gespräche" s. Schmitt (1999).

ten Gesprächstyps – jenseits der didaktischen Konzeptionen der Trainer – verbunden sind.

Das Rollenspiel wurde im Rahmen eines „modellorientierten" Verkaufstrainings[3] eingesetzt, das neu eingestellte Vertriebsassistenten eines großen Computer- und Telekommunikationsanlagenherstellers durchlaufen müssen. Es wurde als Bestandteil des Trainings von den Teilnehmern realisiert und auf Video aufgezeichnet. Es stellt den Kontakt eines Beraters/Verkäufers mit einem Kunden dar bzw. nach.

Das Ernstfall-Gespräch wurde im Rahmen eines gesprächsanalytischen Kommunikationstrainings zum Thema „Unternehmenskommunikation am Telefon" bei der Schulung von Sekretärinnen eingesetzt. Es wurde im Rahmen einer Unternehmensstudie auf Tonband aufgezeichnet und für die Zwecke der Schulung verschriftlicht. Es dokumentiert den telefonischen Kontakt eines Anrufers mit der Zentrale und einer Mitarbeiterin einer Niederlassung eines international tätigen Baukonzerns.[4]

Diese beiden Gespräche unterscheiden sich – neben ihrer grundsätzlichen Gemeinsamkeit, dass sie zum Zwecke der Vermittlung und des Lernens von Gesprächsfähigkeiten in Trainings eingesetzt werden – in vielfältiger Weise. In Hinblick auf die (für unsere Zwecke) relevanten Unterscheidungskriterien verhalten sich die beiden Gespräche wie folgt:

Produktionszweck: Das Rollenspiel wird in der aktuellen Trainingssituation von den Teilnehmern durchgeführt, um das betreffende Gesprächsmodell zu üben, und es wird dabei zum Zweck der späteren Auswertung dokumentiert. Das Ernstfall-Gespräch wurde zu einem früheren Zeitpunkt, außerhalb der aktuellen Trainingssituation und unabhängig von den Zielen des Trainers von anderen Personen geführt. Es wurde im Rahmen einer groß angelegten Unternehmensstudie zur Evaluierung der internen Kommunikation aufgezeichnet.

Medialität: Das Rollenspiel liegt als Videodokument der zuvor gespielten Situation vor. Das faktische Arbeitsgespräch steht den Beteiligten als Audioaufzeichnung und in Form eines Transkripts zur Verfügung.

Involvement der Teilnehmer: Bei der Besprechung des Rollenspiels steht das kommunikative Verhalten der spielenden Teilnehmer im Mittelpunkt der Analyse des Trainers und der anderen Teilnehmer. Bei dem Ernstfall-Gespräch hingegen geht es um die Analyse des Kommunikationsverhaltens fremder, in der Situation selbst nicht anwesender Personen.

Analysemethode: Das Rollenspiel wird unter Anleitung des Trainers ad hoc, d.h. ohne Vorbereitungszeit für ihn und die Teilnehmer, ausgewertet. Der Trainer legt dabei fest, welche Segmente der Videoaufzeichnung die Teilnehmer –

---

3 Der Begriff „modellorientierte Trainings" besagt, dass es ein vorgängiges Modell gibt (der problematischen Situation, des wünschenswerten Verhaltens etc.), von dem aus andere Situationen beurteilt werden, ohne selbst empirisch untersucht worden zu sein.

4 Das Gespräch wurde von Reinhold Schmitt aufgezeichnet, der auch das gesprächsanalytische Training durchgeführt hat, aus dem die später analysierten Ausschnitte stammen.

der Gesprächsentwicklung folgend – sehen und wie oft bestimmte Sequenzen dabei wiederholt werden. Das faktische Arbeitsgespräch wird in Gruppen ausgewertet, die dafür eine gewisse Vorbereitungszeit bekommen. Die Gruppenmitglieder entscheiden dabei selbst, welchen Aspekten sie ihre besondere Aufmerksamkeit widmen und folgen somit ihren eigenen Relevanzen bei der Rekonstruktion des Gesprächs. Im Plenum werden anschließend die Ergebnisse präsentiert.

Analysezweck: Das Rollenspiel hat Überprüfungscharakter. Es soll zeigen, inwieweit die Beteiligten (als Spieler) die gelehrten Verhaltensweisen bereits übernommen haben. Das Ernstfall-Gespräch hat primär Sensibilisierungsfunktion. Es leitet die Teilnehmerinnen an, vom Trainer zuvor behandelte Themen und Aspekte eigenständig an einem konkreten Gespräch zu rekonstruieren.

Analysegesichtspunkte: Für die Analyse des Rollenspiels sind klare Mustervorgaben grundlegend. Das gesehene und gehörte Verhalten soll bezogen auf ein vom Trainer vorgegebenes Gesprächsmodell evaluiert werden. Das Ernstfall-Gespräch soll von den Beteiligten auf der Grundlage der vom Trainer vermittelten Inhalte zu *Grundlagen von Kommunikation, Telefonkommunikation* und *Unternehmenspräsentation am Telefon* umfassend ausgewertet werden. Konkret sollen die Gruppen im Transkript alle für „Unternehmenspräsentation" relevanten Aspekte identifizieren, besprechen und im Plenum vorstellen.

Bei den eben dargestellten Unterscheidungsdimensionen ist zu bedenken, dass sie für ihre Ausgestaltung einen unterschiedlichen Spielraum bieten. *Produktionszweck, Medialität* und *Involvement* sind Aspekte, die unabhängig von Vorlieben und Schwerpunktsetzungen des Trainers sind: Ist die Entscheidung für den Einsatz eines Rollenspiels erst einmal gefallen, sind Produktionszweck und Medialität durch diese Entscheidung bedingt. Die weiteren Unterscheidungskriterien *Analysemethode, Analysezweck* und *Analysegesichtspunkte* sind zwar auch durch die grundsätzliche Entscheidung für ein Rollenspiel beeinflusst. Hier gibt es jedoch faktisch eine große Varianzbreite für unterschiedliche Schwerpunktsetzungen der jeweiligen Trainer.

Unsere Aussagen zu den Unterscheidungsdimensionen von Rollenspiel und Ernstfallgespräch fokussieren zwar allgemeine strukturelle Aspekte, ihre Gültigkeit ist jedoch im Rahmen unserer Ausführungen nur fallspezifischer Natur: Sie gelten zunächst nur für die beiden in diesem Beitrag analysierten Gespräche.

Wir werden uns im Folgenden bei der Rekonstruktion der analytischen Beschäftigung mit den beiden Fallbeispielen primär um das Kommunikationsverhalten der Trainer kümmern und dessen Implikationen unter die Lupe nehmen. Dass wir uns trotz einer interaktionistischen Perspektive primär mit dem Verhalten ‚einer Seite' des gemeinschaftlich konstituierten Kommunikationsgeschehens beschäftigen, hat zwei Gründe. Zum einen sind die Trainer – qua formellem Status – die Situationsmächtigen. Zum anderen ist das Trainerverhalten insofern besonders folgenreich und bedarf daher einer genaueren Analyse, weil die Situation grundlegend reflexiv ist: Die angestrebte Vermittlung von Gesprächsfähigkeit kann selbst wieder nur durch Kommunikation erfolgen. Daher müssen wir gerade das Trainerverhalten in seiner prinzipiell reflexiven Qualität beschreiben. Nur so wird deutlich, wie die Trainer – gemessen an ihren eigenen inhaltlich-theoretischen Aussagen – diese Inhalte kommunikativ „rüberbringen", und nur so eröffnet sich der Zugang zu den De-facto-Konzepten der Trainer hinsichtlich der Vermittlung von Gesprächskompetenz.

Bezogen auf die Trainer stellt sich dann beispielsweise die interessante Frage: Welche Voraussetzungen schaffen sie selbst durch ihr kommunikatives Verhalten für die von ihnen beabsichtigte Vermittlung von Gesprächsfähigkeit? Dieser Frage sind wir bei der Auswertung der beiden Fallbeispiele nachgegangen.

4 Die Praxis kommunikativer Vermittlung von Gesprächsfähigkeit(en)

Die Analyse der Gesprächsbesprechungen zeigt, dass mit den beiden besprochenen Gesprächen – auf Grund ihrer oben beschriebenen Spezifik und ihrer jeweiligen Beziehung zu den Trainingsteilnehmern und Trainern – bestimmte Chancen und Risiken für die Vermittlung von Kommunikationsfähigkeit verbunden sind. Diesen Chancen und Risiken gilt im Folgenden unser Augenmerk.

Bei der Analyse der beiden Fallbeispiele haben sich folgende Aspekte als besonders zentral herausgestellt:
- die trainerabhängige Interaktionsdynamik (4.1)
- die Betroffenheit der Teilnehmer (4.2)
- die Inszenierung der Trainer (4.3)

4.1 Trainerabhängige Interaktionsdynamik

Bereits die Art und Weise, wie die beiden Trainer die analytische Beschäftigung mit den Fallbeispielen einleiten, zeigt Unterschiede in Hinblick auf Interaktionsstruktur und -dynamik. Diese Unterschiede zeigen sich nicht nur in der Eröffnungsphase, sondern bleiben während der gesamten Auswertung der Fallbeispiele erhalten und sind somit für den Einzelfall spezifisch. Das Interaktionsverhalten der Trainer hat für die Teilnehmer/innen in verschiedener Hinsicht Implikationen. Sie betreffen die thematischen Aspekte der Analyse, die Beteiligungsmöglichkeiten der Teilnehmer/innen und die Beziehungsgestaltung zwischen ihnen und dem Trainer. Wir sprechen hier von Implikationen und nicht von Vorgaben, weil auch unter den strukturellen Bedingungen von Hierarchie die Teilnehmer/innen einen prinzipiell vorhandenen Spielraum der selbstbestimmten Reaktion auf das Trainerverhalten haben.

Chancen: Im Ernstfall-Gespräch wird durch das sich an Partizipation und Dialogizität orientierende Auswertungskonzept des Trainers eine weitgehende Selbstorganisation der Teilnehmerinnen möglich. Dies beinhaltet auch eine relativ freie Auswahl der Auswertungsaspekte durch die Teilnehmerinnen.

Der Trainer eröffnet der zuständigen Gruppe zunächst sehr weitgehend Raum für die Präsentation ihrer Ergebnisse, wobei sich die Gruppenmitglieder in der

Aufgabenbearbeitung selbstbestimmt abwechseln. Der Trainer stellt bei der Ergebnispräsentation inhaltlich bezogene Nachfragen, wodurch eine Problematisierung und Präzisierung erreicht wird. Die in Gang gekommene Interaktionsdynamik wird dadurch jedoch nicht behindert, weil der Trainer der Gruppe sehr schnell wieder die Initiative überlässt.

Grundsätzlich zeigt sich eine Orientierung des Trainers, die darauf zielt – und die dies auch formal repräsentiert –, an den Beiträgen der Teilnehmerinnen anzusetzen und von dort aus die von ihm selbst als wichtig erachteten Spezifizierungen, Problematisierungen und Neueinführungen bislang noch nicht bearbeiteter Aspekte zu realisieren. Durch sein Verhalten erreicht der Trainer von Beginn an die Selbstorganisation der Gruppe und einen dynamischen Einstieg ohne die Notwendigkeit, das Geschehen durch eigene Vorgaben und Fragen zu strukturieren.

Risiken: Eine solche weitreichende Offenheit geht zwangsläufig mit einer potenziellen Gefährdung der Ziele des Trainers einher. Je größer der Freiraum zur Selbstorganisation der Teilnehmerinnen ist, desto wahrscheinlicher ist auch, dass sich der Trainer permanent mit der Kontrolle der aktuellen Interaktionsentwicklung beschäftigen muss. Er muss abgleichen, wie das, was die Teilnehmerinnen in der von ihnen selbst bestimmten Ordnung an inhaltlichen Punkten präsentieren, mit seinen eigenen inhaltlichen Relevanzen zusammenhängt.

Da die Teilnehmerinnen das Angebot zur weitgehenden Selbstorganisation auch zu Diskussionen untereinander nutzen, läuft der Trainer Gefahr, in diesen Phasen an die Peripherie des Geschehens gedrängt zu werden. Für den Trainer ist es schwer, nachdem die Teilnehmerinnen „ihre Punkte" gemacht haben, seine eigenen Punkte in angemessener Weise zur Geltung zu bringen. So kommt es, dass sich nach einer Diskussion untereinander am Ende ihrer Ergebnispräsentation keine der Teilnehmerinnen noch engagiert an den folgenden Ausführungen des Trainers beteiligt. Für die Teilnehmerinnen ist, nachdem sie ihre Ergebnisse vorgestellt und die Nachfragen des Trainers beantwortet haben, ein Abschlusspunkt erreicht.

Ganz anders ist das Verhalten des Trainers bei der Auswertung des Rollenspielgesprächs. Grundlegend für die gemeinsame Analyse des Übungsgesprächs ist seine Orientierung an dem zuvor vermittelten normativen Phasenmodell für Verkaufs- und Beratungsgespräche. Er spielt die Videoaufzeichnung des Rollenspiels abschnittweise vor, wobei die einzelnen Segmente dann von ihm und den Teilnehmern in Hinblick darauf kommentiert werden, inwieweit die Realisierung der einzelnen Phasen gelungen ist.

Durch seine dominante Orientierung am Modell und die Beherrschung der Fernbedienung strukturiert der Trainer den Ablauf der Interaktion sehr weitgehend vor und dominiert sie.[5] Auf Beiträge von Teilnehmern, die sich auf andere

---

5   In der Handhabung und der exklusiven Zugänglichkeit der Fernbedienung zeigt sich eine deutliche Analogie zu der in Schmitt (2001) beschriebenen Doppelfunktion der Tafel als Arbeitsinstrument und Statusrequisite.

Aspekte des Kommunikationsverhaltens beziehen, geht er lediglich formal ein, oder sie werden übergangen.

Das Auswertungsgespräch selbst wird nicht als grundsätzlich dialogisches Ereignis konstituiert, die Interaktionsdynamik eher blockiert. Die Besprechung trägt so den Charakter einer – gesprächsförmig organisierten – Kritik des Trainers, bei der die Teilnehmer einzelne *slots* füllen sollen.

Chancen: Die Chance dieses Gesprächsverhaltens liegt in der kognitiven und kommunikativen Konzentration auf das vermittelte Phasenmodell, das dem Trainer sehr wichtig ist.

Risiken: Die Risiken dieser kommunikativen Organisation von Training bestehen darin, dass die Teilnehmer in ihren Analyseleistungen nicht ernst genommen werden und dass sie interaktionsstrukturell zu ‚Marionetten' des Trainers werden.

4.2 Betroffenheit der Teilnehmer

Vergleicht man die beiden Fallbeispiele in Hinblick auf das *involvement* der Beteiligten, werden Unterschiede deutlich, die ursächlich in den im Training eingesetzten Gesprächen begründet liegen.

In der Besprechung des Rollenspielgesprächs kommt es zu Szenen, in denen das eigene kommunikative Verhalten im Spiel erklärt, gegen Kritik verteidigt und gerechtfertigt wird. Die Fokussierung auf die Analyse des *eigenen* Verhaltens und die kritischen Aussagen des Trainers und der Kollegen führen zu einer Form von Beteiligung, die darauf ausgerichtet ist, das Selbst in verschiedener Hinsicht zu schützen: den Spieler, den grundsätzlich kompetenten Sprecher, den konkurrenzfähigen Kollegen.

Da diese Tendenz zur Rechtfertigung kaum hintergehbar ist, ist zu fragen, ob nicht konzeptionelle Schlussfolgerungen aus diesen Verhaltensweisen und der sich darin ausdrückenden Gefährdung der Trainingsteilnehmer gezogen werden sollten.

Chancen: Will man die Betroffenheit der Teilnehmer im positiven Sinne nutzen, wird man den Rahmen modellorientierter Trainings verlassen und grundlegende konzeptionelle Veränderungen solcher Rollenspiel-Seminare vornehmen müssen. Ein positives Eingehen auf die Reaktionen der Spieler, die sie als Folge der Kritik an ihrem Verhalten zeigen, ermöglicht dann beispielsweise den Zugang zu ihren subjektiven Kommunikationstheorien, die ihren Rechtfertigungen zu Grunde liegen. Eine andere Möglichkeit besteht darin, die Analyse des Rollenspiels systematisch für eine Kontrastierung mit der faktischen Arbeitswelt der Spieler zu nutzen.

Risiken: Die unmittelbare und sehr weit reichende Betroffenheit der Teilnehmer kann dazu führen, dass es zu einer Relevanzverschiebung kommt: Der Schutz des Selbst drängt die Beschäftigung mit den Inhalten, die vermittelt werden sollen, in den Hintergrund.

Bei dem Ernstfall-Gespräch hingegen lassen sich solche Rechtfertigungssequenzen, die auf das eigene Verhalten bezogen sind, nicht finden. Gleichwohl gibt es auch hier eine spezifische Form von *involvement*, die lokal zu Erklärungen und Richtigstellungen führt. Diese hängen jedoch weder ursächlich mit dem Gesprächstyp zusammen, noch beziehen sie sich auf das eigene kommunikative Verhalten. Vielmehr stützen sie eigene analytische Aussagen zum Verhalten der Unternehmensvertreter in dem Ernstfall-Gespräch.

Chancen: Die analytische Distanz zum kommunikativen Fremdverhalten ermöglicht viel leichter das Erkennen struktureller und systematischer Zusammenhänge sowie die Entwicklung adäquater Alternativen. Das Nachdenken über grundlegende Zusammenhänge von Kommunikation wird nicht durch die Notwendigkeit, sich selbst zu schützen, beeinträchtigt.

Risiken: Die fehlende Betroffenheit der Teilnehmer birgt die Gefahr, dass sich eine abgehobene, rein analytische Beschäftigung mit Kommunikationsstrukturen entwickelt. Dadurch kann der Bezug auf das eigene Kommunikationsverhalten versperrt und der Transfer relevanter Inhalte und Aspekte erschwert werden.

Einige der in 4.1 und 4.2 angesprochenen Aspekte, die sich aus unserer Sicht auf Kommunikationstrainings als Kommunikation ergeben, haben eine gewisse Nähe zu didaktischen Überlegungen hinsichtlich des Einsatzes und der Folgen bestimmter Methoden und Organisationsformen. Der grundlegende Unterschied zwischen einer Didaktik von Kommunikationstrainings und unserer Perspektive besteht jedoch in folgendem Punkt: Didaktische Überlegungen erfolgen immer vom Standpunkt des Trainers aus: Er entscheidet, welche Arbeitsmethoden an welcher Stelle und in welchem Wechsel zum Einsatz kommen sollen, um bestimmte Lernerfolge zu erreichen, und er reflektiert dabei auch die mit seiner Wahl verbundenen Implikationen und Folgen für die Entwicklung der Interaktion.

Wir hingegen konzipieren den Trainer nicht nur als jemanden, der didaktisch-strukturierend die Situation bestimmt, sondern primär als jemanden, der selbst auch – zumindest partiell – von dieser Situation abhängig ist und auf diese Abhängigkeit aktiv reagieren muss. Die Besonderheit unserer „Interdependenz"-Perspektive wird am augenfälligsten beim nachfolgenden Punkt, bei dem es um die Inszenierung des Trainers geht. Die konzeptuell wie empirisch folgenreiche Annahme, dass der Trainer einem strukturellen Inszenierungsdruck unterliegt, kommt von einem didaktischen Standpunkt aus nicht notwendig in den Blick. Dies ist nur bei einer Erkenntnisperspektive der Fall, die aus den Strukturen der Situation selbst auch für den scheinbar situationsmächtigen Trainer Abhängigkeiten rekonstruiert und nach den empirisch wahrnehmbaren Hinweisen für diese Zusammenhänge fragt.

4.3 Die Inszenierung der Trainer

Da die Teilnehmer/innen der Trainings über Gesprächskompetenzen verfügen (die durch das Training modifiziert, erweitert, effektiviert etc. werden sollen), stehen die Trainer in besonderer Weise vor der Aufgabe, ihre Expertise in Szene zu setzen und ihre Rolle zu legitimieren. Mit anderen Worten: Sie müssen sich als diejenigen darstellen, die das Know-how und die Kompetenz haben, den Trainingsteilnehmern Kommunikationswissen und kommunikative Fähigkeiten zu vermitteln.

Wir wollen uns im Folgenden etwas ausführlicher mit der Inszenierung des Trainers beschäftigen, da dieser Aspekt einen zentralen Stellenwert für unser Verständnis von Kommunikationstrainings als Kommunikationspraxis besitzt. Wenn man daran interessiert ist herauszufinden, was in solchen Trainings tatsächlich passiert, d.h., wenn es um die Analyse der De-facto-Konzepte jenseits aller Ideologisierung der Motive, der Notwendigkeit, der Ziele und der Strukturen von Kommunikationstrainings geht, dann stellt die Inszenierung des Trainers ein Schlüsselphänomen dar. Von ihm aus eröffnen sich neue Perspektiven auf den interaktiven Prozess der Vermittlung von Gesprächsfähigkeit.

4.3.1 Partiell geteilte Expertise

Wir haben eingangs unseren Gegenstand als Bestandteil der allgemeinen Strukturen von Lehr-Lern-Situationen bestimmt. Wir haben auch auf die notwendige Spezifizierung verwiesen, dass es sich a) um eine Lehr-Lern-Situation *im Bereich der Erwachsenenbildung* handelt und dass es b) um die Vermittlung von *prinzipiell bei den Teilnehmern vorhandenen Fähigkeiten* geht. Auf Grund dieser Bedingungen ergibt sich, dass der Trainer – der vermeintliche oder faktische Experte, dessen Wissen dem Anspruch nach signifikant über das der Teilnehmer hinausgeht – seinen Expertenstatus in der Situation interaktiv verdeutlichen und kontinuierlich sichern muss. Ein Leichtathletiktrainer oder Klavierlehrer muss das nicht in vergleichbarer Weise tun.

Wir sehen in der prinzipiell geteilten Expertise hinsichtlich der zu vermittelnden Gesprächsfähigkeiten eine strukturelle Gefährdung für den Status des Trainers. Dass die Trainer dies – de facto, d.h. nachweisbar an ihrem konkreten Verhalten im empirischen Material – auch so sehen, zeigt sich in der Antwort, die sie auf diese strukturelle Statusgefährdung parat haben: in dem Phänomen ihrer Inszenierung als Experte in Sachen Kommunikation und Vermittlung von Gesprächsfähigkeit. „Inszenierung" bezieht sich hier auf alle Verhaltensweisen, die dazu beitragen, den Status des Trainers als Kommunikationsspezialist zu verdeutlichen, zu festigen und zu verteidigen.[6]

---

6 Zu einem Verständnis von „Inszenierung des Trainers", das sich an der Frage von Authentizität des Trainingsgeschehens orientiert, s. Nothdurft (1994); zu Inszenieren als gesprächsrhetorisches Konzept siehe Schmitt (2003).

Ausgehend von dieser theoretischen Annahme lassen sich eine Reihe interessanter Fragen stellen:

• Bei welcher Konzeption von Kommunikationstraining ist der Trainer in seinem Expertenstatus mehr gefährdet?

• Mit welchem Typus von Fallbeispielen und mit welcher Form der analytischen Beschäftigung mit ihnen sind für ihn größere Inszenierungserfordernisse und -möglichkeiten verbunden?

• Wie groß ist der Anteil der Trainer-Inszenierung bezogen auf das gesamte Kommunikationstraining?

• Welche prototypischen Inszenierungsformen lassen sich finden und was sind deren situative Grundlagen?

Vor allem die letzte Frage ist ausgesprochen produktiv, was das Aufdecken verdeckter, aber strukturprägender Situationsmerkmale angeht. Welche Zusammenhänge hierdurch in den Blick kommen und wie so neue Erklärungsmöglichkeiten für bekannte Phänomene eröffnet werden, wollen wir abschließend exemplarisch an Hand eines „versteckten" Situationsmerkmals von Kommunikationstrainings skizzieren: deren Intersituativität.[7]

4.3.2 Kommunikationstraining als Lehr-Lern-Situation

Kommunikationstrainings sind nicht einfach nur ein spezieller Fall von Lehr-Lern-Situationen im Bereich der Erwachsenenbildung, sie stehen in einem wesentlich komplexeren – mit Hilfe der Vorstellung von „Intersituativität" theoretisch beschreibbaren – Verhältnis zu dem Archetyp aller Lehr-Lern-Situationen: dem Lernen in der Schule.

Im aktuellen Kommunikationstraining kann sich ein so starkes assoziatives Potenzial entwickeln, dass Strukturen und Orientierungen, die dem Archetyp assoziiert sind und in diesem Zusammenhang sozialisatorisch erworben worden sind, dominant werden und das Verhalten der Beteiligten weitreichend bestimmen.

Trainer können diese grundsätzlich intersituative Qualität für ihre Inszenierung nutzen und von einsozialisierten Mechanismen schulischer Lehr-Lern-Situationen profitieren. Dies wird ihnen zumindest partiell durch eine Tendenz der Teilnehmer zur Regression leicht gemacht. Diese schlüpfen teilweise bereitwillig in die Schülerrolle und produzieren in Ausschnitten schülerspezifische Verhaltensweisen. Auch die Teilnehmer verdeutlichen also durch bestimmte Verhaltensweisen, dass für sie solche archetypische Vorstellungen und Orientierungen handlungsbestimmende Qualität besitzen. Deutlichster Hinweis ist hier ihre Orientierung an der objektiven – eindeutig positiven oder negativen – Bewertbarkeit kommunikativer Verhaltensweisen.

---

7   Die Vorstellung der intersituativen Qualität singulärer Situationen weist Entsprechungen zu dem Konzept der Intertextualität auf. Zum Konzept der Intersituativität und ihrer orientierungs- und interpretationsleitenden Funktion s. Schmitt (2001).

4.3.3 Inszenierungen im Vergleich

Betrachtet man die Inszenierungsleistungen der Trainer in den von uns analysierten Ausschnitten, so betreffen sie vor allem drei Bereiche:

- den Umgang mit Bewertungskompetenz,
- die Gestaltung der Beziehung zwischen Trainer und Teilnehmern und
- die Situationsdefinition.

Beide Trainer inszenieren sich in diesen Bereichen in sehr unterschiedlicher Weise. Es kommt uns bei der nachfolgenden Rekonstruktion dieser unterschiedlichen Inszenierungsformen nicht auf einen wertenden Vergleich an, sondern auf die möglichst detaillierte Deskription der Inszenierungsformen sowie die Reflexion der damit verbundenen Chancen und Risiken. Wie bereits deutlich wurde, gehen wir von der grundsätzlichen *Inszenierungsnotwendigkeit* der Trainer aus. Diese kann durch unterschiedliche Situationsbedingungen und/oder organisationsstrukturelle Vorkehrungen teilweise institutionalisiert sein, wodurch die Trainer inszenatorisch entlastet werden. Dies ist beispielsweise der Fall, wenn die Teilnehmer wissen oder befürchten, dass ihre Trainingsleistungen „nach oben" kommuniziert werden und dass sich ihre Bewertung durch den Trainer auf das Weiterkommen auswirken kann. Grundsätzlich ändern solche situations- oder organisationsstrukturellen Bedingungen jedoch nichts an den Inszenierungsnotwendigkeiten für die Trainer.

Kommen wir nun zur empirischen Verdeutlichung der unterschiedlichen Inszenierungsformen bezogen auf die oben bereits angeführten Vergleichsaspekte.

Umgang mit Bewertungskompetenz

In der Besprechung des Rollenspielgesprächs stellt sich der Trainer als jemand dar, der mit großer Bestimmtheit weiß, welche Verhaltensweisen *richtig* und welche *falsch* sind.[8]

T1: das wär=s idealtypische vo"rgehen gewesen↑ * zu sagen

T1: was ha"t er für=n ta"tsächlichen bedarf↓ * wa"s hat er

T1: möglicherweise auch für=n a"ngedeuteten↓ bedarf * sind

T1: diese fa"kten schon so kla:r verständlich aufn tisch↓

Seine Urteile über das Verhalten im Rollenspiel äußert er dezidiert und unmodalisiert. Er inszeniert seine Bewertungskompetenz, indem er sie in dieser Weise akzentuiert.

Aufgrund seines Wissens ist er angesichts ‚falscher' Verhaltensweisen in der Lage, Tipps und Empfehlungen für solche zu geben, die (aus seiner Sicht) eindeutig besser sind.

---

8 Die Transkriptionskonventionen befinden sich im Anhang.

```
T1:   der ti"p oder die empfehlung↓ * wenn der ku"nde sie

T1:   überrollt↑ ** das  |gespräch * zu stoppen↑
K                        |ABGEHACKTES SPRECHEN, DEZIDIERT,

T1:                      | * damit sie" die gesprächsführung
K     UEBERDEUTLICH      |

T1:   überne"hmen können- * |und neu * zu beginnen↓ * zu
K                          |ABGEHACKT

T1:   sagen↑| * ich möchte jetz a"ll diese dinge einmal
K           |

T1:   aufnehmen damit ich daten und fakten habe↓ denn so"nst

T1:   wird es ein * |verkaufs * plausch↓| und kein
K                  |UEBERDEUTLICH       |

T1: verkaufs*gespräch↓
```

Bei der Besprechung des Ernstfall-Gespräches verzichtet der Trainer auf die Bewertung der Ausführungen der Teilnehmerinnen in Kategorien von richtig oder falsch. Er lässt vielmehr die Teilnehmerinnen selbst die Angemessenheit und Situationsabhängigkeit der zu analysierenden Verhaltensweisen einschätzen. An Stelle von Tipps und Ratschlägen operiert er mit inhaltlichen Nachfragen, die es den Teilnehmerinnen ermöglichen, selbstbestimmt eine Einschätzung zu treffen.

In dem folgenden Ausschnitt trägt CC, eine der Teilnehmerinnen, Ergebnisse aus ihrer Gruppe vor. Konkret geht es um die Einschätzung der Praktikabilität der gemeinsam entwickelten Maximallösung, wonach die Zentrale alle wichtigen Informationen des Anrufers an den zuständigen Mitarbeiter weitergeben sollte, an den sie das Gespräch weiterleitet.

```
CC:                   * also ich denk des is

CC:   nich immer zu machen    dass man also die die
TR:                        ja

CC:   volle vorinformation da weitergibt ** obwohl=s

CC:   doch wünschenswert wäre dass der nich sein

CC:   ganzes ding nochmal runterbeten muss↓
```

CCs Position besteht aus einer Perspektivierung, bei der sie zunächst aus Sicht der Zentrale und aus ihrer eigenen Arbeitserfahrung das Maximalmodell als nicht immer realisierbar charakterisiert. Gleichwohl hält sie es aus Sicht des

Anrufers für wünschenswert, dass er sein Anliegen nicht noch einmal vollständig formulieren muss. Auf diese Einschätzung reagiert der Trainer wie folgt:

```
CC: ganzes ding nochmal runterbeten muss↓

TR:                                   mhm * was

TR: würden sie sagen was wär so=ne art minimalprogramm

TR: * was man vielleicht auch scho=mal in der

TR: situation wo=s en bischen eng is äh en bischen

TR: stressig ist↓
```

Er adressiert CC mit *was würden sie sagen* und spricht damit explizit ihre Kompetenz an. Danach gibt er mit dem Hinweis auf *so=ne art minimalprogramm* und den sich daran anschließenden Spezifizierungen den Rahmen vor, in dem sich die Beurteilung von CC realisieren soll. Der Trainer folgt damit einer Doppelstrategie, bestehend aus Einholen der Fremdexpertise (Selbstbestimmung) und Rahmenvorgabe (Fremdbestimmung). Die Rahmenvorgabe hat dabei die Funktion, die prinzipielle Offenheit der Einschätzung von CC in thematischer und interaktionsdynamischer Sicht zu kontrollieren. Das Äußerungsformat des Trainers reagiert also auf die potenzielle Gefährdung seiner eigenen Bewertung und Relevanzen. Auch wenn er diese nachliefern kann, verschafft er CC dadurch, dass er ihr den Vortritt lässt, einen sequenziellen Vorteil.

Die *Chancen* seines Verhaltens liegen für CC in einer lokalen Selbstbestimmung und Würdigung ihrer Kompetenzen und in der gemeinsamen Erarbeitung des Ergebnisses.

Die *Risiken* seines Verhaltens werden im Negativfall deutlich. Widerspricht der von CC eingeforderte Beitrag seinen eigenen Relevanzen und der auf Grund seiner Voranalyse empirisch abgesicherten Einschätzung, muss der Trainer diese nachfolgend gegen CCs Beurteilung formulieren und durchsetzen. Hierdurch kann es zur interaktiven Rückstufung der Teilnehmerin kommen. Interaktionsdynamisch und lernpsychologisch ist das sicherlich von Nachteil. Er selbst erscheint dann im Zweifelsfalle als schlechter Pädagoge und als „So-tun-als-ob-Agent", der – aus Sicht der Teilnehmerinnen – doch auch gleich hätte sagen können, was er für richtig hält.

Beziehungsgestaltung

Die Besprechung des Rollenspiels ist dadurch gekennzeichnet, dass der Trainer sie nicht nur inhaltlich sehr weitgehend strukturiert, sondern dass er auch das Monopol für die Gestaltung der Beziehung zu den Teilnehmern inne hat. In dem Maße, wie er sich als beurteilungskompetenter Experte darstellt, stuft er die

Teilnehmer zurück und infantilisiert sie. So beurteilt er z.B. die Vorstellungssequenz im Rollenspiel mit den Worten: *ja hat er ordentlich gemacht muß man ihn loben (...) Vorstellung is anständig gelaufen.* Er nimmt die Teilnehmer nicht als erwachsene Personen ernst, sondern behandelt sie durch Äußerungen dieser Art als Schüler. In dieses Bild fügt sich auch das Stellen von typischen Lehrerfragen.

Bei der Besprechung des Ernstfall-Gesprächs behandelt der Trainer die Teilnehmerinnen prinzipiell als sozial gleichberechtigte Erwachsene. Als Folge dieser Haltung ermöglicht er ihnen sehr weitgehende Selbstorganisation, was Inhalt und Strukturierung ihrer Ergebnispräsentation betrifft. Gesprächsorganisatorisch baut er auf das Prinzip der Selbstwahl der Beteiligten beim Sprecherwechsel und überlässt es ihnen, wie sie in der Gruppe die gestellte Aufgabe bearbeiten. Der Trainer bezieht sich bei seinen eigenen Beiträgen nicht nur formal, sondern konkret inhaltlich auf die vorangegangenen Ausführungen der Teilnehmerinnen.

Die Teilnehmerinnen kommen in den Besprechungsraum zurück, den sie zuvor für die Gruppenarbeit verlassen hatten. Sie nehmen ihre Plätze ein, unterhalten und arrangieren sich für die erste Ergebnispräsentation. Der Trainer (TR) ist mit der Platzierung eines Overhead-Gerätes beschäftigt, mit dem er das Transkript mit dem ersten Fallbeispiel an die Wand projiziert, und fragt dabei in die Runde: *ist das einigermaßen ** zu lesen↑ *3* ich kann ja mit dem overhead noch ein bisschen weiter weg.* Danach macht er eine Pause (*2*), die er mit dem Aufruf zur Ergebnispräsentation des ersten Fallbeispiels beendet:

```
TR:  *2* ja" ** äh das erste gespräch ** wer möchte ** aus

TR:  der gruppe das machen↑          das äh * die
AA:                        das was↑

TR:  |buben| * und zwar dieser mitarbeiter der nicht
K:   |DIE GRUPPEN WURDEN MITTELS SPIELKARTEN GEBILDET|

TR:  äh nicht da is weil der in urlaub ist↓ ** was ist

TR:  was ist den buben aufgefallen↓ *1,5*
AA:                        soll ich

AA:  mal anfangen↑ |ich| fang mal an↓ * also **
BB:           |ja↓|
```

Der Trainer versucht, die Teilnehmerinnen mit dem akzentuierten und laut gesprochenen Gliederungssignal *ja"* auf die anstehende Aufgabe zu orientieren. Dann folgt der Hinweis, um was es dabei konkret gehen soll *äh das erste gespräch.* Danach macht er eine kurze Pause (**). Diese beendet er mit der zweiteiligen Frage *wer möchte ** aus der gruppe das machen↑.* Er beginnt seine Frage als zunächst unbestimmt adressierte mit *wer möchte,* schiebt dann – noch bevor er sie inhaltlich füllt – nach einer kurzen Pause die Spezifizierung *aus der gruppe* nach und bestimmt erst dann mit *das machen↑* die inhaltliche Aufgabe.

Die inhaltliche Benennung der Aufgabe mit *das* ist sehr knapp und unspezifisch. Zwar hat der Trainer zum Abschluss seines Vortragsgesprächs, bevor er die Gruppen aufgeteilt hat und diese sich an die Arbeit gemacht haben, erklärt, was die Aufgabe der Gruppen ist. Dieser Kontext liegt jedoch zu weit zurück, als dass er den Teilnehmerinnen noch gegenwärtig wäre. Dies wird an der Nachfrage von AA *das was* ⬆ deutlich.

Der Trainer reagiert auf diese Nachfrage mit *das äh * die buben * und zwar dieser mitarbeiter der nicht äh nicht da is weil der in urlaub ist*⬇. Mit *das äh* greift er zunächst die Formulierung von AA auf, macht dann eine kurze Pause (*), die er mit dem Verweis auf die für das erste Gespräch zuständige Gruppe *die buben* beendet, ehe er erneut eine kurze Pause macht. Diese beendet er mit einer Spezifizierung auf das in Frage stehende Gespräch, die er mit *und zwar* als solche markiert. Der inhaltliche Teil dieser Spezifizierung ist über weite Strecken ein wörtliches Zitat aus dem behandelten Ernstfall-Gespräch.

Danach wiederholt er mit der Frage *was ist * was ist den buben aufgefallen*⬇ seine anfängliche Aufforderung, mit der Ergebnispräsentation zu beginnen, und überlässt, nachdem die zuständige Gruppe und deren Aufgabe klar sind, dieser das Wort. Dabei ist die Frage *was ist den buben aufgefallen*⬇ im Hinblick auf das, was er als Ergebnis erwartet, sehr offen.

Der Trainer verzichtet darauf, selbst eine Teilnehmerin aus der Gruppe namentlich zu bestimmen oder zu wählen, sondern überlässt es der Gruppe, wer von ihnen die Ergebnisse vorträgt. Er macht nur sehr offene Vorgaben für die Ergebnispräsentation. Konkret verzichtet er darauf, sowohl was den Inhalt der Ergebnispräsentation als auch deren Struktur betrifft, zu spezifizieren oder nahe zu legen, was er erwartet.

Die Situationseröffnung durch den Trainer ermöglicht der zuständigen Gruppe eine weitgehende Selbstorganisation hinsichtlich ihrer Ergebnispräsentation. Damit ist die *Chance* verbunden, ein egalitäres Beziehungsmodell zu etablieren, welches der Tatsache Rechnung trägt, dass die Teilnehmerinnen das bessere Insiderwissen und mehrjährige Erfahrungen in dem Bereich haben, den sie zusammen analysiert haben. Das Verhalten des Trainers trägt so grundlegend der Tatsache Rechnung, dass er es mit in ihrem Beruf erfahrenen Erwachsenen zu tun hat.

Die *Risiken* seines Verhaltens liegen darin, dass er mit dem sehr weit gehenden Angebot zur Selbstorganisation und der Aushandlungsmöglichkeit für die Gruppe auch weitgehend die Kontrolle über die Interaktionsentwicklung aus der Hand gibt. Er nimmt zwangsläufig in Kauf, dass es zu Lehrlauf oder langatmigen Aushandlungen innerhalb der Gruppe kommt. Durch seine kommunikative Inszenierung – Formulierung eines Angebots/einer Frage, statt als Weisungsbefugter jemanden aus der Gruppe zu benennen – begibt er sich in Abhängigkeit von den Teilnehmerinnen. Im Negativfalle muss er unter wesentlich schlechteren Voraussetzungen reparieren, was er zuvor in die falsche Richtung hat laufen lassen. Im Zweifelsfalle erscheint er als strukturierungs- und führungsschwach und handelt sich für die Folgezeit damit Aufmerksamkeitsprobleme, vielleicht sogar Autoritätsprobleme ein.

Situationsdefinition

Charakteristisch für die Besprechung des Rollenspielgesprächs ist, dass der Trainer die ‚Schuld' für Fehler ausschließlich bei den spielenden Personen sucht und sie personal zuschreibt.

```
Tl:   (da hat) der kunde (abgenommen) * is ja auch logisch↓ *

Tl:   s=is ja * gar nich schlimm↓ * is gar nich schlimm Herr

Tl:   (Name 12) das sind die norma:len abläufe↑ * und dann

Tl:   wird das verkaufsgespräch letztendlich zu einem

Tl:   vergleichen zwischen fax a und b↑ * und nicht zu einem

Tl:   problemlösungsgespräch↓ * das möcht ich nur bewu"sst

Tl:   machen↑ * und is die aufgabe des vertrie"bsmannes da

Tl:   rechtzeitig rauszukommen sie wo"llten das zwar↑ * aber

Tl:   sie sind in diese strukturen reingerutscht↓ ** deutlich

Tl:   geworden↑ * bewusst geworden allen↑ *
```

Der Trainer zieht andere, möglicherweise bei ihm liegende Ursachen für die Fehler, z.B. eine unzureichende Vorbereitung des Rollenspiels oder eine fehlende Prüfung, ob das erforderliche Sachwissen überhaupt vorliegt, nicht in Betracht. Dadurch, dass er seine Handlungen und eine Analyse der Gesamtsituation aus der Reflexion ausblendet, definiert er die Situation in spezifischer Weise und inszeniert sich aus der Verantwortung für sie heraus.

Für den Trainer, der die Analyse des Ernstfall-Gesprächs anleitet, spielt bei seiner Situationsdefinition die eigene Beteiligungsweise, die eigenen Möglichkeiten und die Vorarbeiten, die seinen Expertenstatus in der Situation sichern, interaktiv eine wichtige Rolle. Er thematisiert sich und die Grundlagen seiner Expertise explizit und schafft dadurch eine gewisse Form von Transparenz.

Nachdem die Gruppe gemeinsam ihre Ergebnisse vorgetragen hat, geht der Trainer selbst noch einmal durch das Gespräch und thematisiert dabei Aspekte, die übersehen wurden, stellt Zusammenhänge zwischen einzelnen Beobachtungen her, die zuvor nicht gesehen wurden, und gelangt so zu einer eigenen Analyse und Relevanzeinschätzung des kommunikativen Verhaltens. Bevor er jedoch mit seinem Gang durch das Gespräch beginnt, macht er die nachfolgende Vorankündigung:

TR: ich hatte natürlich auch en bisschen mehr

TR: zeit als sie des durchzukucken und ** äh hier

TR: sind so die * die relevanten punkte * die

TR: finden sie dann auch hinterher in ihren

TR: unterlagen↓ * wir wollten die nur nicht mit

TR: austeilen weil sonst wär=s ja für sie

TR: zu einfach gewesen↓

Zunächst verweist er darauf, dass er für die eigene Analyse des Gesprächs mehr Zeit zur Verfügung hatte als die Teilnehmerinnen. Dann kommt er auf die Analysekategorien zu sprechen, die links neben seinem Transkript, das er als Folie auf den Overheadprojektor gelegt hat, an den relevanten Gesprächsstellen stehen (*äh hier sind so die * die relevanten punkte * die finden sie dann auch hinterher in ihren unterlagen*). Schließlich fügt er noch eine Erklärung an, warum sich die Analysekategorien nicht auch in den Transkriptunterlagen der Teilnehmerinnen finden (*wir wollten die nur nicht mit austeilen weil sonst wär=s ja für sie zu einfach gewesen*).

Die erzeugte Transparenz entspricht auch seinem sonstigen Verhalten, das weitgehend auf eine egalitäre Beziehung abzielt. Diese Orientierung geht so weit, dass er die zwischen ihm und den Teilnehmerinnen bestehenden Kompetenz- und Expertiseunterschiede hinsichtlich des Transkripts thematisiert und auszugleichen sucht.

Genau in diesem Punkt stecken die *Risiken*. Er arbeitet nämlich an einer Selbstdarstellung, in der er nur deswegen als Experte erscheint, weil er etwas mehr Zeit zur Vorbereitung gehabt hatte als die Teilnehmerinnen. Wenn er aber nicht wirklich ein substanzieller Experte ist, sondern nur jemand, der einen Zeitvorsprung hat, dann ist sowohl seine thematisch-inhaltliche Glaubwürdigkeit als auch seine Autorität prinzipiell gefährdet. Fast möchte man diesem Trainer raten, in Zukunft mit solchen Aussagen etwas zurückhaltender zu sein.

Fazit: Betrachtet man die beiden Trainerinszenierungen und spitzt sie prototypisch zu, so ergibt sich für die drei betrachteten Bereiche (Umgang mit Bewertungskompetenz, Gestaltung der Beziehung zwischen Trainer und Teilnehmern sowie Situationsdefinition) das folgende Bild:

Bei der Analyse des Rollenspiels reklamiert der Trainer eine alleinige Beurteilungskompetenz, seine Beziehungsgestaltung besteht darin, die Teilnehmer ‚klein' zu machen und zu halten, und bei der Situationsdefinition hält er seine eigene Person aus der Verantwortung für die Situation heraus.

Bei der Analyse des Ernstfall-Gesprächs geht der Trainer davon aus, dass auch bei den Teilnehmerinnen eine Bewertungskompetenz besteht, seine Beziehungsgestaltung orientiert sich an einem Modell gleichberechtigter Erwachsener und bei der Situationsdefinition reflektiert er seine Rolle und Mitverantwortung für das Gesamtgeschehen.

Um gleich einem interpretativen Kurzschluss vorzubeugen, sei Folgendes gesagt: Es kommt uns bei der Analyse der beiden Fallbeispiele und der Inszenierung der beiden Trainer nicht auf eine wertende Gegenüberstellung modellorientierter und gesprächsanalytischer Trainer an. Auf der Ebene der beiden analysierten Gespräche könnten wir sowieso nur auf den Einzelfall bezogene Aussagen machen. Uns kommt es vielmehr darauf an, ausgehend von der theoretischen Annahme der für die Trainer strukturell notwendigen Inszenierung ihrer Expertise, nach den positiven und negativen Implikationen unterschiedlicher Inszenierungstypen zu fragen. In dieser Hinsicht sind die beiden Beispiele zwar Einzelfälle, repräsentieren jedoch zwei Pole einer Skala: Sie zeigen zwei grundsätzliche Möglichkeiten, wie man sich als Trainer zu der strukturellen Inszenierungsnotwendigkeit verhalten kann und welche Vor- und Nachteile damit jeweils verbunden sind.

Die spezifische Qualität der Einzelfälle wird dabei besonders deutlich, wenn man die oben eingeführte Intersituativität von Kommunikationstrainings in Betracht zieht. Dann wird klar, dass beide Trainer sich in sehr unterschiedlicher Weise zu dieser intersituativen Qualität verhalten und sie einsetzen. Fragt man unter dem Aspekt der Intersituativität weiter nach den grundlegenden Modellen, die in den Inszenierungen der beiden Trainer zum Ausdruck kommen, so ergibt sich folgende Bild:

Im Falle der Besprechung des Rollenspiels ist es letztlich das bekannte Modell einer bestimmten Form *schulischen Unterrichts*, an dem sich der Trainer orientiert. Seine Inszenierung stellt die Intersituativität in Rechnung und aktualisiert Teile der für den schulischen Unterricht typischen Strukturen in der aktuellen Situation des Trainings.

Grundlegend für die Besprechung des Ernstfall-Gesprächs ist die Orientierung an einem Modell einer *Lehr-Lern-Situation* zwischen im Grundsatz gleichberechtigten *Erwachsenen mit partiell geteilter Expertise*. Der Trainer trägt durch sein Verhalten nicht dazu bei, auf die archetypische Situation zurückgehende Assoziationen zu fördern und für sich zu nutzen.

Auf der Basis der beiden Einzelfallanalysen lässt sich ein grundsätzlicher Unterschied zwischen den polaren Beispielen feststellen: Auf der einen Seite hat man die Möglichkeit, die intersituative Qualität als Inszenierungsressource und die damit strukturell verbundenen Implikationen zu nutzen (Machtgefälle, Hierarchie, explizite Kontrolle, tendenzielle „Verschulung" der Teilnehmer, einseitige Bewertungskompetenz, einseitige Strukturierungsgewalt). Auf der anderen Seite hat man die Möglichkeit, auf die Ausnutzung der intersituativen Qualität der Trainingssituation zu verzichten und sich an einem egalitären Modell der Situationsstrukturierung zu orientieren, was auch heißt, sich mit den damit verbundenen Implikationen abzufinden (Aushandlungsnotwendigkeit, Kontroll- und Aufmerksamkeitsverlust, potenzielle Destabilisierung des Expertenstatus, latente Selbstgefährdung).

Ausgehend von diesem Befund kann man nun fragen, welche Trainerinszenierung mit Statusgewinn oder mit Statusbedrohung verbunden ist. In welcher Form kann man sich also glaubwürdiger als Experte in Sachen Kommunikation und Vermittlung von Gesprächskompetenz darstellen? Und man kann weiter danach fragen, welche der beiden Inszenierungsformen für die Vermittlung von Kommunikationswissen und die Bereitschaft zum Kommunikationslernen förderlicher ist. Auf Grund welcher Inszenierung sind also die Teilnehmer/innen eher bereit, auf die angebotenen Inhalte einzusteigen?

Die Antworten auf diese Fragen sind – selbst für diese deutlich unterschiedlichen Fälle – alles andere als evident. Die Fragen verweisen vielmehr auf interessante und notwendige Forschungsprojekte, die u.E. das ergänzen können, was bisher Gegenstand der empirischen Unterrichtsforschung und der Arbeiten zur Erwachsenenbildung war.

5 Resümee und Ausblick

Kommunikationstrainings sind Lehr-Lern-Situationen in der Erwachsenenbildung, die selbst wieder kommunikative Situationen und insofern grundsätzlich reflexiver Natur sind. So evident dies ist, so wenig werden aus dieser Evidenz in Hinsicht auf die Konzeption solcher Trainings bislang die notwendigen Konsequenzen gezogen. Das geflügelte Wort „die Teilnehmer da abholen, wo sie stehen" in einem positiven Verständnis[9] ernst zu nehmen, würde unter anderem Folgendes bedeuten:

Der Trainer sollte die Teilnehmer als Erwachsene mit einer bereits ausgebildeten kommunikativen Kompetenz betrachten und behandeln. Er sollte diese vorhandene Kompetenz zu seinen eigenen Gunsten nutzen und sie nicht als minderwertig betrachten bzw. ignorieren.

Der Trainer sollte systematisch darüber reflektieren, mittels welcher Formen der Inszenierung er sich interaktiv den Status des Experten erwirbt und erhält und welche Folgen dies für die Vermittlung von Gesprächsfähigkeit hat.

Er sollte sich der Implikationen bewusst sein, die mit seiner Entscheidung verbunden sind, bei seiner Inszenierung die Intersituativität des Kommunikationstrainings zu nutzen oder darauf zu verzichten.

---

9 Es ist interessant, sich die Metaphorik der im Trainingskontext weit verbreiteten Redeweise „die Teilnehmer/innen dort abholen, wo sie stehen" hinsichtlich der impliziten Annahmen über die Teilnehmer/innen genauer anzuschauen: Sie sind inaktiv und statisch (sie stehen), sie sind – wie Kinder – unmündig und subaltern (sie werden abgeholt) und sie wissen nicht, wo es hingehen soll (wüssten sie es, müssten sie nicht abgeholt werden). In dieser Metaphorik drückt sich eine Teilnehmerkonzeption aus, die sich mühelos zum Schülerstatus im Rahmen schulischer Lehr-Lern-Situationen in Beziehung setzen lässt.

In wissenschaftlich-analytischer Hinsicht wird es Zeit, sich der systematischen empirischen Untersuchung der unterschiedlichsten Situationen kommunikativer Vermittlung von Gesprächsfähigkeit im Training zu widmen. Neben interessanten Erkenntnissen im Bereich der Vermittlungspraxis würden sich automatisch für den Bereich der Trainerausbildung auf der Hand liegende Möglichkeiten der Anwendung ergeben.

Diese Empirie könnte dann auch dazu beitragen zu überprüfen, ob in Kommunikationstrainings de facto – und nicht nur dem Anspruch nach – Gesprächskompetenzen vermittelt werden und was neben bzw. anstatt Gesprächsfähigkeiten sonst (noch) vermittelt wird.

Literatur

Nothdurft, Werner (1994): Die Inszenierung des Trainers. Betrachtungen zu einem Film über eine Kommunikationsschulung von Führungskräften. In: Bliesener, Thomas/Brons-Albert, Ruth (Hgg.): Rollenspiele in Kommunikations- und Verhaltenstrainings. Opladen, 129-140.

Redder, Angelika/Ehlich, Konrad (1994): Gesprochene Sprache. Transkripte und Tondokumente. Tübingen.

Schmitt, Reinhold (1999): Rollenspiele als authentische Gespräche. Überlegungen zu deren Produktivität im Trainingszusammenhang. In: Brünner, Gisela/Fiehler, Reinhard/Kindt, Walter (Hgg.): Angewandte Gesprächsforschung. Band 2: Methoden und Anwendungsbereiche. Opladen, 81-99. Kostenloser Download unter „www.verlag-gespraechsforschung.de".

Schmitt, Reinhold (2001): Die Tafel als Arbeitsinstrument und Statusrequisite. In: Iványi, Zsuzsanna/Kertész, András (Hgg.), Gesprächsforschung. Tendenzen und Perspektiven. (= Metalinguistica 10). Frankfurt a. M., 221-242.

Schmitt Reinhold (2003): Inszenieren. Struktur und Funktionen eines gesprächsrhetorischen Verfahrens. In: Gesprächsforschung - Online-Zeitschrift zur verbalen Interaktion 4 (2003), 186-250 (www.gespraechsforschung-ozs.de).

Anhang

Liste der verwendeten Transkriptionszeichen

K	Sigle für einen Kommentar bezogen auf eine Sprecherin
Sabine: |ja aber | Renate: |nein nie|	simultan gesprochene Äußerungen stehen untereinander
*	kurze Pause
**	etwas längere Pause (bis max. 1 Sekunde)
3,5	längere Pause mit Zeitangabe in Sekunden
=	Verschleifung eines Lautes oder mehrerer Laute zwischen Wörtern (z.B. sa=mer für sagen wir)
/	Wort- oder Konstruktionsabbruch
(...)	unverständliche Sequenz
+	sehr schneller Anschluss
↑	steigende Intonation (z.B. kommst du mit↑)
↓	fallende Intonation (z.B. jetzt stimmt es↓)
-	schwebende Intonation (z.B. ich sehe hier-)
`"`	auffällige Betonung (z.B. aber ge` rn)
:	auffällige Dehnung (z.B. ich war so: fertig)
←immer ich→	langsamer (relativ zum Kontext)
→immerhin←	schneller (relativ zum Kontext)
>vielleicht<	leiser (relativ zum Kontext)
<manchmal>	lauter (relativ zum Kontext)
Sabine: |ach so: | K |IRONISCH|	Kommentar zur Äußerung (auf der Kommentarzeile)

Kommunikatives Selbst-Coaching im beruflichen Alltag. Ein sprachwissenschaftliches Trainingskonzept am Beispiel der klinischen Gesprächsführung.

Johanna Lalouschek

Abstract

In diesem Beitrag wird ein bisher wenig beleuchteter Vermittlungsaspekt fokussiert: Nicht, was innerhalb von Kommunikationstrainings gelernt wird, sondern wie man im (beruflichen) Alltag selbst an der eigenen Gesprächskompetenz arbeiten kann. Dargestellt wird das Konzept eines Trainings zum kommunikativen Selbst-Coaching auf sprachwissenschaftlicher Basis und seine Entwicklung und Erprobung in der medizinischen Ausbildung: MedizinstudentInnen sollen dazu befähigt werden, die eigene Gesprächsführungskompetenz in Ausbildung und beruflichem Alltag selbständig zu überprüfen, zu überwachen und zu verbessern, und zwar unter Einsatz herkömmlicher und leicht anwendbarer Methoden der Gesprächsforschung. Das Trainingskonzept umfasst die Vermittlung eines „sprachwissenschaftlich basierten Handwerkszeugs" zur selbständigen Dokumentation, Auswertung und Verbesserung der geführten Gespräche sowie die Entwicklung eines „Manuals zur Gesprächsführung", das an die Erfordernisse und praktischen Möglichkeiten der TeilnehmerInnen angepasst und stufenweise veränderbar ist. Die Übertragbarkeit dieses Trainingskonzepts auf andere Berufsgruppen ist unproblematisch, da lediglich inhaltliche Anpassungen vorgenommen werden müssen, die Methode selbst unverändert bleibt.

1 Kommunikatives Selbst-Coaching und seine Vermittlung

Kommunikatives Selbst-Coaching bedeutet, dass Personen in der Lage sind, ihre eigene Gesprächsführungskompetenz in Ausbildung und beruflichem Alltag zu beobachten, zu überprüfen und zu verbessern, und zwar unter Einsatz herkömmlicher Methoden der Gesprächsforschung.

Ein *sprachwissenschaftlich basiertes Training* zum kommunikativen Selbst-Coaching soll dazu befähigen,

- in effizienter, ökonomischer und für die berufliche Praxis relevanter Art und Weise ein „Interaktionsproblem", dem man nachgehen möchte, zu formulieren,
- die entsprechenden Gespräche und Interaktionsereignisse für eine linguistische Analyse zu dokumentieren und aufzubereiten,
- sich ein praktikables Analyseinstrumentarium anzueignen, das es ermöglicht, wiederkehrende effiziente und ineffiziente Strukturen auch in nur wenigen Gesprächen zu erkennen,
- alternative Gesprächsstrategien, Gesprächsformen und mögliche Lösungen zu entwickeln und auszuprobieren.

Die Prinzipien dieses Trainings entsprechen denen, die in Fiehler & Sucharowski (1992, 33f) für *diskursanalytische Kommunikationstrainings* generell dargestellt sind: Das Training ist empirisch, mikroskopisch, analytisch, dialogisch, alternativenorientiert und zyklisch. Darüber hinaus hat die Vermittlung von kommunikativem Selbst-Coaching aber noch eine Spezifik: Die TeilnehmerInnen sollen durch das Training befähigt werden, ihre Gesprächsführung von da an selbst zu evaluieren und kontinuierlich an ihr zu arbeiten.

Deshalb ist es das spezielle Ziel des Trainings, ein *gesprächsanalytisch basiertes „Handwerkszeug"* zu vermitteln, also ein leicht anwendbares Methodeninventar aus der empirischen Gesprächsforschung zur Aufnahme und Auswertung der geführten Gespräche. Im Zuge des Trainings wird zudem ein Manual mit „Ratschlägen & Tipps zur Gesprächsführung" bereit gestellt, das exakt an die Fähigkeiten und Bedürfnisse der jeweiligen Zielgruppe angepasst ist. Praktische Anforderungen an die TeilnehmerInnen sind, jeweils ein im beruflichen Alltag selbst geführtes Gespräch mit KlientInnen, MitarbeiterInnen, KundInnen etc. auf Tonträger aufzuzeichnen, das Setting zu protokollieren, das Gespräch grob zu verschriften und sich analyseleitende Fragestellungen zur Gesprächsführung zu überlegen.

Das Training besteht im Prinzip aus folgenden *Schritten*:
1. Erläuterung des Seminarablaufes und des Trainingskonzepts
2. Erhebung des Vorwissens zur jeweiligen beruflichen Gesprächsführung
3. Dokumentation der Gespräche – Aufnahme und Verschriftung
4. Auswertung der Gespräche – Analysekategorien und Analyseschritte
5. Optimierung – Entwicklung alternativer Gesprächsstrategien

Die *Ablaufstruktur* des Trainings kann flexibel an die konkreten Rahmenbedingungen der entsprechenden Institutionen bzw. Organisationen oder Betriebe und deren Aus- oder Fortbildungspraxis angepasst werden, also z.B. fortlaufend begleitend oder punktuell.

2 Ein Beispiel: Kommunikatives Selbst-Coaching in der klinischen Gesprächsführung

Im Folgenden möchte ich den inhaltlichen und organisatorischen Ablauf eines solchen Trainings detailliert am Beispiel der medizinischen Gesprächsausbildung darstellen.

Im Rahmen des *Modellstudiengangs Medizin der Universität Witten-Herdecke* wird das Projekt „Kommunikation, Wissenschaft und Ethik" durchgeführt. Dieses Projekt hat zum Ziel, den angehenden ÄrztInnen neben den naturwissenschaftlichen Grundlagen, dem klinischen Wissen und den praktischen Fertigkeiten weitere Grundkompetenzen in den Bereichen Kommunikation und Wahrnehmung, Wissenschaftlichkeit und Methodologie sowie Medizinethik und Medizingeschichte zu vermitteln. Es geht hierbei weniger um einen zusätzlichen Unterricht in Spezialkenntnissen, sondern vielmehr darum, Perspektiven für die spätere medizinische Praxis zu öffnen und einen angemessenen und „reichen" Blick auf den Menschen zu ermöglichen. Die genannten Bereiche durchziehen als studienbegleitende Ausbildungsstränge den sechsjährigen Modellstudiengang, für die Zulassung zur ärztlichen Prüfung ist der Besuch von Veranstaltungen aus allen Bereichen erforderlich.

Im 4. Semester des Modellstudiengangs absolvieren die MedizinstudentInnen erstmals ein mehrwöchiges *Praktikum auf klinischen Stationen*, in dessen Rahmen sie den beruflichen Alltag einer Station kennenlernen sollen und u.a. auch selbständig Anamnesen (Erstgespräche) mit PatientInnen führen. Die *sprachwissenschaftliche Begleitung* soll – über die einzelnen Gespräche hinaus – die angehenden ÄrztInnen dazu befähigen, Gespräche mit PatientInnen zu dokumentieren und die Praxis der eigenen Gesprächsführung auszuwerten.

Die *Ablaufstruktur dieses Trainings* sieht eine Einführungsveranstaltung zu Beginn des klinischen Praktikums vor sowie zwei mehrstündige Auswertungssitzungen nach dessen Abschluss und nach Vorliegen der verschrifteten Anamnesen.

In der *Einführungsveranstaltung* wird das Konzepts des kommunikativen Selbst-Coachings und das Ziel des Trainings erläutert und ein Brainstorming zum Vorwissen der Studierenden über ärztliche Gesprächsführung durchgeführt. Dann werden die notwendigen methodischen Instrumente zur Dokumentation der Anamnesen, also zur Aufnahme und Verschriftung, vermittelt.

In den *Auswertungssitzungen* wird anhand der verschrifteten Anamnesen die Methode der linguistischen Gesprächsanalyse eingeführt und geübt; darin eingeflochten wird gesprächsanalytisches Basiswissen zur Ablaufstruktur von Gesprächen und zu den Spezifika ärztlicher Kommunikation vermittelt. Ziel ist es, die angehenden ÄrztInnen in die Lage zu versetzen, effiziente und ineffiziente Interaktionsstrukturen zu erkennen und alternative Gesprächsstrategien oder andere, z.B. interaktionsexterne Lösungen zu entwickeln und auszuprobieren, und sie zu motivieren, diese Fertigkeiten in der weiteren Ausbildung und in ihrer späteren beruflichen Praxis auch einzusetzen.

2.1 Schritt 1: Erläuterung des Seminarablaufes und des Trainingskonzepts

Der Aufbau des Seminars entspricht dem *Aufbau einer empirischen Untersuchung*. Deshalb erfüllt die ausführliche Erläuterung des Seminarablaufes mehrere Funktionen: Erstens dient sie den Studierenden zur Orientierung über den zeitlichen und inhaltlichen Rahmen der Veranstaltung, zweitens dient sie dazu, das übliche methodische Vorgehen empirischer Gesprächsforschung zu verdeutlichen und es unmittelbar erfahrbar zu machen – mit dem Ziel, das, was man vermitteln möchte, gleichzeitig auch schon zu tun.

Ziele des Seminars

1. Evaluation der Anamnese-Technik
2. Vermittlung von Fähigkeiten für kommunikatives Selbst-Coaching

---

Schritte des Seminars

1. DOKUMENTATION DES IST-ZUSTANDES
   Ton-Aufnahme, Gesprächsprotokoll, Verschriftung einer Anamnese
2. ANALYSE DES IST-ZUSTANDES
   Formulierung relevanter Fragestellungen und Anwendung von Analysekategorien, Verallgemeinerung
3. HERSTELLUNG DES SOLL-ZUSTANDES
   Erarbeitung und Erprobung von Alternativen und Optimierungsstrategien

---

Aufgrund des von der gesamten Ausbildungsplanung abhängigen Seminarablaufes gibt es keine Möglichkeit, die erarbeiteten Alternativen in der Gesprächsführung bzw. das neu erworbene Wissen in weiteren Anamnesen direkt umzusetzen und weitere und differenzierende Erfahrungen zu sammeln (vgl. dazu die kritischen Anmerkungen am Ende des Beitrags). Dieser – quasi 4. — Schritt ist für das kommunikative Selbst-Coaching in der Praxis natürlich von zentraler Bedeutung. Die Darstellung des vollständigen Prozesses einer kommunikativen Qualitätskontrolle und seiner Zyklizität behält diesen Schritt aber zumindest im Blickfeld (siehe Tab., S. 141).

Diese Informationen sind auf Flip-Charts festgehalten, so dass auf sie in den späteren Auswertungssitzungen an den relevanten Stellen Bezug genommen werden kann. Dies hält die Arbeit mit den Anamnesen so praxisrelevant wie möglich und hilft auch, die methodische Position einzelner Analyseschritte bewusst zu machen und den Prozess sukzessive zu internalisieren.

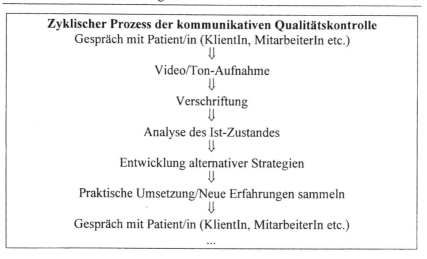

Zyklischer Prozess der kommunikativen Qualitätskontrolle
Gespräch mit Patient/in (KlientIn, MitarbeiterIn etc.)
⇓
Video/Ton-Aufnahme
⇓
Verschriftung
⇓
Analyse des Ist-Zustandes
⇓
Entwicklung alternativer Strategien
⇓
Praktische Umsetzung/Neue Erfahrungen sammeln
⇓
Gespräch mit Patient/in (KlientIn, MitarbeiterIn etc.)
...

2.2 Schritt 2: Erhebung des Vorwissens zur klinischen Gesprächsführung

Für den Bereich „Kommunikation und Wahrnehmung" des Modellstudiengangsprojekts werden in den ersten Semestern Übungen mit SimulationspatientInnen und Rollenspiele zur ärztlichen Kommunikation angeboten, aber auch Wahrnehmungspraktika und Einführungen in die klinische Anamnese und in die Kommunikationspsychologie. Dies bedeutet, dass die Studierenden des 4. Semesters sich zwar schon mit dem Thema Arzt-Patienten-Kommunikation auseinandergesetzt haben, aber üblicherweise noch über keine praktischen klinischen Erfahrungen verfügen. Diese Erfahrungen machen sie gerade in dem mehrwöchigen klinischen Praktikum, das von dem sprachwissenschaftlichen Training begleitet wird.

In einem einleitenden, gemeinsamen Brainstorming zur Frage „*Was ist eine gute Anamnese?*" wird das bestehende Vorwissen der Studierenden zur Anamneseerhebung ermittelt, das auch Aufschluss über deren Annahmen, Wertungen und internalisierte Normen bezüglich einer „richtigen" ärztlichen Gesprächsführung gibt.

So zeichnet sich eine „gute Anamnese" nach Einschätzung der Studierenden durch *Effizienz* aus, also dadurch, dass die Frageabfolge chronologisch erfolgt, rasch möglichst viel erhoben wird, keine unwichtigen Fragen gestellt werden, ein früher Fokus auf das Kernproblem gesetzt wird und man schnell zu einem „gezielten Ergebnis" kommt. In diesen Formulierungen verbergen sich eine ganze Reihe wenig konkreter oder ungeklärter Bedeutungen wie „unwichtig", „schnell", „möglichst viel" oder „gezielt", die in der konkreten sprachlichen Umsetzung Probleme aufwerfen.

Diesem Anspruch an Effizienz steht ein *Anspruch an Patientenorientiertheit* gegenüber: Eine „gute Anamnese" zeichnet sich auch dadurch aus, eine vertrauensvolle, offene Atmosphäre herzustellen, den PatientInnen ausreichend Raum für ihre Erzählungen, Fragen und Bedürfnisse zu geben, ihnen aufmerksam zuzuhören, und sich einen Gesamtüberblick über sie als individuelle Personen zu verschaffen. Dieser Anspruch an Patientenorientiertheit erfordert schon beim ersten Hinsehen völlig andere sprachliche Handlungen als der Anspruch an Effizienz.

Und so gehört es, nach Einschätzung der Studierenden, auch zu einer „guten Anamnese", die Problematik dieser vielfältigen und *widersprüchlichen Anforderungen* sprachlich bewältigen zu können. Also z.B. erfolgreiche Strategien der Einschränkung zur Verfügung zu haben, wenn PatientInnen viel und ausführlich erzählen oder ihnen, selbst wenn Zeitnot herrscht, das Gefühl zu vermitteln, dass sie individuell wahrgenommen werden und dass das Gespräch dennoch effizient und qualitativ ausreichend ist. Und schließlich und endlich macht auch eine angemessene Realisierung der *ärztlichen Expertenrolle* eine „gute Anamnese" aus, also die Fäden des Gesprächs in der Hand zu behalten, das Befindens- oder Krankheitsproblem rasch und sicher zu erkennen und fachliche Kompetenz zu zeigen.

Die *Funktion dieser Explizierung* ist es auch, den Studierenden Raum zu geben, die beträchtlichen und selten reflektierten oder problematisierten Widersprüche im Hinblick auf die Anforderungen an eine gleichermaßen effiziente wie patientenorientierte ärztliche Gesprächsführung festzuhalten und zu verdeutlichen. Denn diese hohen Anforderungen liegen dem Modellstudiengang Medizin konzeptionell zu Grunde und stehen den Studierenden mehr oder weniger bewusst als Lernaufgabe vor Augen. In den Auswertungssitzungen können diese – auf Flipchart festgehaltenen – Punkte bei geeigneten Gesprächsstellen oder Lösungsüberlegungen aufgegriffen und in ihrer Realisierbarkeit und/oder Widersprüchlichkeit anschaulich gemacht und diskutiert werden. Damit dient das Training zum kommunikativen Selbst-Coaching auch zur *Reflexion der internalisierten Normen* der Gesprächsführung.

2.3 Schritt 3: Dokumentation der Anamnesen – Aufnahme und Verschriftung

Der dritte Schritt des Trainings besteht in der praxisgerechten Vermittlung methodischer Instrumente zur Dokumentation eines selbständig geführten Anamnesegesprächs mittels
- *Ton-Aufnahme* (Kassette, Minidisk),
- Erstellung eines ausführlichen *Gesprächsprotokolls* und
- Herstellung eines *Basis-Transkripts*.

Dazu sind *Lernmaterialien* entwickelt worden, die den Studierenden dann im Verlauf des Praktikums zur Verfügung stehen. Besonderes Augenmerk wird darauf gelegt, den genauen Zweck der einzelnen methodischen Schritte zu verdeutlichen und auf vorteilhafte Nebeneffekte und langfristige Lerneffekte hinzuweisen.

So ist die Funktion eines ausführlichen *Gesprächsprotokolls* natürlich die, die jeweiligen Gesprächsbedingungen wie Ort, Zeitpunkt, TeilnehmerInnen und persönliche Einschätzungen und Eindrücke aktuell festzuhalten. Ein solches Gesprächsprotokoll kann bei der nachfolgenden Auswertung aber auch als wichtige Gedächtnisstütze fungieren, die erste, spontane Einschätzung des Gesprächsverlaufs mit dem Ergebnis der Verschriftung und Analyse zu kontrastieren und ggf. zu differenzieren. Die Anfertigung von Gesprächsprotokollen kann aber auch helfen, die Wahrnehmung für Gesprächssituationen zu schärfen und Personen und situative Umstände bewusster und deutlicher zur Kenntnis zu nehmen. Ökonomischerweise bietet es sich an, dieses Gesprächsprotokoll im Anschluss an das Gespräch direkt in das Aufnahmegerät zu sprechen und es mit der Gesprächsverschriftung schriftlich festzuhalten.

In ähnlicher Weise wird die Sinnhaftigkeit und Nützlichkeit von *Transkriptionen* dargestellt, da diese ihrer Genauigkeit wegen erfahrungsgemäß zuerst als zu aufwändig und zu kompliziert bewertet werden. Die Funktion von Transkriptionen wird mit dem Bild einer „Landkarte" von Gesprächen verdeutlicht, die ein Gebiet grafisch abbildet und die Orientierung bietet und ausschnittsweise wie mit Zoom näher herangeholt werden kann. Dazu ist die mehr oder weniger vollständige Erfassung des gesamten „Gebietes" erforderlich, also aller Interaktionsphänomene, wie z.B. Hörersignale oder Unterbrechungen. Anhand einiger Transkriptionsbeispiele aus einem ärztlichen Gespräch wird die interaktive Funktionalität solcher gerne „vernachlässigter" Phänomene illustriert. Mit diesen Beispielen wird – quasi als Nebeneffekt – auch schon die Methode des Gesprächsanalyse (induktiv) eingeführt und auf einige interessante Interaktionsprozesse in ärztlichen Gesprächen aufmerksam gemacht.

In diesem Zusammenhang wird auf einen wichtiger *Lerneffekt* beim Verschriften der eigenen Gespräche hingewiesen: Durch die Herstellung eines Transkripts kann man das eigene Gesprächsverhalten genau kennen lernen und Sensibilität und Wahrnehmung in Bezug auf die eigenen Gesprächsführungstechniken erhöhen, was sich auf alle weiteren Gespräche günstig auswirken kann.

Für die Verschriftung der Anamnesen wird ein vereinfachtes Transkriptionssystem zur Erstellung eines sogenannten *Basis-Transkripts* bereitgestellt, mit dem alle üblicherweise relevanten Kategorien der Gesprächsproduktion, also Pausen, grobe Intonationsverläufe, Betonungen und gleichzeitiges Sprechen erfasst werden können. Die Arbeitsunterlagen enthalten neben den Transkriptionskonventionen alle weiteren notwendigen Hinweise zum Layout, zum Datenschutz, ein ausführliches Transkriptionsbeispiel, Tipps zum praktischen und ökonomischen Vorgehen beim Verschriften, aber auch eine kurze Darstellung der methodischen Unterschiede zu nachträglich angefertigten Gedächtnisprotokollen oder Mitschriften während der Anamnesen.

Im Verlauf des Seminars zeigte sich, dass der Vorgang des Verschriftens von den Studierenden nicht als zu aufwändig oder zu kompliziert empfunden wurde, sondern im Gegenteil als interessante Aufgabe; die Qualität der Verschriftungen der Anamnesen war durchweg ausgezeichnet.

2.4 Gesprächsanalytische Konzepte zur klinischen Gesprächsführung

Bevor ich auf die Darstellung der Analyseschritte des Trainings eingehe, möchte ich die wichtigsten *gesprächsanalytischen Konzepte zur klinischen Gesprächsführung* bei der Anamneseerhebung darstellen, um diesen Prozess besser nachvollziehbar zu machen:

Eine *Anamnese besteht als Gespräch* aus mehreren Teilen, die unterschiedliche Funktionen für ÄrztInnen und PatientInnen erfüllen. Diese qualitativ unterschiedlichen Gesprächsteile stellen gänzlich unterschiedliche Anforderungen an die ärztliche Gesprächsführung. Für einen effizienten Gesprächsablauf müssen die Wechsel und Übergänge durch entsprechende sprachliche Handlungen deutlich gemacht werden.

Diese *Gesprächsteile* sind neben der eigentlichen Anamnese der *Gesprächsbeginn* mit Gesprächseröffnung, Begrüßung, Vorstellung und gemeinsamer Orientierung über den Gesprächszweck und die geplanten Gesprächsschritte und das *Gesprächsende* mit abschließender Nachfragemöglichkeit, Orientierung über die nächsten folgenden (Behandlungs-)Schritte und der Gesprächsbeendigung. Darin eingebettet findet wie gesagt die *eigentliche Anamnese* statt, die selbst aus mehreren unterschiedlichen Abschnitten besteht.

Der *darstellungsorientierte Abschnitt* der Anamnese dient der Schilderung der aktuellen Beschwerden durch die PatientInnen. Seitens der ÄrztInnen/StudentInnen ist er durch offen formulierte Erzählaufforderungen geprägt, seitens der PatientInnen, denen hier die Gestaltung des Gesprächsablaufs obliegt, durch erzählende Aktivitäten. Die ÄrztInnen/StudentInnen befinden sich vor allem anfangs verstärkt in der Rolle der Zuhörenden, ohne dass sie ihre prinzipielle gesprächsstrukturierende Rolle aufgeben, die sie auf Grund ihrer Position als ExpertInnen und Behandelnde einnehmen. Sie haben die Aufgabe, die Darstellungen der PatientInnen durch Hörersignale, vertiefende Nachfragen und Klärungen interaktiv zu stützen, erst gegen Ende gezielt noch fehlende Informationen einzuholen und das Gesamtbild schließlich gemeinsam mit den PatientInnen abzustimmen. Der gesamte darstellungsorientierte Abschnitt ist inhaltlich wie gesprächsorganisatorisch schwach vorstrukturiert.

In den *frageorientierten Abschnitten* der Anamnese geht es um die Erhebung der Vorgeschichte der PatientInnen, also um Kinderkrankheiten, frühere Erkrankungen und Operationen, um den aktuellen Gesundheitszustand sowie um die Erfassung der persönlichen Daten. In diesen Abschnitten liegt die interaktive Gestaltung vor allem bei den ÄrztInnen/StudentInnen, indem sie die jeweiligen thematischen Bereiche durch vorwiegend geschlossene Fragen und Entscheidungsfragen mit Antwortvorgaben abarbeiten. Die gesprächsorganisatorische Aufgabe der ÄrztInnen/StudentInnen ist es, dieses ihnen routinemäßig „im Kopf" zur Verfügung stehende Gesprächsablaufschema für die PatientInnen transparent zu machen, d.h. jeden Unterabschnitt mit einer entsprechenden kurzen und verständlichen Standardformulierung einzuführen, so dass den PatientInnen die Fragen nicht wie beliebige Themensprünge erscheinen. Diese inhaltlich zum großen Teil standardisierten Fragen führen in diesen Abschnitten üblicherweise zu einer interviewartigen Abfolge von Frage-Antwort-Sequenzen. Zu beachten ist hier, dass das Routinemäßige dieser Abschnitte nicht zu „routinemäßigem Fragen" verführt, also zu verkürzten, verdichteten oder suggestiven Frageformulierungen, die ein angemessenes und differenziertes Antworten erschweren. Diese Abschnitte sind per definitionem gesprächsorganisatorisch stark vorstrukturiert.

Die von ÄrztInnen so oft geforderte *Gesprächsökonomie* und die *Beachtung dieser Ergebnisse bzw. Forderungen* stehen in direktem und positivem Zusammenhang: Auf den ersten Blick scheint es in einem ohnehin überlasteten beruflichen Alltag nur ein weiteres Mehr an zeitlichem und persönlichem Aufwand zu bedeuten, ausreichende globale und lokale Orientierungshandlungen über Gesprächszweck und Gesprächsverlauf zu geben, das Gespräch explizit zu strukturieren, eindeutige Erzähl„räume" für die PatientInnen zu schaffen, gemeinsame Abstimmungen durchzuführen und gut verständliche und eindeutige Formulierungen zu verwenden. Bei genauerer Betrachtung sorgt jedoch gerade diese Aufmerksamkeit und der bewusste und gezielte Einsatz solcher sprachlichen Handlungen für Klarheit und Nachvollziehbarkeit – und zwar für beide GesprächsteilnehmerInnen; d.h., sie fördern Verständlichkeit, zusammenhängende Schilderungen, spezifische Antworten und damit eindeutige, transparente und reibungslose Gesprächsverläufe. Eine *Missachtung dieser Grundbedingungen*, also z.B. Gesprächsteile zu übergehen, PatientInnen mangelhaft oder gar nicht zu orientieren oder auch die eigentliche Erzählphase durch Fragen stark zu steuern und eng zu kontrollieren, wirkt sich *immer* interaktionsstörend aus, denn sie fördert Missverständnisse, unspezifische oder wiederholte Darstellungen, Unterbrechungen oder einander behindernde Gesprächsinteressen, die allzuoft in komplizierten, ineffizienten und unbefriedigenden Gesprächsverläufen enden. Eine solche Missachtung beruht auf der *falschen Annahme*, eine effizientere und ökonomischere Kommunikation mit PatientInnen ließe sich am besten durch Verkürzung, Komprimierung und Reduktion der Patientenorientierung erreichen.

Das Verständnis für diese Zusammenhänge und die Beachtung der Grundbedingungen im Gespräch mit den PatientInnen führt – quasi von selbst – zu einer *Veränderung der ärztlichen Gesprächsführung*, ohne dass eine Vielzahl von einzelnen Kommunikationsregeln „eintrainiert" werden müsste. Gemeinsam mit der praktischen gesprächsanalytischen Übung an unterschiedlichen Anamnesen kommt es zu einem wachsenden Verständnis für die unterschiedliche situative Angemessenheit von sprachlichen Handlungen und zu einer Sensibilisierung für interaktive Prozesse und Wirkungszusammenhänge. Diese Aufmerksamkeit für die Gesprächsprozesse, für die notwendigen und berechtigten Orientierungs- und Informationsansprüche der PatientInnen und für die Notwendigkeit ihrer Einbindungen in die Gesprächsgestaltung und den Gesprächsablauf geht langfristig mit der Einnahme einer *patientenorientierten ärztlichen Haltung* einher – ebenfalls ohne dass diese noch „extra" gelehrt werden müsste. Damit steigt nicht nur die Effizienz der Gespräche, sondern auch die *Qualität der Beziehung* zwischen ÄrztInnen und PatientInnen.

2.5 Schritt 4: Auswertung der Anamnesen – Analyseschritte und Optimierung

Nach Beendigung des Praktikums und Vorliegen der Verschriftungen erfolgt eine gemeinsame Auswertung der Anamnesen auf der Basis ausgewählter linguistischer Kategorien. Die Auswertung erfolgt in Schritten, die geeignet sind, sich sowohl die Methode der *sequenziellen Gesprächsanalyse* im Wesentlichen anzueignen und praktisch zu erproben als auch *gesprächsanalytisches Basiswissen* zu Konstruktionsmechanismen und Ablaufstrukturen von Gesprächen und zu den *Spezifika ärztlicher Kommunikation* zu erwerben.

Besonderes Augenmerk wird auf folgende Punkte gelegt: Auf die Frage- und Problemstellungen, die von den Studierenden zu ihren eigenen Anamnesen schon festgehalten wurden, auf die Verallgemeinerbarkeit der Ergebnisse der Einzelgesprächsanalysen (Fallanalysen) und auf die Entwicklung und Erprobung alternativer Strategien der Gesprächsführung. Denn dies sind die Punkte, um die es in der *späteren beruflichen Praxis* geht: Das Erkennen effizienter oder ineffizienter Interaktionsstrukturen, die Formulierung des „Interaktionsproblems", dem nachgegangen werden soll, das Wiedererkennen des Allgemeinen im Besonderen, also das rasche Finden des wiederkehrenden Problems auch in nur einzelnen Gesprächen, sowie die Entwicklung und Beurteilung von alternativen Gesprächsstrategien oder aber auch interaktionsexternen Lösungen, wie z.B. die Veränderung von bestehenden organisatorischen Abläufen.

Nun zum *Ablauf der Auswertungssitzungen* im Einzelnen: Die Analyse der *ersten Anamnese* erfolgt gemeinsam in der *Großgruppe*, gearbeitet wird mit der Aufnahme und dem Transkript. Die *Interaktionsphänomene*, die durch spontane Thematisierung der Studierenden und später auch durch entsprechende Hinweise der Trainingsleiterin in Erscheinung treten, werden zuerst gesammelt, dann grob systematisiert. „Je nach Bedarf" wird entsprechendes *linguistisches Input* anhand auf- und vorbereiteter Unterrichtsmaterialien vermittelt: Input zu den allgemeinen gesprächsanalytischen Bereichen wie z.B. „Gesprächszweck, Gesprächsstruktur und Gesprächsabschnitte", „Fragetypen und Frage-Antwort-Sequenzen" und „Mechanismen der interaktiven Prozessierung/Bearbeitung von Äußerungen", oder Input zum speziellen Bereich ärztliche Kommunikation und Anamneseerhebung, wie z.B. „Ablaufstruktur von Anamnesen und ärztliche Gesprächskontrolle", „Arzt/Patienten-Rollen und interaktive Ressourcen" oder „Orientierungshandlungen und Gesprächsökonomie".

Diesen gemeinsamen Bearbeitungsprozess möchte ich an einigen Beispielen aus einer Anamnese veranschaulichen. Das Gespräch wird von einem Studenten (SM) geführt, es findet im Arztzimmer einer chirurgischen Abteilung statt, die Patientin (PW) wurde von der Ambulanz überwiesen und hat vermutlich eine Blinddarmentzündung.

Beispiel Gesprächsbeginn, Gesprächszweck und Orientierung

02 SM: un:d ich fang jetzt dann einfach mit der Befragung an. - ok. Ihr Name is?

Analyse: Der Student kommentiert zwar sein beabsichtigtes Tun („*ich fang jetzt ... an*"), der Gesprächszweck wird für die Patientin so aber nicht verdeutlicht. Der Ausdruck „*Befragung*" engt die folgende Interaktion auf eine spezifische, eigentlich nicht intendierte Gesprächsform ein. Es fehlt eine gemeinsame einleitende Orientierungsphase.

Bearbeitung: Hier erfolgt Input zur interaktiven Gestaltung des Gesprächsbeginns, also zur Gesprächseröffnung, zur Einleitung einer gemeinsamen Orientierungsphase und zur Verdeutlichung des Gesprächszwecks für die Patientin, weiters wird auf den Unterschied zwischen Beginn des Gesprächs/der Interaktion und Beginn der Anamnese aufmerksam gemacht.

Beispiel Einleitung des darstellungsorientierten Anamneseabschnitts

12 SM: gut. Wenn Sie mir dann vielleicht als erstes einfach mal von: Ihren Haupt=
13 SM: beschwerden erzählen. Weshalb sind Sie heute in die Klinik gekommen.
14: PW: ja: äh vielleicht fang ich am Anfang an? Das vor vor einigen Wochen äh
15 PW: fing es mit Bauchschmerzen an ähm die ich erst nicht erklären konnte. (...)

Analyse: Die einleitende Aufforderung zur Beschwerdenschilderung (12-13) ist erzählungsfördernd und mittels offener Frage formuliert. Die Qualität dieser Erzählaufforderung zeigt sich in der Reaktion der Patientin, die zu einer ausführlichen Schilderung ansetzt.

Bearbeitung: Hier erfolgt Input zur linguistischen Unterscheidung zwischen erzählungsfördernden und -unterbindenden Fragen, zur speziellen interaktiven Qualität des darstellungsorientierten Abschnitts von Anamnesen und vor allem zur Verdeutlichung der gesprächsführenden Rolle der PatientInnen.

Beispiel Frageaktivität und Interaktionsrollen

Ein weiteres Beispiel aus der Beschwerdendarstellung veranschaulicht den Rollenwechsel der Patientin von der Rolle der Erzählenden zur Rolle der Antwortenden, ausgelöst durch die spezifischen Frageformulierungen des gesprächsführenden Studenten.

19 PW: also dass es wirklich in der Seite zieht und vor allem jetzt im Leistenbereich.
20 SM: mhm. und wo? rechts oder links?
21 PW: rechts.
22 SM: mhm. und haben Sie noch irgendwas ähm, also haben Sie sich fiebrig
23 SM: beispielsweise gefühlt? [oder
24 PW: [ja genau.

Analyse: Nach der Entscheidungsfrage „*rechts oder links?*" (20) verbleibt die Patientin in der Rolle der Antwortenden und es entwickelt sich nachfolgend eine längere Frage-Antwort-Sequenz. Die Weiterführung der Beschwerdendarstellung durch die Patientin ist ausgesetzt. Das Interessante an diesem Prozess ist die Geschwindigkeit und vor allem Unauffälligkeit, in der er ich vollzieht.

Bearbeitung: An dieser Stelle wird die interaktive Bedeutung und Wirkungsweise von Nachfragen in Erzählungen und Beschwerdenschilderungen verdeutlicht und der Unterschied zwischen patientengeleiteten und wissensgeleiteten Fragen dargestellt. Dann wird die Aufmerksamkeit darauf gelenkt, dass mit jeder sprachlichen Handlung auch eine Rollenzuweisung an das Gegenüber erfolgt, so dass man eine gewisse Sensibilität dafür entwickeln muss, welche Rolle man dem Patienten/der Patientin lokal zuweist bzw. zuweisen will: die Rolle des/der Erzählenden oder die Rolle des/der Antwortenden. Solche Sequenzen eignen sich ganz generell gut zur Reflexion von Arzt- und Patientenrolle und ihren jeweiligen unterschiedlichen interaktiven Handlungsmöglichkeiten in der Institution Krankenhaus oder Arztpraxis.

Beispiel Übergang zum frageorientierten Anamneseabschnitt

49 PW: also ich kannt es nur so also von der rechten Seite. – meine Schwester
50 PW: hatte sowas auch mal.
51 SM: mhm. – dann ähm – nochn paar andre Fragen? und zwar – ähm haben
52 SM: Sie irgendwelche Allergien?

Analyse: Der Student macht hier nicht ausreichend deutlich, dass es sich mit „*nochn paar andre Fragen?*" (51) um den Übergang vom darstellungsorientierten Anamneseabschnitt zum frageorientierten handelt, zudem orientiert er die Patientin auch nicht darüber, warum an dieser Stelle das Thema „Allergien" (52) inhaltlich relevant wird.

Bearbeitung: Hier erfolgt Input zur spezifischen und unterschiedlichen interaktiven Qualität der frageorientierten Anamneseabschnitte und Input zu den sprachlichen Möglichkeiten, Abschlüsse und Übergänge für den Gesprächspartner, der nicht über das geplante „Anamneseablaufmuster im Kopf" verfügt, deutlich zu kennzeichnen. An dieser Stelle kann gemeinsam überlegt werden, welche Konsequenzen es für die Beziehungsgestaltung hat, solche sprachlichen

Handlungen, die die PatientInnen stärker am Gesprächsverlauf beteiligen, zu setzen oder zu unterlassen.

Beispiel Standardformulierungen und Frage-Antwort-Sequenzen

Nach der Beantwortung der Frage nach den Allergien setzt der Student mit einem weiteren Teil des frageorientierten Anamneseabschnittes fort:

57 SM: gut. *<SM blättert in den Unterlagen>* Dann ma frag ich jetzt einfach nochmal
58 SM: ein paar andere Sachen die dann hier drin stehn, ähm vorbestehende Erkran=
59 SM: kungen? Haben Sie da irgendwas? Also dass Sie: - Kinderkrankheiten? oder
60 SM: welche Kinderkrankheiten hatten Sie?
61 PW: oh - da muss ich nachdenken, - also so was wie Keuchhusten? zählt das dazu?

Analyse: Die Frageeinleitung ist diffus und unorganisiert, zudem erfolgt innerhalb der Fragesequenz ein Themenwechsel von „vorbestehenden Erkrankungen" zu „Kinderkrankheiten". In dieser verwirrenden Formulierungstätigkeit zeigt sich natürlich die noch mangelnde Routine des Studenten.

Bearbeitung: Hier kann deutlich gemacht werden, dass es sehr zur Gesprächsökonomie beiträgt, sich für diese routinemäßig in jeder Anamnese vorkommenden Themenbereiche, wie Kinderkrankheiten, frühere Erkrankungen, Operationen, schwere Krankheiten in der Familie etc., auch jeweils klare und verständliche Standardformulierungen zu überlegen.

Beispiel Verkürzungen

Das Routinemäßige dieser Abschnitte verführt immer wieder zu Verkürzungen, die sich interaktiv verkomplizierend auswirken:

81 SM: dann: ähm Medikamente? Haben Sie in letzter Zeit irgendwelche
82 SM: Medikamente eingenommen? Oder so Kopfschmerztabletten? ASS
83 SM: jetzt gegen das Fieber oder?

Analyse: Der Student geht von der allgemeinen Frage zur Medikamenteneinnahme schnell zu bestimmten Schmerzmitteln über, ohne der Patientin ausreichend Zeit zum Antworten zu geben.

Bearbeitung: Hier erfolgt weiterer Input zu den interaktiven Bedingungen von Frage-Antwort-Sequenzen und speziell zu „Trichterfragen", also Fragebatterien, die rasch in geschlossene Fragen münden, und zu Suggestivfragen, die die präferierte oder antizipierte Antwort schon vorgeben.

Beispiel Gesprächsende

158 SM: dann schau ich nochmal ob ich irgendwas wichtiges vergessen hab?
159 <Papier raschelt> <11 sec>
160 SM: ne:. dann würden wir jetzt eigentlich weitermachen mit der Untersuchung.

<u>Analyse</u>: Der Student beendet die Anamnese, indem er die entsprechende Prüfung seiner Unterlagen kommentiert (158), und orientiert die Patientin über den nächsten Schritt, die anstehende körperliche Untersuchung. Diese Orientierungshandlung ist im Prinzip gut, die Formulierung im Detail ist bearbeitungswürdig. Was jedoch fehlt ist, auch der Patientin am Ende der Anamnese ebenfalls explizit eine Nachfragemöglichkeit anzubieten.

<u>Bearbeitung</u>: Hier erfolgt Input zur interaktiven Gestaltung des Gesprächsendes, also zur expliziten Formulierung des Abschlusses, Anbieten von Nachfragemöglichkeiten und Orientierung über den nächsten Schritt, weiters wird auf den Unterschied zwischen Ende des Gesprächs/der Interaktion und Ende der Anamnese aufmerksam gemacht.

Daran anschließend erfolgt die gemeinsame Bearbeitung einer *zweiten Anamnese*. Hier liegt der Schwerpunkt schon auf dem Wiedererkennen von interaktiven Phänomenen und ihren Varianten sowie auf der Vertiefung von linguistischem Wissen. Besonders aufschlussreich für die Studierenden ist es, unterschiedliche sprachliche Realisierungen für ähnliche Interaktionsaufgaben zu vergleichen und einzuschätzen.

Beispiel Unterschiedliche sprachliche Realisierungen gleicher Interaktionsaufgaben

So realisiert die Studentin (SW) den Wechsel vom darstellungsorientierten zum frageorientierten Abschnitt ihrer Anamnese mit einer sehr jungen Patientin (PW) folgendermaßen:

23 SW: gut. Dann werde ich dich nachher noch mal abhören, und dann stelle ich
24 SW: dir jetzt noch ein paar allgemeiner Fragen, und zwar ob du sonst irgend
25 SW: welche Krankheiten schon mal gehabt hast?

Die Studentin macht explizit, dass hier ein Wechsel im Gespräch stattfindet: Sie orientiert die Patientin über die nun kommenden Gesprächs- und Untersuchungsschritte und markiert, dass es um andere, „allgemeinere" Fragen gehen wird.

Der Vergleich unterschiedlicher sprachlicher Realisierungen vergleichbarer Interaktionsaufgaben ist schon der erste Schritt zur Entwicklung alternativer Gesprächsstrategien.

Beispiel Bearbeitung eigener Frage- und Problemstellungen

An geeigneter Stelle wird ausführlich auf die jeweiligen Frage- und Problemstellungen der anamneseführenden Studierenden eingegangen. Dieselbe Studentin hatte ihren Hang zu suggestiven Fragetechniken als Problem formuliert. Gemeinsam wurden entsprechende Stellen im Transkript gesucht und besprochen. Dazu ein Beispiel:

12 SW: und nachts hast du das schlimmer? Oder ist, kannst du nachts gut schlafen,
13 SW: weil du keinen Husten hast?

Suggestivfragen zeichnen sich dadurch aus, dass präferierte oder antizipierte Antworten mit der Formulierung der Frage schon vorgegeben werden. Das Beispiel macht zuerst deutlich, dass die Frageformulierungen der Studentin eigentlich Batterien von Entscheidungsfragen mit einem gewissem suggestivem Charakter sind: *„hast du das schlimmer?", „gut schlafen?", „keinen Husten?"*. Danach zeigt sich, dass diese Art der sprachlichen Realisierung von Fragen einen gleichermaßen hohen wie effizienten Formulierungsaufwand bedeutet, da viele vermutete oder wahrscheinliche oder angenommene Inhalte mitformuliert werden müssen, die die Patientin direkt viel einfacher darstellen könnte. Diese Strategie lenkt zudem nicht nur von der Aufmerksamkeit auf die Patientin ab, sondern kann u.U. komplizierte Aushandlungs- oder Rechtfertigungssequenzen auslösen, wenn die vorgeschlagenen Inhalte nicht zutreffen. In einem weiteren Schritt werden Überlegungen zur versteckten Funktionalität dieser Fragetechnik angestellt. So zeigt sich im Falle dieser Studentin auch, dass hinter dem hohen Formulierungsaufwand auch der Wunsch steht, der Patientin ihr persönliches Bemühen um sie zu verdeutlichen. Dieses Bemühen kann jedoch effizienter durch andere interaktive Handlungen wie offenes Fragen und aufmerksames Zuhören vermittelt werden.

Wie dieses Beispiel zeigt, kann die Arbeit mit eigenen Transkripten wichtige *Seiteneffekte* entwickeln: Sie kann dabei helfen, sich des eigenen Gesprächsverhaltens, funktionaler wie dysfunktionaler Techniken und sprachlicher Realisierungen bewusst zu werden, die weit über die reine Anamneseerhebung hinausgehen.

2.6 Die Eckpfeiler einer praktikablen Gesprächsanalyse

In einer ersten Zusammenfassung werden die *Eckpfeiler einer Gesprächsanalyse* festgehalten, so wie sie im Rahmen des weiteren Studiums oder eines zukünftigen beruflichen Alltags praktikabel erscheinen:
*   *Gesprächszwecke und Gesprächsverlauf:* Bestimmung von Gesprächszweck und entsprechendem Gesprächsverlauf und Bestimmung von einzelnen Gesprächsabschnitten

- *Orientierungshandlungen*: Feststellung entsprechender lokaler und globaler Orientierungshandlungen bzw. deren Fehlen; z.b. globale Orientierungen zu Gesprächsbeginn und -ende, lokale Orientierungen beim Wechsel von einem Gesprächsabschnitt zu einem anderen
- *Interaktionsverhalten von Arzt/Ärztin*: Realisierungstypen von Fragen und/oder Erzählaufforderungen, interaktive Bearbeitung von Patienten-Äußerungen, gemeinsame Abstimmung der erhaltenen Informationen mit PatientInnen, Rollengestaltung (Expertenrolle, Sprecher- und Zuhörerrolle)
- *Interaktionsverhalten von Patient/Patientin*: Art der Bezogenheit auf das ärztliche Gesprächsverhalten (reaktiv/initiativ), Darstellung der Hauptbeschwerde, Rollengestaltung (Laienrolle, Sprecher- und Zuhörerrolle)
- *Eigene Frage- oder Problemstellung* bearbeiten

2.7 Schritt 5: Optimierung – Entwicklung alternativer Gesprächsstrategien

An einzelnen Gesprächsstellen werden gemeinsame Überlegungen zu Umformulierungen oder alternativen Gesprächsstrategien angestellt und in kurzen Rollenspielen ausprobiert. Wie sich zeigt, greifen in der praktischen Arbeit die Schritte 4 und 5 immer ineinander. Je nach Fortschritt der Analysen ist es sinnvoll, den Schritt der Optimierung zurückzustellen oder lokal gleich zu bearbeiten. Besonders geeignet für die Entwicklung von alternativen Gesprächsstrategien sind Gesprächsanfang und -ende sowie die Einführung von Anamneseabschnitten und die Gestaltung der Übergänge zwischen ihnen.

Beispiel Überleitung zum darstellungsorientierten Anamneseabschnitt

Die Studentin (SW) erhebt die Personaldaten einer Patientin (PW), die das erste Mal in die ärztliche Praxis kommt, dann beginnt sie mit dem darstellungsorientierten Abschnitt:

09 SW: Ihr Familienstand?
10 PW: ich bin ledig.
11 SW: ähm: dann: weswegen sind Sie denn heute bei uns?
12 PW: also ich hab Beschwerden in der Magengegend, äh und es geht dabei vor
13 PW: allm um Appetitlosigkeit. Also ich kann zur Zeit nicht anständig essen.
14 PW: Außerdem hab ich Bauchschmerzen.
15 SW: wo?

Die Frage nach den aktuellen Beschwerden (11) fügt sich fast nahtlos in die vorangegangenen Fragen nach den Personaldaten, ist dabei interaktiv aber von völlig anderer Qualität: Die Patientin soll nicht knapp antworten, sondern ihre aktuellen Beschwerden darstellen. Das Transkript zeigt, dass der Wechsel von einem Anamneseabschnitt zum anderen für die Patientin nicht deutlich ist. Wichtiges Indiz dafür ist die stichwortartige Darstellung ihrer Magenbeschwerden (12-14): Sie nennt relativ kurz die diagnostisch aufschlussreichen Symptome wie Appetitlosigkeit und Bauchschmerzen, aber es kommt zu keiner umfangreichen und besser nachvollziehbaren Schilderung. Um eine solche Beschwerdendarstellung zu evozieren, ist die Realisierung einer expliziteren Orientierung und Erzählaufforderung notwendig, z.B. „Gut. Jetzt möchte ich gerne, dass Sie mir genau erzählen, weswegen Sie heute zu uns gekommen sind."

Beispiel Feinoptimierung einer gelungenen Formulierung

Mit fortschreitender Klärung und Übung kann man sich an die Optimierung von im Prinzip gelungenen Formulierungen wagen, um die Sensibilität und Aufmerksamkeit für die Wirkung unterschiedlicher Äußerungen zu erhöhen.

| 03 SM: mein Name ist XX, ich bin Medizinstudent – u:nd ich mach jetzt grade |
| 04 SM: ein Praktikum hier in der Praxis, und wenn Sie nix dagegen ham dann würd |
| 05 SM: ich gern – Ihnen schon mal ein paar Fragen stellen bis der Arzt kommt. |
| 06 PW: ja, okay. |

Dem Studenten gelingt die einleitende Orientierung der Patientin über seine Funktion sehr gut. Die Formulierung „*ein paar Fragen stellen bis der Arzt kommt*" (05) ist jedoch nur eine scheinbare Weiterführung dieser Orientierungshandlung. Sie ist so ambig, dass der Patientin die Bedeutung des Gesprächs mit ihm nicht klar werden kann: Ist es Teil der Anamnese, die dann dem Arzt zur Verfügung gestellt wird und damit echter Teil ihrer Behandlung oder befasst sich der Student lediglich aus Gründen des Lernens mit ihren Symptomen. Der vergleichsweise einfache Hinweis zur Verbesserung solcher unklarer oder mehrdeutiger Formulierungen ist, zuvor sich selbst klar darüber zu werden, was man tut und wozu es dient, und dieses den PatientInnen dann verdeutlichen.

Der Fokus dieser Bearbeitungen liegt dabei immer darauf, auf die entsprechenden interaktiven Wirkungen und Konsequenzen der Veränderungen zu achten, sich der Komplexität und der lokalen und kontextuellen Gebundenheit von Interaktion bewusst zu werden und die deshalb nur bedingte Einsetzbarkeit von „speziellen Gesprächsregeln und Kommunikationsrezepten" zu verstehen. Diese Ergebnisse werden an die anfänglichen Überlegungen und Vorstellungen zur „guten Anamneseerhebung" rückgebunden und diskutiert. Mit weiteren Anamnesen erfolgt dann in *Kleingruppen* der letzte Schritt der *selbständigen Übung*.

2.8 Das Manual „Ratschläge & Tipps zur ärztlichen Gesprächsführung"

Auf der Grundlage der Ergebnisse der Gesprächsauswertungen und der Diskussionen in der Gruppe wird ein Manual mit „Ratschlägen & Tipps zur ärztlichen Gesprächsführung" entwickelt, das auf der einen Seite auf den relevanten Ergebnissen der sprachwissenschaftlichen Forschung zur Verbesserung von Arzt-Patienten-Kommunikation basiert, das auf der anderen Seite aber auch an die Fähigkeiten, praktischen Erfordernisse und typischen Problemlagen der Gesprächsführung der Studierenden der frühen Semester angepasst ist.

Für die Abschnitte *„Gesprächsbeginn"* und *„Darstellungsorientierter Anamneseabschnitt"* sieht dies z.B. folgendermaßen aus, wobei die einzelnen Frageformulierungen als Empfehlungen zu verstehen sind:

GESPRÄCHSBEGINN

- **Begrüßung/Nennung des Namens und der Funktion**
- **Körperhaltung** beachten (P bewusst wahrnehmen)
- **Gemeinsame Orientierungsphase:**
  1. Anliegen von P erfragen
  (wenn keine Krankenakten oder Vorinformationen vorliegen ≠ Beschwerdendarstellung): *„Was führt Sie zu mir?/ins Krankenhaus? "*
  2. Gesprächszweck für P verdeutlichen:
  „Ich möchte mit Ihnen jetzt ein (ausführliches/kurzes) Gespräch über Ihre aktuellen Beschwerden und Ihre bisherigen Krankheiten führen. "
  3. Geplante Gesprächs – und Behandlungsschritte skizzieren:
  „Darum möchte ich zuerst mit Ihnen sprechen, danach werden Sie untersucht."
- **Prinzipielle Nachfragemöglichkeit** anbieten: *„Wenn Sie etwas genauer wissen wollen, Ihnen etwas unklar ist, können Sie mich gerne fragen. "*

Tipp 1: Stets verdeutlichen, was Sie tun oder vorhaben. Der vermeintliche Mehraufwand an Zeit schlägt sich direkt in einer „Ökonomisierung" des **Gesprächsverlaufs** nieder (weniger Klärungen, Korrekturen, Missverständnisse, unspezifische Schilderungen oder Antworten).

Tipp 2: Eine **gemeinsame Orientierung** trägt zu einem ökonomischen Gesprächsablauf bei, weil beide, ÄrztInnen und PatientInnen, sich auf Inhalt und Verlauf einstellen können.

DIE EIGENTLICHE ANAMNESE

1. DARSTELLUNGSORIENTIERTER ANAMNESEABSCHNITT
- P mit **erzählungsfördernder Frage** zu einer Darstellung der aktuellen Beschwerden auffordern:
  „Würden Sie sie mir Ihre Beschwerden bitte genau schildern?"
  „Erzählen Sie mir bitte, wie das mit den Beschwerden begonnen hat. "
- für den Zeitraum dieser Darstellung, in der P aktiv erzählt, in die **zuhörende Rolle wechseln**, d.h. nachfragen, wenn etwas unklar ist, aber nicht die Darstellung unterbrechen; mit **patientengeleiteten Präzisierungsfragen** auf die individuellen Beschreibungen eingehen und sie vertiefen

- erst wenn ein gewisses Bild entstanden ist, zu **wissensgeleiteten Komplettierungsfragen** übergehen, um gezielt noch fehlende Informationen zu erfragen
- **gemeinsame Abstimmung** der Informationen, d.h. die Informationen zusammenfassen; damit bekommt A ein geschlosseneres Bild und P hat abschließend die Möglichkeit, Angaben auf ihre Richtigkeit zu überprüfen, zu bestätigen oder zu korrigieren bzw. zu ergänzen.
- ev. P explizit **zu Nachfragen auffordern**

Tipp 3: Wenn die **Beschwerdendarstellung** von P anfangs **nur sehr knapp** erfolgt, nicht zu schnell in die Rolle des/der Fragenden wechseln, sondern die Ausgangsfrage nochmals als offene Erzählaufforderung formulieren. Ps müssen sich an die Erzählerrolle manchmal erst gewöhnen.

Tipp 4: v.a. **verallgemeinernde und unkonkrete Beschreibungen** von P wie „Beschwerden", „komisches Gefühl", „oft" durch Nachfragen konkretisieren (*„Was genau meinen Sie damit?"*, *„Können Sie mir dieses Gefühl genauer beschreiben?"*); nicht zu schnell von einer tatsächlichen und gemeinsam geteilten Verstehensbasis ausgehen.

Dieses Verfahren, das Manual eng an die Analysen und Diskussionen zurückzubinden, hat folgende Vorteile:

- *Die Ratschläge & Tipps knüpfen direkt an den Praxiserfahrungen und kommunikativen Aufgaben der TeilnehmerInnen, in diesem Fall der Studierenden, an*: Diese Erfahrungen und Erfordernisse von Studierenden der ersten Semester unterscheiden sich ganz wesentlich von denen ausgebildeter und in der Praxis berufstätiger ÄrztInnen, d.h. im Gegensatz zu manchen Vorschlägen zur ärztlichen Gesprächsführung aus Lehrbüchern sind die Tipps nicht zu global, sondern den aktuellen Aufgaben und Möglichkeiten der Studierenden angemessen, somit direkt und leichter in deren aktuelle Praxis umsetzbar.
- *Die Ratschläge & Tipps entsprechen den Kategorien der exemplarischen Gesprächsauswertungen*: Die Parallelisierung der sprachwissenschaftlichen Informationen des Manuals mit den praktischen Analyseschritten erhöht den gesamten didaktischen Nutzen: Beobachtung, Übung und Reflexion erfolgen in den gleichen Schritten.
- *Die Ratschläge & Tipps vermitteln linguistisches Wissen über Gesprächsprozesse und Gesprächsdynamiken*: Damit unterscheiden sie sich prinzipiell von den aus Psychologie, Psychoanalyse und/oder Psychosomatik bekannten: Ihre Beachtung ist nicht primär an komplexe psychologische Prozesse der Introspektion, Selbstreflexion oder In-Frage-Stellung der eigenen ärztlichen Haltung gebunden. Da sich die Haltung im jeweiligen (sprachlichen) Handeln ausdrückt, kann die Umsetzung veränderter Gesprächsführungstechniken zu einer Haltungsänderung etwa gegenüber der Person von PatientInnen und ihrer Rolle im ärztlichen Gespräch führen. Die Erfahrung effizienterer oder persönlich zufriedenstellender Gesprächsverläufe kann

dann das entsprechende sprachliche Verhalten und damit die Haltung selbst stabilisieren.

• *Die Ratschläge & Tipps sind explizit im Hinblick auf die Gesprächsökonomie formuliert*: Die besondere Verdeutlichung der positiven Auswirkungen der vorgeschlagenen Gesprächsführungstechniken auf die Gesprächsdynamik und die Gesprächsziele dient dazu, den Missverständnissen und zu kurz gegriffenen Wirkungsvorstellungen von effizienterer oder strafferer Gesprächsführung entgegenzutreten. So können bewusst gestaltete Übergänge zwischen Gesprächsteilen, die auf den ersten Blick aufwändig bis unnötig erscheinen, einen klaren, transparenten und damit zügigen Gesprächsverlauf bewirken, während ein vermeintlich zeitsparendes Übergehen dieser Orientierungshandlungen ineffiziente Interaktionsprozesse hervorrufen kann. Diese Darstellung reagiert damit auf die geradezu „standardmäßig" gestellten Fragen von ÄrztInnen, die Veränderungsanstrengungen und tagtäglichen zeitlichen Druck gegeneinander abwägen müssen: Wieviel Zeit kosten die Veränderungen? Nützen sie für die Behandlung?

2.9 Das Feedback

Die Veranstaltung selbst hatte als erste ihrer Art experimentellen Charakter. Das Interesse der Studierenden an dem Seminar war mit über 20 TeilnehmerInnen bei der Einführungsveranstaltung sehr groß. Im Laufe des Semesters zeigte sich jedoch, dass auf Grund der hohen inhaltlichen und zeitlichen Anforderungen des Modellstudiengangs den Pflichtfächern der Vorzug gegeben wurde. In einem Feedback mittles eines Fragebogens wurde deutlich, dass nicht die vergleichsweise aufwändige Dokumentation der Anamnesen Schuld an der geringen Quote von verschrifteten Gesprächen trug und auch nicht die Anforderung, die jeweilige Anamneseführungen quasi „öffentlich" zu diskutieren. Überraschenderweise wurde neben der allgemeinen Überforderung die mangelnde Unterstützung der Kliniken bei der Erhebung moniert. Diesen Umständen muss bei einer zukünftigen Optimierung des Modellstudiengangs Rechnung getragen werden.

Die Erfahrung mit studentischer Fortbildung (Lalouschek 2002a) hat zudem gezeigt, dass bei derartigen, zeitlich begrenzten Ausbildungsgängen eine *fortlaufende Begleitung* – ähnlich einer Supervisionsgruppe – einer punktuellen Begleitung (*davor* und *danach*) vorzuziehen ist. Die Vorteile wären, dass für die Studierenden die Kommunikationsaufgaben und -probleme aktuell relevant wären, dass sie das Gelernte direkt in die berufliche Praxis umsetzen könnten und dass die daraus entstehenden Verbesserungen oder ggf. neuerlichen Problemstellen wiederum einer Diskussion und weiteren Veränderung unterzogen werden könnten. Damit würde der Prozess der kommunikativen Qualitätskontrolle in seiner vollständigen Zyklizität erfahrbar.

3 Die Übertragbarkeit des Trainingskonzepts für andere Berufe

In dem von mir entwickelten Training zum *kommunikativen Selbstmangement* lernen Personen, Gespräche, die sie selbst führen, zu dokumentieren und sie nach bestimmten Kriterien, die an ihre beruflichen Aufgaben angepasst sind, zu analysieren. Dieses gesprächsanalytische Handwerkszeug soll sie dazu befähigen, in ihrem weiteren (beruflichen) Alltag ihre Gesprächskompetenz selbständig zu überprüfen, auftretende Kommunikationsprobleme selbständig zu bearbeiten und mögliche Lösungen dafür zu entwickeln und auszuprobieren.

Das exemplarisch vorgestellte Training zur klinischen Gesprächsführung bezieht sich speziell auf die Durchführung von Anamnesen durch Studierende. Für andere ärztliche Kommunikationsaufgaben wie Aufklärungsgespräche, Diagnosemitteilungen oder Visitengespräche oder für beruflich fortgeschrittenere TeilnehmerInnen muss das Konzept selbstverständlich inhaltlich verändert und abgestimmt werden, Methode und Zielsetzung bleiben unverändert. In entsprechender Weise kann dieses Trainingskonzept auf *andere Berufsgruppen* unproblematisch übertragen werden, da lediglich inhaltliche Anpassungen vorgenommen werden müssen.

Literatur

Becker-Mrotzek, Michael/Meier, Christoph (2002): Arbeitsweisen und Standardverfahren der Angewandten Diskursforschung. In: Brünner, Gisela/Fiehler, Reinhard/Kindt, Walter (Hgg.) (2002a): Angewandte Diskursforschung, Bd. 1. Radolfzell (Neuauflage), 18-47. Kostenloser Download unter „www.verlag-gespraechsforschung.de".

Brünner, Gisela/Fiehler, Reinhard/Kindt, Walter (Hgg.) (2002a): Angewandte Diskursforschung: Grundlagen und Beispielanalysen, Bd.1. Radolfzell (Neuauflage). Kostenloser Download unter „www.verlag-gespraechsforschung.de".

Brünner, Gisela/Fiehler, Reinhard/Kindt, Walter (Hgg.) (2002b): Angewandte Diskursforschung: Methoden und Anwendungsbereiche, Bd.2. Radolfzell (Neuauflage). Kostenloser Download unter „www.verlag-gespraechsforschung.de".

Dahmer, Hella/Dahmer, Jürgen (1999): Gesprächsführung. Eine praktische Anleitung. Stuttgart.

Deppermann, Arnulf (1999): Gespräche analysieren. Opladen.

Ehlich, Konrad et al. (Hgg.) (1990): Medizinische und therapeutische Kommunikation. Diskursanalytische Untersuchungen. Opladen.

Fiehler, Reinhard/Sucharowski, Wolfgang (Hgg.) (1992): Kommunikationsberatung und Kommunikationstraining. Opladen.

Fiehler, Reinhard/Sucharowski, Wolfgang (1992): Diskursforschung und Modelle von Kommunikationstraining. In: Fiehler, Reinhard/Sucharowski, Wolfgang (Hgg.) (1992): Kommunikationsberatung und Kommunikationstraining, 24-35.

Lalouschek, Johanna (2002a): Ärztliche Gesprächsausbildung. Eine diskursanalytische Studie zu Formen des ärztlichen Gesprächs. Radolfzell (Neuauflage). Kostenloser Download unter „www.verlag-gespraechsforschung.de".

Lalouschek, Johanna (2002b): Frage-Antwort-Sequenzen im ärztlichen Gespräch. In: Brünner, Gisela/Fiehler, Reinhard/Kindt, Walter (Hgg.) (2002a): Angewandte Diskursforschung. Radolfzell, 155-173. Kostenloser Download unter „www.verlag-gespraechsforschung.de".

Lalouschek, Johanna (in Vorb.): Die psychosoziale Anamnese. In: Neises, Mecht-hild/Ditz, Susanne/Spranz-Fogasy, Thomas (Hgg.): Patientenorientiert Reden. Bei-träge zur psychosomatischen Grundkompetenz in der Frauenheilkunde. Stuttgart.

Lalouschek, Johanna/Menz, Florian/Wodak, Ruth (1990): Alltag in der Ambulanz. Ge-spräche zwischen Ärzten, Schwestern und Patienten. Tübingen.

Löning, Petra/Rehbein, Jochen (Hgg.) (1993): Arzt-Patienten-Kommunikation. Analy-sen zu interdisziplinären Problemen des medizinischen Diskurses. Berlin.

Menz, Florian./Nowak, Peter (1992): Kommunikationstraining für Ärzte und Ärztinnen in Österreich: Eine Anamnese. In: Fiehler, Reinhard/Sucharowski, Wolfgang. (Hgg.): Kommunikationsberatung und Kommunikationstraining. Opladen, 79-86.

Neises, Mechthild/Ditz, Susanne/Spranz-Fogasy, Thomas (Hgg.) (in Vorb.): Patien-tenorientiert Reden. Beiträge zur psychosomatischen Grundkompetenz in der Frau-enheilkunde. Stuttgart.

Redder, Angelika/Wiese, Ingrid (Hgg.) (1994): Medizinische Kommunikation: Diskurs-praxis, Diskursethik, Diskursanalyse. Opladen.

Reimer, Christian (1993): Ärztliche Gesprächsführung. 2. überarb. u. erw. Aufl., Berlin.

Roter, Deborah/Hall, Judith (1992): Doctors Talking With Patients/Patients Talking With Doctors. Improving Communication in Medical Visits. London.

Sarangi, Srikant/Roberts, Celia (Hgg.) (1999): Talk, Work and Institutional Order. Dis-course in Medical, Mediation and Management Settings. Berlin.

Schettler, Gotthard/Nüssel, Egbert (1984): Das ärztliche Gespräch und die Anamnese. In: Schettler, Gotthard (Hg.) (1984): Innere Medizin. Bd.1. Stuttgart, 1-12.

Silverman, Jonathan/Kurtz, Suzanne/Draper, Juliet (1998): Skills for Communicating with Patients. Oxon.

Spranz-Fogasy, Thomas (1992): Ärztliche Gesprächsführung – Inhalte und Erfahrungen gesprächsanalytisch fundierter Weiterbildung. In: Fiehler, Reinhard/Sucharowski, Wolfgang (Hgg.) (1992): Kommunikationsberatung und Kommunikationstraining. Opladen, 68-78.

Spranz-Fogasy, Thomas (in Vorb.): Kommunikatives Handeln in ärztlichen Gesprächen – Gesprächseröffnungen und Beschwerdenexploration. In: Neises, Mechthild/Ditz, Susanne/Spranz-Fogasy, Thomas (Hgg.) (in Vorb.): Patientenorientiert Reden. Bei-träge zur psychosomatischen Grundkompetenz in der Frauenheilkunde. Stuttgart.

„Ko-Co-Net": Kommunikationstraining mit Computer und Internet[1]

Franz Januschek

Zusammenfassung

Im Projekt [Level-Q] - *Trainings zur Studien- und Karrieregestaltung* der Universitäten Oldenburg und Hamburg sowie der FH Nordostniedersachsen werden Module zum Erwerb von Schlüsselqualifikationen für Studierende entwickelt, und zwar für ein Web-Based-Training in Verbindung mit kompakten Präsenzphasen. In einem dieser Module, „Selbstpräsentation", lernen die Studierenden, authentische Aufnahmen mit simultan präsentierten Transkripten am PC zu analysieren und zu den jeweils präsentierten Situationen eigene, persönlich angemessene Alternativen zu entwickeln. Diese werden im Tandem mit distanten LernpartnerInnen per Internet optimiert. So vorbereitet probieren die Teilnehmer anschließend unter Anleitung im Kompaktseminar in der Gruppe gemeinsam ihre reflektierten Muster aus.

Das Modul zielt auf die Nutzbarmachung neuer Medien für den Erwerb reflektierter kommunikativer Fähigkeiten. Der Nutzen von E-Learning wird im Erwerb von Kompetenzen, nicht so sehr von Wissen, gesehen. E-Learning ist dabei Bestandteil eines integrierten Lernprozesses, der in pädagogischer Interaktion stattfindet und den Mythos „Mensch-Maschine-Interaktion" überwindet.[2]

Transkriptarbeit als Bestandteil einer Schlüsselqualifikation

Die Arbeit mit Transkripten authentischer Aufnahmen setzt sich nur sehr langsam auf dem Markt für Kommunikationstrainings durch. Das liegt nicht nur an

---

1   Das diesem Aufsatz zugrunde liegende Vorhaben [Level-Q] – Trainings zur Studien- und Karrieregestaltung der Universität Oldenburg (Gesamtprojektleitung: Dr. Heike Tendler), der Fachhochschule Nordostniedersachsen (Projektleitung: Barbara Nickels) und der Universität Hamburg (Projektleitung: Dr. Alexander Redlich) wurde mit Mitteln des Bundesministeriums für Bildung und Forschung im Zeitraum vom 01.01.2001 bis 31.12.2003 unter dem Förderkennzeichen (08NM053) gefördert. Die Verantwortung für den Inhalt dieser Veröffentlichung liegt beim Autor.
2   Näheres unter: www.level-q.de.

dem damit verbundenen hohen Aufwand, sondern auch an der Tatsache, dass das
Verfahren relativ unbekannt ist und sein Nutzen nicht immer spontan einleuch-
tet.[3] Werbung und gute Referenzen durch Pilotprojekte schaffen nur langsam
Abhilfe. Ein anderer Weg könnte darin bestehen, Nachwuchskräften bereits während ihrer Ausbildung den Nutzen von Transkriptarbeit vor Augen zu führen und
sie daran zu gewöhnen – und zwar nicht nur LinguistInnen, sondern gerade auch
Studierende ganz anderer Disziplinen. Viele von ihnen werden dann später im
Rahmen ihrer beruflichen Tätigkeit zu Fortbildungen im Kommunikationsbe-
reich geschickt und es den dortigen TrainerInnen wahrscheinlich nicht durchge-
hen lassen, wenn diese nicht einmal die Arbeit mit Transkripten beherrschen.

Das Projekt *[Level-Q]* der Universitäten Oldenburg und Hamburg sowie der
Fachhochschule Nordostniedersachsen (Lüneburg) vermittelt „Schlüsselqualifikationen" für Studierende aller Fächer in einer Kombination von Web- und Präsenzkursen (Blended Learning). Eines der Module dieses Projekts stützt sich auf
die Arbeit an Transkripten authentischer Aufnahmen.[4]

Das Projekt [Level-Q]

Die Studierenden können sich für eins oder mehrere der folgenden fünf Module
einschreiben, die dann, sollten sie Bestandteil des Curriculums sein, wie eine
normale Lehrveranstaltung auf ihr Studium angerechnet werden:
1. Studienplanung/Zeitmanagement
2. Gesprächsführung
3. Praktikumsvorbereitung
4. Selbstpräsentation
5. Karriereplanung

Nach einer Auftaktveranstaltung bearbeiten die Studierenden selbständig die
Aufgaben, die ihnen per Internet präsentiert werden. Je nach Modul entstehen
dabei unterschiedliche Arbeitsergebnisse, die später dann zur Beurteilung des
Lernerfolgs durch die jeweiligen DozentInnen herangezogen werden. Während
der Arbeit besteht die Möglichkeit zum Austausch über ein auf dem Server ein-
gerichtetes „Café", in dem alle TeilnehmerInnen einen Briefkasten haben. Außer
beim Modul „Praktikumsvorbereitung" schließt sich nach der Arbeit am Internet-

---

3   Hier ist nicht der Ort, um die Vorteile der Arbeit mit Transkripten authentischer Ge-
    spräche für Kommunikationstrainings darzulegen. Es ist mir noch kaum jemand be-
    gegnet, der sich durch solche Darlegungen effektiv hätte überzeugen lassen. Aber es
    ist mir erst recht noch niemand begegnet, der nicht überzeugt worden ist, nachdem er
    sich auf dieses Verfahren einmal eingelassen hatte. Man muss diese Erfahrung einmal
    gemacht haben; das ist es.
4   Authentische Aufnahmen sind nicht leicht zu bekommen. Hier waren es einige Stu-
    dierende, die sich zur Verfügung stellten. Dass es sich um authentische Aufnahmen
    handelt und dass authentische Interaktionen etwas völlig anderes sind als Rollenspie-
    le, merkt man gleich nach den ersten Sekunden.

Programm überall eine Präsenzphase an, in der das Erlernte durch Arbeit in der Gruppe vertieft und gefestigt werden soll.

Natürlich erfordert ein derartiges Projekt neben der hochschul- und fächerübergreifenden Zusammenarbeit auch die Zusammenarbeit von Autoren, Grafikern und Programmierern. Sie ist nicht Gegenstand dieses Aufsatzes. Es soll aber erwähnt werden, dass alle Seiten ihre jeweils eigenen Vorstellungen darüber entwickeln, was das Innovative an dem Projekt sei, und ebenso alle dazu neigen, die jeweils anderen Seiten eher als Vehikel zur Beförderung ihrer eigenen Ideen zu betrachten. Daher war neben allgemeiner Bereitschaft zur Flexibilität vor allem ein sehr hohes Maß an Engagement und Durchsetzungskraft auf Seiten der Projektleitung erforderlich.[5] Da es sich um ein Nachhaltigkeit anstrebendes Pilotprojekt handelt, wird die gesamte Arbeit im Übrigen mit großem Aufwand wissenschaftlich evaluiert.

Zwei der fünf Module stehen einander von der Thematik relativ nahe: „Gesprächsführung" und „Selbstpräsentation". Beide haben es mit der Gestaltung sprachlichen Handelns zu tun. Während das Modul „Gesprächsführung" von Kommunikationspsychologen der Universität Hamburg entwickelt wurde (Alexander Redlich), zeichnet für das Modul „Selbstpräsentation" ein Sprachwissenschaftler verantwortlich (Franz Januschek, Uni Oldenburg, „transcript" Sprach- und Kommunikationsberatung). Das ist gewiss eine ungewöhnliche Kombination – sind doch die Vertreter der respektiven „Schulen" üblicherweise nicht von der Vereinbarkeit ihrer Ansätze überzeugt. Aus Sicht der sprachwissenschaftlichen Gesprächsforschung (meiner Sicht) wird man aber zugestehen müssen, dass wir uns – angesichts des immensen Publikumserfolgs der Schulz-von-Thun-Schule – einem sozusagen vergleichenden Praxistest stellen müssen. Ich werde im Folgenden die Merkmale und Ziele beschreiben, die das von mir verantwortete Modul „Selbstpräsentation" zu einem sinnvollen Studienangebot machen. Sinnvoll, weil es die kommunikativen und reflexiven Potentiale nutzt, die sich durch Computer und Internet eröffnen (und dabei die „Lernmaschinen-Illusion" konsequent meidet).

Modul „Selbstpräsentation" in [Level-Q]

Lernziele:
- Subtile sprachliche und nonverbale Ausdrucksmittel angemessen beurteilen
- Subtile sprachliche und nonverbale Ausdrucksmittel souverän und authentisch beherrschen
- Als ReferentIn selbstbewusst und authentisch mit der eigenen Arbeit und den eigenen Ausdrucksmitteln umgehen
- Als ModeratorIn einer Diskussion Phantasie, Übersicht und Neutralität zeigen

---

5 Das Projekt wird – wie es derzeit aussieht – nach drei Jahren alle seine Ziele erreicht haben. Das besagt auch einiges über akademische Führungsqualitäten.

• Als Prüfling interessanter Gesprächspartner sein
• Persönliche Stärken und Schwächen einschätzen und ändern
• Sich als wissenschaftlich interessierte und gebildete Persönlichkeit präsentieren.

Der Aufbau des Moduls lässt sich am einfachsten graphisch verdeutlichen: (siehe Abb. 1, S.165).

Im Zentrum stehen die Analyse von Szenen aus fünf für Studierende wichtigen Situationen und die Entwicklung persönlicher Verhaltens-Alternativen (Synthesen) zu diesen Szenen. Zu jeder Szene sind mehrere Analyseaufgaben durchzuführen. Zu jeder Lösung bekommt man ein ausführliches automatisches Feedback und kann dazu wiederum einen Kommentar abgeben, der im persönlichen „Logbuch" automatisch festgehalten wird. Für die Synthese-Bastelaufgaben[6] erhält man eine Textfassung des Transkripts sowie einen Katalog von Anregungen für die „Bastelei". Das Basteln selbst erfolgt außerhalb des Moduls im eigenen Textverarbeitungsprogramm. Alle TeilnehmerInnen arbeiten in Tandems und sind gehalten, ihre selbst gebastelten Synthesen per E-Mail mindestens einmal untereinander auszutauschen, um sie zu optimieren, und danach schließlich in eine eigens dafür eingerichtete Datenbank hoch zu laden, die für alle TeilnehmerInnen des gleichen Kurses zugänglich ist. Im Hintergrund läuft ein alle Themen systematisch zusammenfassender Text, dessen einschlägige Abschnitte per Link von den jeweiligen Aufgaben zu erreichen sind, den man aber auch linear lesen kann.

Es gibt in diesem Modul keine automatische Lernerfolgskontrolle oder Bepunktung. Die im Logbuch festgehaltenen Aufgabenlösungen und Feedback-Kommentare sowie die hochgeladenen persönlichen Synthese-Basteleien bilden aber die Grundlage für die vorläufige Beurteilung der TeilnehmerInnen, die dann in der Präsenzphase vervollständigt wird. Dort geht es um die Verbindung von Reflexion und Formulierungsgeschick und die Anwendung des im Web-Based-Training Erarbeiteten, vor allem in Form von Rollenspielen.

Die fünf Situationen, in denen gelernt und geübt werden soll, sind:
1. Referat
2. Moderation einer Seminardiskussion
3. Mündliche Prüfung
4. Telefonat mit einem Dozenten
5. Vorstellungsgespräch (für eine Hilfskraftstelle).

---

6   „Basteln" bedeutet hier: aus den vorhandenen Textbestandteilen und aus vorgeschlagenen weiteren Bestandteilen ein eigenes, neues und den eigenen Bedürfnissen angepasstes Skript für die betreffende Situation zusammenzusetzen. Dabei muss man über eine bloße „Textbastelei" hinausgehen, insofern auch para- und nonverbale Elemente zu verwenden sind.

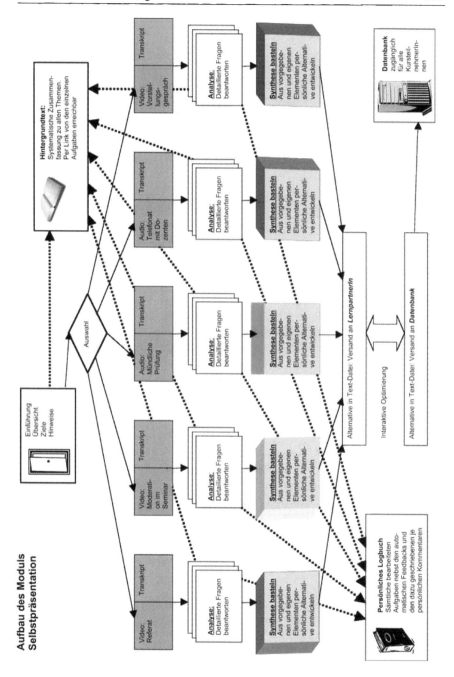

Zu jeder dieser Situationen werden acht Szenen präsentiert, die man auswerten soll, bevor man eine eigene Alternative formuliert. Die Szenen zum Kapitel 2: „Moderation einer Seminardiskussion" sind z.b. überschrieben mit:

* Diskussionseinleitung
* Anregungen
* Neutral zuhören
* Klärung eines Beitrags
* Rückverweis und roter Faden
* Neuer Abschnitt
* Eine Frage weitergeben
* Zusammenfassung.

Diese Szenen sind authentische Ausschnitte aus zwei studentischen Seminar-Moderationen und dauern jeweils zwischen einer halben und zweieinhalb Minuten.

Die Arbeitsschritte am Beispiel

Ich führe als Beispiel die erste Aufgabe der sechsten Szene zum Kapitel „Referat" an (vgl. Abb. 2)[7], in der es darum geht, wie man sich verhalten kann, wenn statt erhoffter studentischer Fragen der Dozent eingreift – eine Situation, wie sie ähnlich durchaus auch außerhalb der Hochschule vorkommt, wenn man z.b. im Beisein von Vorgesetzten vor Mitarbeitern einen Vortrag halten muss (siehe Abb. 2, S. 167).

Man klickt zunächst auf das Bild links oben und kann dann die Video-Aufnahme verfolgen. Rechts daneben liest man das entsprechende Transkript, das sich scrollen lässt. Wie ein solches Partitur-Transkript funktioniert, müssen die LernerInnen im Wesentlichen ad hoc erkennen, indem sie es mit Video und Ton vergleichen.[8] Zu dieser Szene wird dann links eine Aufgabe gestellt, zu der man eine von drei möglichen Antworten anklicken kann. Wer unsicher ist, kann auch den Button zur im Hintergrund laufenden systematischen Zusammenfassung anklicken. Der Link führt von hier direkt zum Abschnitt über „Impulse für Zuhörer-Reaktionen" in dieser Zusammenfassung. Die Entscheidung für eine der bei der Aufgabe vorgegebenen Lösungen ist die Voraussetzung dafür, dass man über einen Button weiter unten auf die nächste Seite gelangt, wo man ein Feedback zur gewählten Antwort erhält. Wer z.B. bei dieser Aufgabe die Antwort A angeklickt hat, erhält folgende Antwort:

Das ist nicht ganz richtig. Nicht bei jeder Frage muss man im Deutschen die Stimme heben. Dass Kathrin hier die Stimme senkt, zeigt nur, dass ihre Äußerung jetzt fürs erst

---

7   Die Abbildungen 2 bis 4 sind Screenshots. Grafik und Layout von Thomas Robbers (Eggerstorfer und Robbers GmbH Oldenburg).

8   In der Einführung zum Modul wird eine sehr knappe Erklärung von Form und Funktion von Transkripten geliefert.

[Level-Q] NEXT

Trainings zur Studien- und Karrieregestaltung

»Download »C@f6 »Übersicht »Hilfe »Suche »Status »EXIT

SELBSTPRÄSENTATION

4.1 Einführung
4.2 Referat
4.3 Moderation
4.4 Mündliche Prüfung
4.5 Telefonat
4.6 Vorstellungsgespräch
4.7 Logbuch
4.8 Sitemap
4.9 Dateiupload-Synthese

SYNTHESE

4.2.6 Dozent greift ein

[Aufgabe 1] [Aufgabe 2] [Aufgabe 3]

Text Transkript

Sie sehen hier den gesprochenen Text des Transkripts. Den können Sie so verändern, wie Sie selbst gern sprechen würden, wenn Sie an der Stelle der Referentin wären. Fügen Sie auch Intonationsmarkierungen, Pausen etc. hinzu sowie Hinweise zu Ihrem angemessenen nonverbalen Verhalten. Wenn Sie alles ganz anders machen wollen, denken Sie an z.B. folgende "Bausteine" Ihrer Präsentation:

· ZuhörerInnen zur Reaktion auffordern: Möchte vielleicht jemand von euch ...
· Einen Fachterminus erklären: Unter "Ambiguitätstoleranz" versteht man ...
· Auf Nachfragen von Dozenten eingehen: Ja, das ist ein schwieriger Punkt ...
· Pausen
· Publikum angucken
· Dozent angucken
· Auf Projektor oder Unterlagen gucken
· Aufstehen und an die Tafel gehen
· Hände beim Sprechen bewegen

Kathrin: gibts: zu diesem Punkt Fragen also es is ja jetzt irgend(unv.) (3 sec.)

Doz: Kathrin Sie sollten n paar Wörter erklärn Ambiguitätstoleranz

Kathrin: ja (2 sec.) also Ambiguität ist halt Mehrdeutigkeit (2 sec.) dass man ja wie sollich das jetzt erklärn dass man die toleriert .. kann mans-kann mans gibts da ne direkte Übersetzung für aso n direkten-direktes richtig deutsches Wort

[Hinweis]

FERTIG!
Alternative zur Datenbank

Weiter ▶ ...

einmal beendet ist und dass sie das Rederecht an das Publi-kum übergeben möchte. Aller-dings: Wenn sie die Stimme auf „Fragen" angehoben hätte, so hätte das ihre Frage dring-licher gemacht – und das Ausbleiben einer Reaktion von Seiten der Zuhörerschaft wäre viel peinlicher gewesen.

Zu dieser Antwort kann man dann in ein Textfeld, das sich neben dem gege-benen Feedback befindet, einen freien Kommentar eintragen. Dieser Kommentar wird (mitsamt der Aufgabe, der angeklickten Antwort und dem automatischen Feedback) unter dem Bearbeitungsdatum ins persönliche Logbuch übernommen (siehe Abb. 3, S.169).

Außerdem kann man unterhalb des Feedback-Feldes noch ein Fenster öffnen, in dem die Feedbacks zu den übrigen Antworten angezeigt werden, die man hätte anklicken können. Danach kann man die zweite der drei Aufgaben zu dieser sechsten Szene des Kapitels „Referat" bearbeiten. Erst wenn man alle drei Auf-gaben bearbeitet hat, gelangt man zur Synthese-Aufgabe (siehe Abb. 4, S. 170).

Die dort angebotene Fließtext-Version des Transkripts kann man in sein ei-genes Textverarbeitungssystem kopieren und dort editieren. Um die eigene Phantasie anzuregen, wird links ein Katalog von Bausteinen angeboten, an denen man sich dabei orientieren kann (nicht muss). Die TeilnehmerInnen werden im-mer wieder darauf hingewiesen, dass sie das Internet zur Optimierung ihrer ge-bastelten Alternativen nutzen, indem sie sich darüber mit ihren Tandem-PartnerInnen austauschen.[9] Die fertig gebastelte eigene Alternative wird dann innerhalb von [Level-Q] (in der Benutzergalerie, wo jedeR ein eigenes Postfach hat) in eine Datenbank hochgeladen, die sich alle TeilnehmerInnen des Moduls ansehen können.

Das Modul wird in einer Pilotphase von ca. 60 Studierenden im Sommerse-mester 2003 an den Universitäten Hamburg und Oldenburg besucht und dabei begleitend evaluiert.

---

9   Ursprünglich war vorgesehen, hier nicht nur eine Text-, sondern eine Video- oder we-nigstens Audio-Version zu implementieren und dann direkt innerhalb von [Level-Q] eine Verbindung zwischen den jeweiligen Tandems herzustellen. Dies erwies sich unter den gegebenen Bedingungen als zu aufwändig.

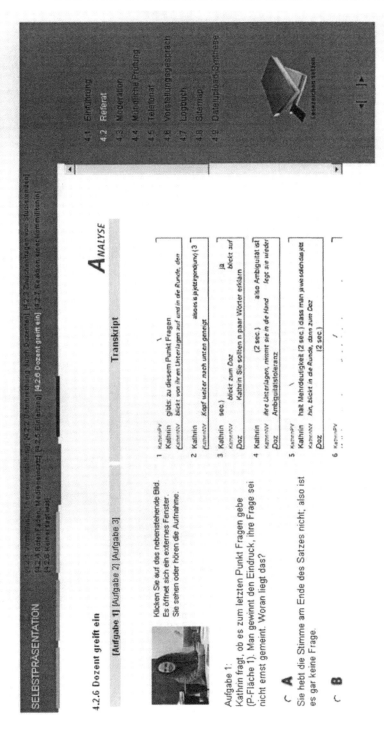

»Download »Café »Übersicht »Hilfe »Suche »Status »EXIT

[Level-Q]™   Trainings zur Studien- und Karrieregestaltung

SELBSTPRÄSENTATION

4.1 Einführung
4.2 Referat
4.3 Moderation
4.4 Mündliche Prüfung
4.5 Telefonat
4.6 Vorstellungsgespräch
4.7 Logbuch
4.8 Sitemap
4.9 Dateiupload-Synthese

LOGBUCH

Hier können Sie noch einmal Ihre sämtlichen automatischen Logbuch-Eintragungen nachschlagen. Um die Details zu sehen, klicken Sie bitte auf die betreffenden als Links hervorgehobenen Wörter.

Name: Beckermrotzek

Bearbeitungsdatum:	Pfad der Aufgabe:	Gegebene Antwort:	Automatisches Feedback:	Persönlicher Kommentar:
13.01.2004	4.2.6.1 Kathrin fragt, ob es zum letzten Punkt Fragen gebe (P-Fläche 1). Man gewinnt den Eindruck, ihre Frage sei nicht ernst gemeint. Woran liegt das?	Sie hebt die Stimme am Ende des Satzes nicht; also ist es gar keine Frage.	Das ist nicht richtig. Nicht bei jeder Frage muss man im Deutschen die Stimme heben. Dass Kathrin hier die Stimme senkt, zeigt nur, dass ihre Äußerung jetzt fürs erste einmal beendet ist und dass sie das Rederecht an das Publikum übergeben möchte. Allerdings: Wenn sie die Stimme auf "Fragen" angehoben hätte, so hätte das ihre Frage dringlicher gemacht – und das Ausbleiben einer Reaktion von Seiten der Zuhörerschaft wäre viel peinlicher gewesen.	

Technische Probleme

So unerhört die technischen Möglichkeiten auf den ersten Blick erscheinen, die sich in einer virtuellen Lernumgebung eröffnen, so kläglich nehmen sich doch oft die gefundenen Lösungen aus, wenn man sie an zeitgemäßen didaktischen Ansprüchen misst. Eine Aufgabe mit Auswahlantworten, von denen genau eine richtig ist, lässt sich einfach und billig programmieren; aber schon, wenn mehr als eine Antwort richtig sein soll, wird es schwierig und teuer, ganz zu schweigen von Aufgaben, wo es mehrere Abstufungen gibt. Wer Pädagogik und Didaktik ernst nimmt, dem muss die immer weitere Ausbreitung der Auswahlantworten-Tests erhebliche Bauchschmerzen bereiten, weil dadurch Stumpfsinn gefördert und Reflexion bestraft wird. Auch im Modul „Selbstpräsentation" mussten die meisten geplanten Aufgabentypen geopfert werden, weil sie mit den begrenzten finanziellen Mitteln nicht zu programmieren waren. Anstatt nun allerdings den gesamten Stoff in das Korsett von Multiple Choice zu pressen, wurde konsequent auf Interaktivität gesetzt:

- Anstatt programmiertechnisch zu komplizierte Aufgaben in Richtung Auswahlantwort zu vereinfachen, wurde in der Regel die Eingabe von Freitext ermöglicht. Das ist natürlich nur sinnvoll, wenn jemand diese Texte liest und beurteilt: ein deutlicher Hinweis darauf, dass es sich bei [Level-Q] nicht um eine Interaktion von Mensch und Maschine handelt, sondern von Mensch zu Mensch über das maschinelle Medium.
- Anstatt die Eindeutigkeit von Auswahlantworten im Hinblick auf „richtig" oder „falsch" zu erhöhen, wurde auf ein ausführliches, abwägendes und begründendes Feedback gesetzt, zu dem außerdem noch ein freier Kommentar abgegeben werden kann.
- Anstatt die Anzahl der Auswahlantworten so zu verringern, dass es immer nur eine einzige richtige Antwort gibt, wurde die Möglichkeit eingebaut, sich die Feedbacks zu allen anderen (ebenfalls richtigen und weniger richtigen) Antworten anzeigen zu lassen (und dies zu kommentieren).
- Anstatt einen Algorithmus zur Unterscheidung gut und weniger gut „gebastelter" Synthese-Szenen einzubauen, wurde auf interaktive Optimierung im Lerntandem und anschließende persönliche Begutachtung durch DozentInnen gesetzt.
- Anstatt mangels technischer Möglichkeiten auf das Editieren von Transkript-Partituren innerhalb der Lernumgebung ganz zu verzichten, wird der Transkript-Text zum Kopieren ins private Textverarbeitungssystem angeboten, wo die Editier-Funktionen flexibler sind und der Austausch zu den LernpartnerInnen via E-Mail-Attachment möglich ist.

Lerntheoretische Voraussetzungen

Hinter diesen Entscheidungen steht folgendes Prinzip: Lernen muss in einem einheitlichen Prozess von Interaktion und Reflexion erfolgen. Der ideale Lehrer kann daher nicht als Computer konzipiert werden, der – und sei es noch so differenziert – auf jeden meiner Lernschritte mit der effizientesten Antwort (im Sinne eines optimalen Lernprozesses) reagiert. Internet und Computer müssen als *Medien* des Lernprozesses betrachtet und optimiert werden, und nicht als lehrender *Partner* des Lerners.

Zwar gibt es in den meisten Fachgebieten eine Menge Kenntnisse, die man schlicht *wissen* muss, und geistige oder körperliche Operationen, die man durch schlichtes *Üben* lernen muss. Aber das sind typischerweise gerade jene Kenntnisse und Fertigkeiten, die zunehmend in allzeit verfügbare Automaten und Datenbanken eingebaut werden, um den „kreativen" Menschen von ihnen zu entlasten. Von daher wäre es wenig sinnvoll, ausgerechnet für den Erwerb solchen Lernstoffs die neuen Medien einzusetzen.

Natürlich gibt es einen großen Fundus von Verhaltensmustern, die sich allgemein als förderlich für die Selbstpräsentation erwiesen haben. Weil es sich um Muster handelt, liegt der Gedanke nahe, die in Multi-Media liegenden Möglichkeiten des effektiveren Selbstlernens für ihre individuelle Aneignung zu nutzen. Im Prinzip ließe sich ein differenzierteres und individualisierteres Training programmieren, als es ein einzelner menschlicher Trainer anbieten könnte. Entscheidend ist aber, dass Selbstpräsentation ein Bestandteil von Kommunikation ist und dass Kommunikation nur in und durch Kommunikation gelernt werden kann. Für Schlüsselkompetenzen im Umgang mit anderen Menschen dürfte grundsätzlich gelten, dass sie außerhalb solchen sozialen Umgangs schwerlich erworben werden können. Um genau dies zu verbessern, können Computer und Internet genutzt werden. Ihre eigentliche Stärke liegt darin, diesen Lernprozess zu revolutionieren, indem

1. Reflexivität und
2. Interaktivität

des Lernprozesses auf eine qualitativ neue Stufe gehoben werden: Man wird sich seiner selbst bewusst und nutzt den Spiegel des gemeinsamen Handelns mit anderen zur Selbstentfaltung.

Zu 1. Es wird möglich, die Feinheiten des eigenen verbalen und non-verbalen Verhaltens zu *betrachten* und zu *analysieren*:

Betrachten: Audio- und Video-Aufnahmen.

Analysieren: Transkripte, die die Elemente und Muster der Äußerungen und Handlungen sichtbar machen. Dadurch wird die „Tiefe" des eigenen Handelns erkennbar und bearbeitbar.

Zu 2. Es wird möglich, mit Kommunikationspartnern online am eigenen und fremden Verhalten zu „basteln", Alternativen, auch sehr subtile wie das Heben der Stimme, das Senken des Blicks oder das Wenden der Handfläche auszuprobieren und auf Stimmigkeit und Wirkung hin zu überprüfen.

Erst wenn die komplexe Mannigfaltigkeit von Verhaltensmustern in der Interaktion mit dem menschlichen Gegenüber lebendig gemacht wird, entsteht aus Anpassung Aneignung. Das reiche Repertoire an Verhaltensmustern, das die Studierenden erwerben sollen, muss ein reiches Repertoire an kommunikativen Erfahrungen sein – und gerade dafür und in diesem Sinne kann das Medium genutzt werden. Das Multi-Media-Lernen muss von vornherein als interaktiv eingebettet konzipiert werden.

Computer als Voraussetzung für die Arbeit mit Transkripten

Transkripte sind nicht bloß ein Repräsentationsmittel zum Festhalten des Gesprochenen auf dem Papier. Ein Transkript ist gleichzeitig ein Interpretationswerkzeug. Denn natürlich gibt es das Gespräch weniger genau wieder als eine Audio- oder Video-Aufnahme. Welche verbalen und nonverbalen Merkmale mit welcher Genauigkeit erfasst werden, ist durchaus (in Grenzen) verschieden, je nachdem, wer mit welchen Perspektiven das Transkript anfertigt. Aber das Gesehene und Gehörte konventionellen schriftlichen Zeichen zuzuordnen, ist eine intellektuelle Leistung, eine *Deutung*.

Nicht dass die jeweilige Deutung „richtig" ist, das Gespräch also präzise und getreulich in der Schrift festhält, ist das Entscheidende, sondern die Tatsache, dass diese Deutung überhaupt stattfindet. Es ist eine Deutung, die das Gesagte vom damit zu verstehen Gegebenen zunächst abspaltet, um anschließend das Zustandekommen eines bestimmten Verständnisses besser beurteilen zu können. Um es am Beispiel zu verdeutlichen: In Abb. 2 ist bei Kathrins erster Äußerung das Wort „Fragen" mit fallender Intonation (\) transkribiert. Um diese Markierung machen zu können, muss dem Transkribenten zunächst einmal bewusst geworden sein, dass sie das gleiche Wort an dieser Stelle auch mit steigend-fallender (/ \), mit fallend-steigender (\ /), mit steigender (/) oder mit gleich bleibender (–) Intonation hätte sprechen können und dass dies jeweils wichtige Bedeutungsnuancen geändert hätte. Wer mit Transkripten arbeiten lernt, lernt eben diese Art des Deutens.

Es handelt sich um ein reflektiertes Deuten, und zwar im wörtlichen Sinne. Denn der Blick, der die im Transkript festgehaltenen Zeichen zu begreifen sucht, liest nicht linear, sondern schweift in Muße hin und her und trägt immer neue Hypothesen an die Zeichen auf der Papierfläche heran. Er lässt sich nicht mit dem gehetzten Blick auf ein Video vergleichen, der an das eindimensionale zeitliche Kontinuum gebunden ist, den Film zwar anhalten kann, aber niemals zeitübergreifende Strukturen nebeneinander betrachten kann.

Man kann also davon ausgehen, dass das Arbeiten mit Transkripten eigener oder fremder Gespräche die soziale Reflexionsfähigkeit fördert. Das volle reflexive Potential der Transkript-Arbeit lässt sich allerdings erst mit einem geeigneten Computerprogramm ausschöpfen. Alle transkribierenden LinguistInnen kennen die Mühsal, die durch die Notwendigkeit entsteht, simultan Gesprochenes

oder auch nur das Sprechen begleitende Aktivitäten (Gestik, Mimik, ...) und
Merkmale des Gesprochenen (Lautstärke, Intonation, Schnelligkeit, ...) auf dem
Papier festzuhalten: Die Repräsentation des Gesprächs wird flächig, wird zur
Partitur mehrerer gleichzeitiger „Stimmen", bei der jede Veränderung in einer
der „Stimmen" eine Verschiebung auch der übrigen Zeilen der Partiturfläche zur
Folge haben muss, wenn denn das zeitliche Kontinuum des Gesprochenen durch
die Links-Rechts-Oben-Unten-Dimension auf dem Papier eindeutig wiedergege-
ben werden soll.[10] Weder handschriftlich oder mit der Schreibmaschine noch mit
einem einfachen Textverarbeitungsprogramm lässt sich dies problemlos machen.
Erst die noch wenig verbreiteten Transkriptionsprogramme ermöglichen das
Verschieben ganzer Partiturflächen mit beliebig vielen „Stimmen"-Zeilen und
auch mit der Einbindung des Simultanzugriffs auf die zugehörigen Video- und
Audiodateien. Durch diese Flexibilität kann die Tätigkeit des Lesens und Schreibens ihre neue reflexive Qualität voll ausspielen: Elemente des Transkripts können beliebig modifiziert, ergänzt, ausgetauscht oder weggelassen werden, wobei
jedes Mal die Frage gestellt werden kann, was dies zu möglichen Verstehenswei-
sen des Gesprochenen beitrüge.

Es scheint, als werde damit die gesprochene Sprache in den Bereich der
Schriftlichkeit geholt, zu deren konstitutiven Merkmalen ja diese Planbarkeit und
Reflexivität von Anfang an gehört. Der Unterschied ist allerdings der, dass
Schreiben und Lesen *grundsätzlich* mittels einer endlichen Menge konventio-
neller Zeichen erfolgt, die bewusst gewählt werden müssen, während das Lesen
und Schreiben von Transkripten *im Nachhinein* nach konventionellen Elementen
im Gesprochenen *sucht*, dessen Spontaneität aber dadurch nie *vollständig* auf
den Begriff gebracht werden kann. Und so werden auch modifizierte Transkripte, wenn man sie als Vorlagen-Skripte für zu Sprechendes verwendet, eben dieses niemals *vollständig* determinieren können. Weder wird also das Lesen und
Schreiben von Transkripten so etwas wie das Lesen und Schreiben von Büchern
oder Briefen, noch wird das Führen von Gesprächen so etwas wie die Auffüh-
rung eines Schauspiels oder die Realisierung eines Drehbuchs. Lediglich ein
qualitativer Sprung in der Reflexivität der oralen Sprachpraxis findet statt.

Diesem qualitativen Sprung in der Reflexivität der eigenen Sprachpraxis
dient auch das Basteln von Synthesen aufgrund der vorhandenen Transkripte im
Modul „Selbstpräsentation" von [Level-Q]. Es ist dieser Gedanke, der es überhaupt vertretbar macht, die Studierenden mit – linguistisch gesehen – völlig un-
zureichenden technischen Mitteln zur Arbeit mit Transkripten zu bewegen. Unzureichend ist, dass die Transkripte der Video- und Audioaufnahmen nur als
Grafiken zugänglich und nicht editierbar sind; unzureichend mag auch sein, dass
diese Transkripte nur wenig prosodische, nonverbale und paraverbale Merkmale
wiedergeben; unzureichend ist natürlich auch, dass die Studierenden gezwungen

---

10 Wollte man z.B. im Transkript von Abb. 2 in der ersten Partiturfläche zu Kathrins
   nonverbalem Verhalten das Wort „lächelt" hinzufügen, so würde sich der Zeilenum-
   bruch aller Partiturzeilen ändern müssen, ohne dass diese Zeilen gegeneinander ver-
   schoben werden.

sind, ihre Synthese-Basteleien in ihrem eigenen Textverarbeitungssystem durchzuführen, wo das Erstellen eines Partitur-(Tran)Skripts sehr umständlich ist. Trotz dieser Unzulänglichkeiten wird ihnen die neue Qualität der Reflexion über mündliche Kommunikation gerade durch das „Basteln" ohne weiteres einleuchten.

Internet als Voraussetzung für transkriptbasiertes Kommunikationstraining

Jedes Kommunikationstraining, also auch das Training von Selbstpräsentation, erfordert das Ausprobieren und Üben bestimmter Verhaltensformen. Welche Formen unter welchen Umständen angemessen und authentisch sind, lässt sich nur begrenzt nach allgemeinen Regeln vorhersagen; es muss sich letztlich auf eigene kommunikative Erfahrungen gründen, die im Training mindestens simulativ (Rollenspiele u.a.) zu ermöglichen sind. Man braucht kommunikativen Austausch, also PartnerInnen.

Traditionelle Trainings in Präsenz-Seminar-Form stoßen hier an ihre Grenzen, wenn sie das Arbeitsmittel Transkript einsetzen wollen. Denn Transkripte entfalten ihr reflexives Potential wie gezeigt erst dadurch, dass sie als veränderbar betrachtet werden – durch systematisches Modifizieren, Ergänzen und Streichen einzelner Elemente. Dies kann am PC gemacht werden; aber wenn ich wissen will, wie mein Kommunikationspartner bestimmte systematische Variationen der kommunikativen Formen findet, so muss er Zugang zu meinem PC haben, d.h. entweder gemeinsam mit mir davor sitzen oder mit meinem PC vernetzt sein.[11] Sollte man also Kommunikationstrainings in PC-Labors oder mit aufgeklappten Notebooks durchführen? Ich meine, es ist vernünftiger, ein Training in eine Selbstlernphase mit vernetzten Lerntandems einerseits und in eine Präsenzphase mit Rollenspielen o. Ä. als Erprobung gebastelter Skripte andererseits aufzuteilen. Eben dies ist das Konzept, das wir in [Level-Q] verfolgen. Selbstverständlich wäre alternativ auch ein mehrfaches Abwechseln von Internet- und Präsenzphasen denkbar.

Intuitiv ist dabei klar, dass man kommunikative Fähigkeiten nicht gänzlich via Internet vermitteln kann. Dies sollte aber darüber hinaus auch theoretisch klar sein, sonst entstehen allzu leicht falsche Vorstellungen: Die hier vorgeschlagene Kombination von web-basiertem und Präsenzlernen ist nicht billiger (weil weniger personalintensiv), sondern besser als traditionelles Kommunikationstraining. Spontane verbale Kommunikation wird prinzipiell niemals das Auffüh-

---

11 Das wird erst recht in Zukunft gelten, wenn zur Modifikation von Transkripten auch noch die Modifikation der zugehörigen Aufnahmen hinzukommen sollte. Die entsprechende Software ist zur Zeit aber noch nicht überall verfügbar und der Internet-Austausch entsprechender Audio- und Video-Dateien würde auch zuviel Zeit erfordern. Im Prinzip wäre es aber durchaus möglich, Audio- und Video-Aufnahmen in bastlerischer Absicht zu manipulieren.

ren von geplanten Skripts sein können. (Letzteres ist gerade das peinlich-komische Ergebnis schlechter Trainings mit Gesprächsleitfäden und Vorformu-lierungen.) Der Zweck „gebastelter" Planungen kann also auch nicht darin lie-gen, sie anschließend in der Realität aufzuführen. Der Zweck ist vielmehr, eine reflektierte Flexibilität im Umgang mit Mustern diskursiven Handelns zu ver-mitteln: Nur wer viel geplant und gebastelt hat, ist auch in der Lage, spontan – aber dennoch bewusst – von seinen Plänen abzuweichen und sich auf Situationen einzulassen, die grundsätzlich immer von beiden Seiten, Sprechern und Ange-sprochenen, entwickelt werden. Dass für die Vermittlung dieser reflektierten Flexibilität ein qualifiziert betreuter Lernprozess – sowohl in der Internet- als auch in der Präsenzphase – notwendig ist, sollte unmittelbar einsichtig sein.

Zusammenfassung

Die Arbeit mit Transkripten ist das überlegene und zeitgemäße Mittel, kommu-nikative Fähigkeiten zu trainieren und deren Reflexivität auf ein neues Niveau zu heben.

Erst durch die Arbeit am PC und durch Vernetzung mit LernpartnerInnen lässt sich das Potential der Arbeit mit Transkripten voll ausschöpfen.[12]

Die Integration von Web- und Präsenzkursen (Blended Learning) ist daher für ein zeitgemäßes Kommunikationstraining erforderlich.

Im Modul „Selbstpräsentation" von [Level-Q] wird – unter zurzeit noch technisch schwierigen Bedingungen – dieser Innovationsschritt gemacht.

Die Studierenden lernen die Arbeit mit Transkripten als Bestandteil kommu-nikativer Schlüsselkompetenzen. Gerade weil sie linguistische Laien sind und auch bleiben dürfen, kann von hier ein breiter Innovationseffekt in Richtung auf allgemeine Nutzung von Transkripten als Reflexionsmittel in der Fort- und Weiterbildung ausgehen. Transkriptarbeit wird sich zum unverzichtbaren Be-standteil der Vermittlung kommunikativer Kompetenzen entwickeln.

---

12 Das soll nicht bedeuten, Transkriptarbeit ohne PC und Vernetzung sei sinnlos. Ihr Potential hat sie auch in Präsenzkursen in- und außerhalb der Hochschule oft genug bewiesen.

Die Vermittlung interkulturellen Handlungswissens mittels der Simulation authentischer Fälle[1]

Lucia Lambertini / Jan D. ten Thije

1 Einführung

Dieser Beitrag widmet sich der Anwendung diskursorientierter Trainingskonzepte für interkulturelle Kommunikationstrainings (vgl. Liedke et al. 1999; Müller-Jacquier/ten Thije 2000; ten Thije 2001). Die Analyse fokussiert das von Becker-Mrotzek/Brünner (1999b) entwickelte Verfahren der Simulation authentischer Fälle (SAF). Auf Basis der Analyse von Trainingsdiskursen von Mitarbeitern mehrerer Behörden, die an einem interkulturellen Training teilnahmen, wird diskutiert, ob sich das Verfahren für die Zwecke interkultureller Kommunikationstrainings eignet[2]. Die Zielsetzung interkultureller Trainings, die hier insbesondere betrachtet werden, betrifft die Fähigkeit, fremde Sichtweisen zu übernehmen und in die eigene zu integrieren. Die Untersuchung zeigt, dass das SAF-Verfahren eine Möglichkeit bietet, automatisierte Interpretationsmuster durch einen Reflexionsprozess zu de-automatisieren und in eine problembewusste und -lösende Fähigkeit umzuwandeln. Um den Kompetenzerwerb der Teilnehmer zu rekonstruieren, werden Beispiele von Trainingsdiskursen analysiert, in denen verschriftete authentische Fälle und ihre Simulation durch die Teilnehmer kommentiert und bewertet werden.

2 Simulation authentischer Fälle (SAF)

Das Verfahren der Simulation authetischer Fälle (SAF) von Becker-Mrotzek/ Brünner (1999b) ist eine diskursanalytisch fundierte Methode, die Professionel-

1   Wir danken Ulrich Bauer, Gisela Brünner, Michael Becker-Mrotzek und Mechthild Gallwas für ihre Kommentare.
2   Die Trainingsmaßnahme fand im Rahmen einer Kooperation der Professur Interkulturelle Kommunikation der Technischen Universität Chemnitz und der Stadtverwaltung der Stadt Chemnitz statt. Cornelia Wustmann, Gratien Atindogbe, Natalia Solovjeva, Anke Teubner und Jan ten Thije waren an der Durchführung des Trainings beteiligt.

len handlungsorientiertes Lernen ermöglicht. Die Trainingsleiter dokumentieren und analysieren zuerst das alltägliche berufliche Handeln der zu trainierenden Gruppe von Professionellen. Aufgrund ihrer Analyse der typischen Problemstrukturen des jeweiligen Berufsfeldes und ihrer aktuellen Beobachtungen der authentischen Diskurse wählen sie einen realen Fall, der latente Konflikte, Ineffizienz oder eine unbefriedigende Kommunikation aufweist. Aus dem authentischen Fall gewinnen die Trainer Handlungsanweisungen für die Simulation, die „rekonstruierte Problemstrukturen" (Becker-Mrotzek/Brünner 1999b, 72) enthalten; letztere sollen in Szene gesetzt und schrittweise entfaltet werden, damit sie für die Rezipienten nachvollziehbar werden. Es geht dabei um „sachliche Konstellationen" (ibid.), die konkrete berufliche Situationen schildern. Die Teilnehmer übernehmen Rollen, die ihrem alltäglichen beruflichen Handeln nahe stehen; in diesem Sinne *spielen sie eigentlich sich selbst*; das reduziert die Wahrscheinlichkeit von Spieleffekten oder Artefakten erheblich.

Ein wesentlicher Unterschied zwischen einer Simulation nach SAF-Verfahren und einem traditionellen Rollenspiel besteht darin, dass sich letzteres nicht auf die Rekonstruktion und Analyse eines authentischen Falls stützt; deshalb sind die beruflichen Aspekte, die in das Rollenspiel miteinfließen, weder empirisch abgesichert noch didaktisch systematisiert. Indem das SAF-Verfahren direkt an die authentische berufliche Praxis anknüpft, „werden die Handlungkonsequenzen, die sich gerade für den Berufsalltag ableiten lassen, prägnanter erkennbar. Das erleichtert den Transfer auf Einstellungen und Handlungen im Beruf" (ibid., 74). Die Teilnehmer bringen in der Simulation Argumente vor, die „neu sind und unmittelbar auf die berufliche Problemlage selbst einwirken" (ibid., 79).

Der Zweck des SAF-Verfahrens ist die Erhöhung der sprachlich-kommunikativen, institutionellen und selbstreflexiven Kompetenz von Professionellen (Becker-Mrotzek/Brünner 1999a, 36). Letztere diene dazu, „die eigene tertiäre Sozialisation zu reflektieren. (...) Solche tradierten und eingeschliffenen Handlungen und Sichtweisen kritisch reflektieren zu können, ist Voraussetzung für ihre Veränderung" (ibid., 37). Nach Antos (1992) könnte man hier von einem Deautomatisierungsprozess sprechen, der im Training durch Reflexion entsteht und die Voraussetzung für das Aufzeigen von Handlungsalternativen schafft, die aus der gemeinsamen Diskussions- und Simulationspraxis erwachsen.

3 Die Veränderbarkeit kommunikativen Handelns

Die Diskursforschung hat eine skeptische Haltung gegenüber einer Vorstellung, kommunikatives Handeln ließe sich durch Schulung direkt verändern, das in vielen traditionellen Kommunikationstrainings mit einem technischen Verständnis von Kommunikation zum Ausdruck kommt (vgl. Fiehler/Sucharowski 1992, 31). Fiehler (1995a) untersucht dazu die Praxis betrieblicher Kommunikationstrainings und deckt ihr Monierschema auf. Als Monitum bezeichnet er die Identifizierung des problematischen kommunikativen Phänomens und das Aufzeigen von Alternativen. Das sprachliche Handeln werde negativ bewertet, wenn eine Diskrepanz zwischen ihm und einer Norm registriert werde. Die Mitkonstruktion des Hörers werde in dieser Didaktik nicht berücksichtigt, da Sprache als ein „Werkzeug in der Hand der einzelnen Person" angesehen werde (Fiehler 1995a, 123). Die Fehlerdiagnose erfolge „eindimensional" (ibid., 122).

Eine ähnliche Kritik betrifft die Methode *Video-Feedback* des Rhetorik-Trainings. In Rhetorik-Trainings wird das psychologische Konzept der Selbstwahrnehmung als Fremdwahrnehmung eingesetzt. Brons-Albert (1995, 40) schreibt dazu: „Die ausdrückliche Funktion dieser Videoaufnahmen ist, dass die Kursteilnehmer sich selbst in ihrem kommunikativen Verhalten so wahrnehmen sollen, wie sie jemand von außen wahrnimmt. Dann wird er (der Trainee) durch den Trainer mit dem richtigen Verhalten konfrontiert, im Normalfall durch eine direkte Korrektur (‚Sie hätten XYZ sagen/tun müssen')". Die direkte Korrektur deutet auf ein normatives und deduktives Verfahren hin; dieses kann einschüchternd auf Teilnehmer wirken und eventuell manipulative Aspekte mit sich bringen, die von den oben geschilderten Momenten der Selbstreflexion und der De-automatisierung im Sinne einer diskursanalytischen Herangehensweise und einer „holistischen Verbesserung der kommunikativen Fähigkeit" (Fiehler 1995b, 149) unterschieden werden müssen.

Antos (1992) nennt Hintergründe für diese Diskussion über die sprachlich-kommunikativen Handlungsänderungen bei Erwachsenen, indem er Theorien der Sprechtätigkeit heranzieht, die der sowjetischen Psycholinguistik von Leontjev und dem Behaviorismus entstammen. Außerdem beschäftigt er sich mit dem Erklärungsmuster von Chomsky, das zwischen linguistischer Kompetenz und Problemlösungsfähigkeit unterscheidet. Bei der angeborenen Sprachfähigkeit (linguistische Kompetenz) spielt nach Chomsky der Begriff der Automatisierung eine Rolle. Nach Leontjev können automatisierte Fertigkeiten durch einen Reflexionsprozess de-automatisiert werden und in die reflexive, kreative, problemlösende Fähigkeit umgewandelt werden. Die Frage nach einer umfassenden De-automatisierung von eingeschliffenen Fertigkeiten bei dem sprachlich-kommunikativen Handeln von Erwachsenen muss nach Antos partiell negativ beantwortet werden.

Antos (1992) erörtert in diesem Zusammenhang auch die These der Monitoring-Prozesse, die von Krashen (1981) stammt und sich primär mit Strukturen des Zweitspracherwerbs befasst. Monitor bezieht sich ursprünglich auf das Verhältnis zwischen angeborener Sprachfähigkeit und reflexiver Fähigkeit. Letzteres ist als Kontrollinstanz tätig: Sie überwacht und lenkt die Leistung der ersten. Der überprüfende, kontrollierende Monitor garantiert die Befolgung der Regeln, kann aber die Handlungsfähigkeit hemmen. Überdies sind die Monitor-Prozesse die Instanz, die eingeschliffene sprachliche Fertigkeiten de-automatisieren kann.

Brons-Albert (1995) greift Antos' Behandlung der Sprachproduktionstheorien auf und interpretiert sie wie folgt: Er komme zu der Hypothese, dass „ein Kommunikationstraining beim Muttersprachler Monitoring-Effekte hervorruft,

die denen der Fremdsprachenlerner gleichen" (Brons-Albert 1995, 45-46). Obwohl sie diese Theorie als interessant bezeichnet, unterstreicht sie – bei allen
Unterschieden – eine wesentliche Gemeinsamkeit: Sowohl Kommunikationstrainings als auch stark grammatik-zentrierte Formen des Fremdsprachenunterrichts
laufen Gefahr, *monitor-over-user* zu produzieren. Um eine weitgehend regelkon-
forme Verwendung der Sprache zu erreichen, kann der Lernende in seiner For-
mulierungsweise bis hin zu einer Blockade der Kommunikation beeinträchtigt
werden: „Wegen der enormen Ansprüche an die Verarbeitungskapazität sind diesen Veränderungsmöglichkeiten aber Grenzen gesetzt" (Brons-Albert 1995, 46).
Brons-Albert merkt an, dass Antos nicht eindeutig bestimmt, ob alle Ebenen der
Sprachproduktion durch Training, also durch Monitoring, veränderbar sein sollten. Sie fügt hinzu, dass ihre empirischen Untersuchungen Antos' Hypothesen
weder belegen noch widerlegen konnten.

Redder (2001) bestätigt auf der Basis einer Übersicht zahlreicher Erklärungs-
modelle der letzten beiden Jahrzehnte, die dem Wechselverhältnis von Interaktion und Kognition Rechnung tragen, dass die faktischen Kenntnisse über das
Lernen in der Interaktion noch ungenügend sind. Dieser Erkenntnisstand liefert
den Hintergrund für unsere Entwicklung von Antos Hypothese und für das vorliegende Didaktisierungsangebot. In diesem Artikel werden wir an Hand der
Analyse von konkreten Trainingsdiskursen versuchen herauszuarbeiten, wie das
SAF-Verfahren dazu beitragen kann, unreflektiertes sprachliches Handeln in reflektiertes umzusetzen. Bevor wir jedoch die Anwendung des SAF-Verfahrens
diskutieren, werden wir die Einbettung dieses Verfahrens in das Konzept eines
interkulturellen Kommunikationstrainings kurz darstellen.

4 Interkulturelle Kommunikationsfähigkeit als Lernziel

Neben den grundlegend psychologisch orientierten Konzepten für interkulturelle
Kommunikationstrainings, wie z.B. die Konzepte *cultural awareness, cultural
assimilators* oder *critical incidents*, sind kommunikative Trainingskonzepte
(Müller-Jacquier 2000) und diskursanalytische Konzepte (ten Thije 1997; ten
Thije et al. 2000; Liedke et al. 1999) entwickelt worden. Diese beziehen sich auf
die Ergebnisse der Angewandten Gesprächsforschung (Brünner et al. 1999). Ten
Thije et al. (2000) liefern eine detaillierte Darstellung eines diskursorientierten
Trainingskonzeptes und dessen Durchführung, die dem hier analysierten inter-
kulturellen Behördentraining zugrunde liegt. Dieses Kommunikationstraining,
das für Behördenangestellte entwickelt wurde, gliedert sich danach außer der
Vor- und Nachbereitung in folgende fünf Phasen:

In der ersten Phase wird Handlungswissen über Bürger-Verwaltungs-Ge-
spräche vermittelt, indem allgemeine Bestimmungen der Funktionen der Bürger-
Verwaltungs-Kommunikation diskutiert werden. Die zweite Phase betrifft die
Vermittlung von Handlungswissen über interkulturelle Kommunikationssituationen mit Fokus auf die Dimensionen Kultur- und Sprachunterschiede, Quellen

interkultureller Missverständnisse, Möglichkeiten ihrer Vermeidung und Formen interkultureller Verständigung.[3] Auf Basis der Vorbereitungen im Berufsfeld der Professionellen werden in einer dritten Phase authentische Beispiele und Fälle präsentiert, sodass die eigenen Erfahrungen und die Sichtweise des Institutionsvertreters im Mittelpunkt stehen. Das Ziel der ersten drei Phasen ist ein besseres Verständnis der Teilnehmer für die kommunikativen Strukturen und institutionellen Widersprüche des professionellen Handelns. Eigene kritische Erfahrungen und Probleme werden dabei typisiert und dem Einzelfall enthoben.

Die Auswertung und Diskussion in der vierten Phase betrifft die Rekonstruktion der Sichtweise der Migranten und der einheimischen Klienten, sodass die Ursachen kommunikativer Probleme mit Bezug auf institutionelle und interkulturelle Komponenten des konkreten Handlungsverlaufs diskutiert werden können. Die Ziele der Auswertungsphase beziehen sich auf die Entwicklung von Empathie durch Übernahme der Sichtweise einheimischer und migrierter Klienten. Dabei sollen verfestigte Ausländerbilder abgebaut und die Reflexion des eigenen Handlungsspielraums als Vertreter der Institution gefördert werden. Das Gegenüberstellen und Inbezugsetzen von institutionellen und interkulturellen Faktoren der Behördenkommunikation ist ein zentrales Merkmal dieser Phase.

Die fünfte und letzte Phase betrifft die Entwicklung und Auswertung von Handlungsalternativen. In der Transkriptarbeit werden Fragmente des Handlungsverlaufs isoliert und bearbeitet. Handlungsalternativen werden formuliert und bewertet und anschließend in der Simulation des authentischen Falls praktisch ausprobiert und umgesetzt. Dabei werden wechselweise das Handeln des Institutionsvertreters, des einheimischen und des immigrierten Klienten thematisiert und durchgespielt. Die Erarbeitung und Bewertung kommunikativer Alternativen betrifft deutsch-deutsche und interkulturelle Situationen. Die handlungspraktische Umsetzung der Alternativen zielt sowohl auf die Qualitätsverbesserung der institutionellen Anliegenbearbeitung als auch auf die Verbesserung der interkulturellen Verständigung. Die Darstellung macht deutlich, dass das SAF-

---

3 Die Teilnehmer bekamen als Trainingsunterlagen eine Gesprächsfibel, in der auf Basis von authentischen Beispielen folgende Themen behandelt wurden: (1) allgemeine Merkmale der Bürger-Verwaltungs-Kommunikation; (2) die institutionellen Zwecke und Phasen eines Beratungsgesprächs; (3) allgemeine Hinweise zur besseren Gesprächsführung; (4) Grundlagen der interkulturellen Kommunikation in Behörden; (5) allgemeine Hinweise zur interkulturellen Kommunikationsfähigkeit; (6) Hintergründe der russlanddeutschen Aussiedler (Daten zur Aussiedler-Situation, ihren kulturellen Hintergründen, ihrer sprachlichen Situation im Herkunftsland und in Deutschland, ihrer Einstellung zu ihren Sprachvariäteten); (8) Gründe der Missverständnisse in der interkulturellen Kommunikation (z.B. para-verbale Faktoren, Wortbedeutung, komplexer Satzbau und Sprechhandlungen); (9) Strategien um Missverständnisse zu identifizieren und Verständnis zu sichern (z.B. Höreraktivitäten, falsche oder unerwartete Reaktionen, Nachfragen seitens des Klienten, nonverbale Kommunikation, Kontrollfrage, Verständigungssicherungsrückfrage, Entscheidungsfrage, antizipierende Ergänzung); (10) Strategien zur Reparatur bzw. zur Vorwegnahme von Missverständnissen (z.B. para-verbale Faktoren, Begriffe aus der Amts- und Fachsprache, Satz- und Wortbau, komplexe Sachverhalte und institutionelle Verfahren).

Verfahren eine zentrale Funktion im Konzept hat und es für die Vermittlung interkultureller Kommunikationsfähigkeit hilfreich ist. Damit bietet es eine Möglichkeit zur sogenannten Didaktisierung des Fremdverstehens.

Die Richtung der interkulturellen Kommunikationsforschung, die sich bisher auf das kognitiv orientierte Konzept von Kultur von Goodenough (1964) stützt (vgl. ten Thije 2001, 181), hat sich primär mit der Erklärung von Missverständnissen (den sogenannten *critical incidents*) beschäftigt. Diese wurden als Episoden dargestellt, in denen sich kulturspezifische Handlungsweisen zeigen (zum Beispiel: typisch deutsch oder typisch französisch). Diese Gegenüberstellung kritisiert Müller (1995), indem er betont, dass konfliktträchtige Episoden bei der Didaktisierung von Fremdverstehen „generell mehrperspektivisch oder von einer Mittler-Position analysiert und dargestellt werden (müssen)" (ibid., 55). Die Episode, die als ein möglichst aussagefähiger Lerngegenstand thematisiert werden soll, muss so rekonstruiert werden, dass die „kulturelle Gebundenheit von Beschreibungsperspektiven" (ibid., 55) sichtbar wird. Sprachliche Strategien sollen entwickelt werden, die die Beziehungen zwischen Handlungszwecken und -realisierung zum Ausdruck bringen können. Es geht also um eine Neu-Perspektivierung der Interpretation. Das SAF-Verfahren bietet hierzu eine gute Möglichkeit.

5 Die Anwendung des SAF-Verfahrens im Training

Die Teilnehmer des interkulturellen Trainings waren Behördenangestellte, die in verschiedenen Ämtern der Stadtverwaltung tätig waren. Ihre fremdkulturellen Klienten im Trainingszyklus waren in der überwiegenden Mehrheit russlanddeutsche Aussiedler. Das bedeutet, dass die analysierten Interaktionen neben den institutionellen Strukturen des Diskurses interkulturelle Problematiken aufweisen. Ein wichtiges Prinzip des oben vorgestellten Trainingskonzepts besteht in der Trennung dieser beiden Themenkomplexe, die jeweils eine spezifische Behandlung verlangen (vgl. ten Thije et al. 2000; ten Thije 2002).

Im Folgenden wird der Trainingsablauf in seinen wesentlichen Bestandteilen vorgestellt. Die vorbereitenden Phasen der Dokumentation und der Präsentation der Trainingskriterien wie auch die geplante zyklische Wiederholung des Trainings werden wir nicht miteinbeziehen. In der ersten Trainingsphase wurden die Teilnehmer in Bezug auf Fragen der Gesprächsführung und der interkulturellen Kommunikation sensibilisiert. Die Trainees bildeten zwei Arbeitsgruppen, die jeweils die gleiche Aufgabe bekamen. Ihre Trainingsarbeit durchlief mehrere der oben genannten Phasen mit der gleichen Reihenfolge von inszenierten Gesprächen (Simulationen) und Reflexionsgesprächen über letztere sowie über einen authentischen Fall aus ihrer Alltagspraxis. Die Trainingsphasen werden weiter unten genauer rekonstruiert und in knapper Form in einem Schema skizziert. Wenn die Teilnehmer mit der ersten Simulation beginnen, ist ihnen der zugrunde liegende authentische Fall noch nicht bekannt. Diese Herangehensweise ergänzt das SAF-Verfahren, wie es von Becker-Mrotzek/Brünner (1999b) vorgestellt wurde.

Um die erste Simulation durchzuspielen, verfügen die Teilnehmer der Simulation lediglich über folgende in Abbildung 1 dargestellte Aufgabenstellung der Simulation.

---

1. Russlanddeutsche Aussiedlerin
Sie kommen mit Ihrem Ehemann ins Sozialamt, um sich zu beschweren. Ihre Familie kann die Miete nicht bezahlen, da das Sozialamt Ihnen seit Juli zu wenig Geld überwiesen hat, d. h. 473 DM weniger als sonst. Sie können sich nicht erklären, warum die Überweisung nicht wie üblich erfolgt ist, und sind verzweifelt. Außerdem hat Ihnen eine Sachbearbeiterin des Sozialamtes versichert, dass Sie im August einen Brief erhalten, mit dem Sie Wohngeld beantragen können. Es ist bereits der 16. September, und der Brief ist noch nicht angekommen.

2. Russlanddeutscher Aussiedler
Sie kommen mit Ihrer Ehefrau ins Sozialamt, da das Sozialamt Ihnen weniger Geld als üblich überwiesen hat und Sie nun die Miete nicht bezahlen können. Im Juli hatten Sie einen Arbeitsvertrag und verdienten 738 DM. Im August verdienten Sie jedoch wesentlich weniger als im Juli, da der Arbeitsvertrag geändert wurde.

3. Angestellte
Sie vertreten eine Kollegin im Sozialamt und treffen die Klienten zum ersten Mal. Sie entnehmen den vorliegenden Akten, dass einer der Klienten einen Arbeitsvertrag seit Juli hat. Auf dieser Grundlage wurden die finanziellen Bezüge der Familie neu berechnet. Die Lohnbescheinigung vom August fehlt. Der Familie wurde am 15. September ein Brief geschickt, mit dem die Klienten Wohngeld beantragen sollen.

Abb 1: Aufgabenstellung der Simulation

Die unterschiedlichen Reflexionsphasen im Trainingsdurchlauf sind in der graphischen Darstellung in Abbildung 2 unten veranschaulicht. Die analysierten Fragmente, die jeweils der Arbeit der Gruppen 1 und 2 entnommen sind, werden im Schema den Phasen zugeordnet, denen sie entstammen. Einige Reflexionsphasen werden der besseren Übersicht wegen zusammen gruppiert.

Auf der Basis der oben angegebenen Aufgabestellungen findet die erste Simulation statt; ihr folgt die erste Reflexionsphase, die sich nur auf Beobachtungen der Teilnehmer über die von ihnen gerade inszenierte Situation stützt. Anschließend lernen die Teilnehmer den authentischen Fall durch eine Videoaufnahme kennen; die didaktische Begründung dieser Reihenfolge der Arbeitsphasen liegt in der Tatsache, dass die Teilnehmer bei der Besprechung der ersten

Simulation bereits ihre ersten Lernerfahrungen gesammelt haben. Das bringt sie in eine günstige Position, aus der heraus sie die Monierbarkeit des authentischen Falls leichter zugeben und besser mit dem eigenen Simulationsverhalten in Verbindung setzen können. Außerdem steigert ihre Beschäftigung mit der Problematik der Simulation ihre Neugierde und ihre Erkenntnisbereitschaft gegenüber dem Inhalt des authentischen Falls; sie fungiert somit auch als Motivationsstrategie.

In der Phase der zweiten Reflexion wird der authentische Fall erst aufgrund von Videobeobachtungen besprochen; jedoch fließen in diese Übung die Erkenntnisse der ersten Reflexion und der eigenen Simulation mit ein. Eine gemeinsame Lektüre der Transkription des authentischen Falls folgt; die daraus entstehende Diskussion leitet die dritte Reflexionsphase ein. Aus den gesamten Erfahrungen der bisherigen Trainingsphasen ergeben sich die Handlungsalternativen, die bei der vierten Reflexion erwogen und bei der Durchführung der zweiten Simulation erprobt werden. Die fünfte und die sechste Reflexionsphase folgen; dabei werden die eigenen praktischen Bewältigungsversuche der Probleme gemeinsam bewertet.

Eine zusätzliche Modifikation des SAF-Konzepts lässt sich nun feststellen; im SAF-Verfahren wird eine größtmögliche Ähnlichkeit von Spiel- und Berufsrollen angestrebt, damit sich das simulierte Handeln dem realen beruflichen Handeln maximal annähert. Diese Überlegung ist zwar auch für das hier besprochene Training maßgeblich, dennoch werden in den unterschiedlichen Simulationen wechselweise das Handeln der Institutionsvertreter und der immigrierten Klienten durchgespielt; die jeweilige Sichtweise dieser beiden Gruppen wird dabei erfasst. Diese handlungspraktische Umsetzung der Reflexionsergebnisse ermöglicht den Agenten u. a., Empathie für ihre Klienten zu erfahren. Diese Emotion vermag ihrerseits das Aufmerksamkeitsniveau der Aktanten zu steigern; die „Fähigkeit zum Selbst- und Fremdmonitoring" (Fiehler 1995b, 149) verbessert sich. Die Teilnehmer reflektieren gemeinsam über ihre „kulturellen Apparate" (Rehbein 2003, zit. nach ten Thije 2001, 180) und erkennen, dass sie diese meistens „unreflektiert anwenden und reproduzieren". Die Begriffe des Selbstmonitoring und der unreflektierten Anwendung der eigenen kulturellen Apparate beziehen sich hier nicht nur auf individuelle, sondern auch auf Gruppenprozesse. Die Reflexion der Teilnehmer richtet sich auf das habitualisierte institutionelle Handeln der eigenen Berufsgruppe und wird durch die sensibleren und aufnahmefähigeren Teilnehmer vorangetrieben. Die sich anbahnende Entwicklung von Handlungsalternativen wird vor allem durch das Handeln derjenigen Trainees angeregt, die am auffälligsten routinisiertes Handeln reproduzieren. Es ist also die Gruppe, die mit ihrer Interaktion innerhalb des Trainings Lernprozesse vollzieht.

Es entsteht ein reflektiertes sprachliches Handeln, das ihnen erlaubt, gleichzeitig die Agenten- und Klientensichtweise wahrzunehmen und somit auf einer höheren Stufe mental zu operieren. Im Folgenden werden wir erörtern, inwieweit wir die hier beschriebene Reflexionsarbeit mit unterschiedlichen Sichtweisen

(Agenten- und Klientenperspektive) und mit kulturellen Positionen (der Deutschen und derjenigen der Aussiedler) verbinden können. Wir werden dabei den Terminus ‚Perspektive' im Sinne von Sandig (1996) verwenden, der von ihr als „Repräsentation von etwas für jemanden von einer gegebenen Position aus" definiert wird (Sandig 1996, 37)[4].

	Trainingsphasen	Gruppe 1 Ausschnitte	Gruppe 2 Ausschnitte
1	Durchführung der ersten Simulation (ohne Kenntnis des authentischen Falls)		
2	Gemeinsame Diskussion auf der Basis der Simulationsbeobachtungen der Trainingsteilnehmer *(Reflexion 1)*	Ausschnitt (1) ‚Lohnzettel'	
3	Präsentation des authentischen Falls *(Video anschauen)*	Ausschnitt (2) ‚Frau L. ist gegang'	
4	Analyse des Falls auf der Basis der ersten Videobeobachtungen *(Reflexion 2)* Gemeinsame Rezeption und Diskussion des Transkripts des authentischen Falls *(Reflexion 3)* Ableiten von Handlungsalternativen für den/die Agent/in und den/die Klient/in im authentischen Fall *(Reflexion 4)*	Ausschnitt (4) ‚Durch die Ruhe'	Ausschnitt (3) ‚Bringepflicht'
5	Durchführung der zweiten Simulation, in der die diskutierten Handlungsalternativen ausprobiert werden	Ausschnitt (5) ‚Ich vertrete' Ausschnitt (6) ‚Da hat sie sicher angenommen'	Ausschnitt (7) ‚Nettoverdienstbescheinigung' Ausschnitt (8) ‚Dringlichkeitsantrag'
6	Gemeinsame Diskussion auf der Basis der zweiten Simulationsbeobachtung *(Reflexion 5)* Bewertung des Trainings bzw. Verallgemeinerung der Trainingsergebnisse *(Reflexion 6)*		

Abb. 2: Reflexionsmöglichkeiten in den Phasen des SAF-Verfahrens

---

4   Aus Raumgründen können wir hier nicht die vielen Begrifflichkeiten um die Termini ‚Perspektive', ‚Perspektivität', ‚Perspektivierung' und ‚Perspektivieren' erörtern, siehe dazu zum Beispiel ten Thije (2003a; 2003b), in denen eine funktional-pragmatische Analyse des Perspektivierens vorgestellt und diskutiert wird.

6 Unreflektiertes kommunikatives Handeln

Die ersten Ausschnitte (1) und (2), die in diesem Abschnitt analysiert werden, zeigen eine gemeinsame Struktur: Sie belegen fehlende Sensibilisierung gegenüber den geschilderten Trainingsinhalten und eine mangelnde Fähigkeit, Fremdperspektiven zu übernehmen. Der erste Abschnitt steht in folgendem Zusammenhang: Die erste Gruppe der Behördenmitarbeiter diskutiert über die erste Simulation. Dabei haben die Agenten, die die Rolle der russischen Aussiedler übernommen hatten, ihre Frustration gezeigt, da sie sich in finanzieller Not befinden und außerdem einen Brief nicht bekommen haben, mit dem sie hätten Wohngeld beantragen können. Der Trainer wird initiativ und fragt die Teilnehmer nach der Simulation: „Wie war das Zuhören von beiden Seiten?" (Partiturflächen [4])[5], später: „Welche Mittel haben die da verwendet?" [12] und „Ist da mal Nonverbales passiert?" [15-16]. Eine Mitarbeiterin (F1) merkt an, der Mitarbeiter, der den Angestellten spielt (M1), sei nicht ernsthaft auf das Fehlen des Briefes eingegangen. Deshalb habe er nicht eingeräumt, dass die Behörde einen Fehler gemacht haben könnte. Er entfaltete seine Argumentationen nur auf der Sachebene und zeigte kein Verständnis für die Gefühle und Sorgen der Klienten. Folgende Passage gewährt uns Einblick in die Grundhaltung des Spielers des Angestellten. Er rechtfertigt sein eigenes sprachliches Handeln in der ersten Simulation wie folgt:

Ausschnitt 1: ‚Lohnzettel'

(Beispiel aus der 1. Reflexion auf der Basis der Simulationsbeobachtungen der Trainingsteilnehmer)[6]
M1: Spieler des Angestellten in der 1. Simulation

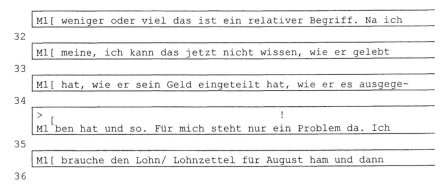

---

5   In diesem wie in anderen Fällen wird das Partiturzeichen auch von Äußerungen angegeben, die nicht in den zitierten Fragmenten stehen: Das dient dazu, sie als Vorgänger- oder Nachfolgeäußerungen der jeweiligen Fragmente einzuordnen.
6   In der Anlage findet man die Transkriptionskonventionen erklärt.

M1[kann ich mir ein Bild machen, was er bezahlen hätte

37

> [!
M1 können oder was er bezahlen muß und was das Sozialamt

38

M1[tun muß. Sonst kann ich hier absolut gar kein konstruk-

39

> [! ! !
M1 tives Gespräch mit ihm führen. Ich brauche die Lohnbeschei-

40

M1[nigung für den August Monat.

41

Die Personendeixis *mich* [35] zeigt hier eine besondere Perspektive des Sprechenden an. Nach unserer Interpretation der illokutiven Qualität dieser Äußerung
grenzt M1 sich gewissermaßen von den anderen Teilnehmern des Trainings ab,
die vorher auf die Frage des Trainers eingegangen sind. Mit „für mich" und
„nur" markiert er eine Gruppengrenze. M1 zeigt, dass er sich mit seinem beruflichen Selbstverständnis identifiziert, das er an einer anderen Stelle der gleichen
Diskussion so beschreibt: „weil wir als Sozialarbeiter können ja nich Emotionen
zeigen, sonst werden wir ja krank". Der Ausdruck „wir als Sozialarbeiter" markiert mittels einer sogenannten attributiven Adjunktorphrase (Zifonum et al.
1997, 1604) eine professionelle Perspektive. M1 besteht darauf, dass die Ebene
der festgelegten Amtsvorgänge maßgeblich ist, da er sich primär auf sein professionelles Agentenwissen bezieht (Ehlich / Rehbein 1980, 1986). Seine Äußerung
ist ein Beleg für die strikte Trennung von professionellem Wissen und Laienwis-
sen, die charakteristisch ist für die Abhängigkeit und Dominanz der Behördenkommunikation (Becker-Mrotzek 2000, 1509). In diesem Sinn betont die Aussage von M1 eher die Differenzen als die Gemeinsamkeiten zwischen Agent und
Klient; das lässt erkennen, dass M1 sich den Lernzielen (noch) nicht sehr ange-
nähert hat.

Im zweiten Abschnitt dieses Beitrags ist erläutert worden, dass beim SAF-
Verfahren der Trainer den authentischen Fall wegen seiner Problematik aus-
wählt. Der nächste Ausschnitt aus dem authentischen Fall zeigt eine mangelnde
Perspektivübernahme auf Seiten des Agenten. Von den russlanddeutschen Klienten lässt sich sagen, dass der Ehemann über geringere Deutschkenntnisse als
seine Frau verfügt; aus diesem Grund wird sie bei diesem Gespräch zum akti-
veren Gesprächspartner für die deutsche Agentin. Letztere vertritt gerade die zuständige Sachbearbeiterin, die die Kürzung der Sozialhilfe des Aussiedlerehe-
paars veranlasst hatte. Sachbearbeiter werden regelmäßig von Kollegen vertreten, so dass diese Situation fast einen Normalfall darstellt und deshalb Relevanz
für das Training gewinnt. Für die Anliegensbearbeitung muss die Sachbearbeiterin die Akten einsehen und die Klienten anhören, um das Problem fokussieren
und einen Lösungsvorschlag unterbreiten zu können. Wie bereits erwähnt, haben

die Klienten einen Brief mit wichtigen Informationen nicht erhalten; es ist nämlich erforderlich, dass sie einen Lohnbescheid („Lohnzettel' in Ausschnitt 1)
vorlegen, damit ihre Sozialhilfe berechnet und ein Wohngeldantrag gestellt werden kann. Die Sachbearbeiterin im authentischen Fall rekonstruiert die geschil-
derte Problematik und muss zu dem Sachverhalt Stellung nehmen, dass der frag-
liche Brief – jetzt nach mehreren Wochen – immer noch nicht angekommen ist.
In Partiturfläche [50] des authentischen Falls drückt sie sich dazu wie folgt aus:

Ausschnitt 2: ‚Frau L. is gegang'

(Beispiel aus dem authentischen Fall)
A: deutsche Angestellte
R1:   russische Aussiedlerin

```
        R1 [Und bis jetzt haben wir kein Br/ . keinen Brief .
49
        >.                           -           -         !
        A ʟ               [2,0 sek.] Ja Frau L. is nu gegang', da kann
        R1[ bekommen
50
        >[                         /
        A isch . nischts zu sagn . ich seh's nur, es ist so, sie war
51
        >[                       -
        A (n) am fünfzehnten sechsten hier, das is richtich und sie
52
```

Mit dem „nu" und der Äußerung „da kann isch . nischts zu sagn." weigert sie
sich, zur fehlerhaften Bearbeitung durch das Amt Stellung zu nehmen. Die kurzen Pausen deuten auf eine Sprecherplanung hin; möglicherweise erwägt sie,
welche Angriffsfläche sie den entrüsteten Klienten bieten kann. Sie zieht vor,
sich nicht für den unangenehmen Vorgang zu entschuldigen. Dieses Handeln
kann man mit dem Prinzip der Verwaltungseinheit in Bezug setzen, nach dem
Behörden nach außen eine einheitliche Meinung vertreten müssen (Becker-
Mrotzek 2000, 1508). Das impliziert, dass sie auf die Frustration der Klienten
nicht eingeht und nur den Handlungsspielraum nutzt, der eine fachgerechte Bearbeitung des Anliegens erlaubt. Ihr sprachliches Handeln zeigt wenig Problembewusstsein gegenüber den Zwecken der interkulturellen Verständigung, da sie
keine Strategien einsetzt, um Verständnis zu sichern und die nonverbale Kommunikation der Klientin nicht beachtet: In der Videoaufnahme des authentischen
Falls fällt nämlich an dieser Stelle der orientierungslose, fragende Blick der rus-
sichen Aussiedlerin auf.
    Eine ähnlich partielle Wahrnehmung der Klienteninteressen zeigt auch der
nächste Ausschnitt. Er stammt aus der Reflexion der Gruppe 2 über den authentischen Fall. Diese geschieht in einer Phase, in der die Teilnehmer das Handeln
von Kollegen und Klienten kommentieren. Sie wurden zuerst mit den theoreti-

schen Trainingsinhalten vertraut gemacht, dann haben sie praktische Erfahrung in einer ersten Simulation gesammelt und diese diskutiert; schließlich haben sie den realen Fall durch eine Videoaufnahme kennen gelernt. Die Gruppe 2 hat bei ihrer ersten Simulation die Klientenseite der russischen Aussiedler überspitzt in Szene gesetzt: durch impulsive Rederechtübernahmen und wiederholte Unterbrechungen der Redebeiträge der Agenten. Zwei weitere Faktoren kennzeichnen die erste Simulation: Die Spielerinnen der Klienten setzen ihr professionelles Wissen ein und bestehen dezidiert auf ihren Rechten. Als deutsche Muttersprachler können sie sich schnell und gewandt artikulieren. Das führt zu den typischen Artefakten eines Rollenspiels; sie spielen Rollen, die nicht identisch sind mit den von ihnen zu inszenierenden Klientenrollen (vgl. Brons-Albert 1994, 105).

In der Diskussion über die erste Simulation bemerkt eine Spielerin der Klienten, F4, diese seien „erbost". Der Trainer ergänzt ‚dass diese „erbost, ja genervt waren". Diese Adjektivwahl und die Argumentation der Mitarbeiterinnen entsprechen der zugespitzten Darstellung der Klienten, die sie angeboten hatten. Auf der Folie der vorhergehenden Inszenierung sowie der anschließenden Diskussion werden wir die Äußerung der Mitarbeiterin F4 analysieren. Sie beschreibt zuerst die Erwartungen, die sie aufgrund ihres Fachwissens an Klienten hat. Ihr Fachwissen ist hier der Faktor, der die Dichotomie Agent – Klient in diesem Gespräch akzentuiert und es im Sinne des SAF-Verfahrens interessant macht:

Ausschnitt 3: ‚Bringepflicht'

(Beispiel aus der 2. Reflexion auf der Basis der Videobeobachtungen des authentischen Falls)
T: Trainer
F3:   Trainingsteilnehmerin
F4:   Spielerin der Klientin in der 1. Simulation
F6:   Trainingsteilnehmerin

```
    T [                        Na ja sagen Sie mal.
    F4 [                                      Na ja, es ist für
    F3[ her Aussenstelle is'n das?
2
    > [          \                            !
    F4  alle schwer, aber der Bürger hat ne Bringepflicht und
3
    F4[ wenn kein Geld kommt, muss ich sofort zum Sozialamt gehen
4
    > [                            /      !
    F4  und fragen: „Warum kommt kein Geld?" und nicht erst drei
5
    F4[ Monate warten und dann muss natürlich der Bürger auch so
```

```
6
    >[                                                      /
    F4  gut aufgeklärt sein, dass er genau weiss, was er zu machen
7
    >[ \            !                              / !
    F4  hat, nämlich sofort den Lohnzettel herbringen, sofort
8
    >[                           /              !
    F4  Wohngeld beantragen und mir sofort Bescheid sagen, wenn
9
    >[                    /         \
    F4  sich irgendwas ändert, aber nicht drei Monate vergehen
10
    >[                                                     /
    F4  lassen, die Kollegin kann nicht arbeiten. Der Bürger hat
11
    >[          /
    F4  kein Geld und den Bürger interessiert's nur dann, wenn
12
    >[                          \
    F4  eine Kündigung von der GGG kommt, [0,5 sec.] weil sie keine
13
    >[                                              !
    F4  Miete bezahlen konnten. Zum Leben reicht's immer irgendwie.
14
    F4[ Das ist nicht das Problem. Die haben ja gelebt.
15
    F4[ Wenn sie nichts zum Leben gehabt hätten, wären die ja schon
16
    >[              \
    F4  viel eher gekommen
       F6[                          Aber ist alles richtig,
17
```

Ausschnitt 3 demonstriert in Sandigs Sinne (Sandig 1996, 47) eine „perspektivierende Bewegung". Das „Schwenken der Kamera" zeigt sich in der alternierenden Benutzung von Artikel mit Substantiv („der Bürger") sowie der folgenden unterschiedlichen deiktischen Ausdrücke („sie", „die", „sie", „die"), wobei sich alle Formen auf die gleiche Person beziehen. Es geht hier um drei unterschiedliche Abstufungen der Empathie und der Nähe. Miteinbezogen ist auch der Verweis auf eine globale Norm (die Bringepflicht). Nach Kuno (zit. nach Lindemann 1993, 7) heißt es: „Morphologisch-syntaktische Erscheinungen an der Satz(!)-Oberfläche erlauben Rückschlüsse auf verschiedene Haltungen, Einstellungen des Sprechenden zu den von ihm geschilderten Sachverhalten".

Folgende sprachliche Äußerungen lassen die entsprechende Perspektive der Sprecherin sichtbar werden: In Partiturfläche [4] versetzt sie sich durch den deiktische Ausdruck „ich" für einen Augenblick in die Lage des Bürgers, um sich dann schnell wieder von ihm zu distanzieren [6-7]: „dann muss natürlich der

Bürger auch so gut aufgeklärt sein". Aus dieser distanzierten Position heraus betont sie seine Pflichten: zuerst in [7-8]: „was er zu machen hat" (die Konstruktion mit haben + zu + machen deutet auf eine allgemein anerkannte und normativ formulierte Maxime); dann in [8] und [9], wo das mit Ausrufezeichen markierte Zeitadverb „sofort" dreimal vorkommt. In [11] schildert die Mitarbeiterin die Schwierigkeiten, die durch ein solches Fehlverhalten für „die Kollegin" (sprich: für die gesamte Berufsgruppe) entstehen. In [12] moniert sie die vermeintlich selbstbezogene Haltung der Klienten: den „Bürger interessiert nurs dann ...". Das Zeitadverb „immer" in [14] wird betont ausgesprochen (siehe Ausrufezeichen) und weist auf ein verfestigtes Klientenbild hin; die anschließende Modalitätsmarkierung „irgendwie" in [14] zeigt eine Minimierung der Empathie. Das distanzierte Beziehungsverhältnis wird noch viermal durch die deiktischen Ausdrücke „sie", „die", „sie", „die" [13, 15-16] aufgegriffen.

Ausschnitt 3 ist ein Beispiel für die mangelnde Aneignung der drei Kompetenzen, die Becker-Mrotzek/Brünner (1999a) herauskristallisieren, um eine „Verbesserung der Diskursfähigkeit der Professionellen" zu definieren. Das alltägliche Wissen (*common sense*) über Sprache soll differenziert und erweitert werden (sprachlich-kommunikative Kompetenz). Die Agentin F4 ist jedoch in einer eher alltagsweltlichen Sichtweise gefangen, die ihr wenig selbstreflexive Kompetenz ermöglicht. Das bedeutet, dass sie wenig Distanz zu „Traditionen und Praxiserfahrungen" (ibid., 37) zeigt, „die sich in bestimmten Fällen einer kritischen Reflexion bereits entzogen haben" (ibid.). Schließlich zeigt F4 eher institutionelles Wissen als Institutionskompetenz; letztere bedeutet Sensibilisierung „für die Rahmenbedingungen ihrer kommunikativen Praxis – und damit auch für kommunikationsbehindernde Strukturen" (ibid.). Dank der Institutionskompetenz erkennen Professionelle „Handlungsspielräume in Institutionen" und lernen sie „produktiv zu nutzen" (ibid.).

Abschließend möchten wir bemerken, dass F4s Redebeitrag nicht mit folgender Interaktionsstrategie als Teil einer interkulturellen Kompetenz nach Knapp-Potthoff (1997) zu vereinbaren ist: „Lege dich so spät wie möglich auf eine Interpretation der Äußerungen – auch der nonverbalen – deines Kommunikationspartners fest". Im Gegenteil trägt F4s apriorische Interpretation der Sichtweise der Bürger dazu bei, ein Fremdbild zu stabilisieren.

7 Reflektierendes kommunikatives Handeln

Die folgenden Ausschnitte dokumentieren einen Lernprozess; der erste entstammt der Reflexion über den authentischen Fall der Gruppe 1. In diesem Ausschnitt äußern sich ein Mitarbeiter und eine Mitarbeiterin über den gleichen Sachverhalt. Sie haben die Video-Aufnahme kommentiert und festgestellt, dass die Aufgabe auf der Fachebene angemessen gelöst wurde. Der Trainer fragt [18], wie die Agentin das „kommunikativ rübergebracht hat". Er erinnert dabei an die Trainingsinhalte, die am Tag zuvor im Training über aktives Zuhören diskutiert wurden. Darauf antwortet M1 mit einer positiven Bewertung. Anschließend erfolgt in Fläche [24] eine Turnübernahme und F1 äußert sich dazu. Die Zäsur zwischen dem Redebeitrag von M1 und dem von F1 markiert zugleich die Trennung zwischen zwei gegensätzlichen Bewertungen:

Ausschnitt 4: ‚Durch die Ruhe'

(Beispiel aus der 2. Reflexion auf Basis der Videobeobachtungen des authentischen Falls)
T: Trainer
M1:   Trainingsteilnehmer
F1:   Trainingsteilnehmerin

```
      T[ Wie hat sie das kommunikativ rübergebracht . und wie haben
18

      T[ die beide russische Aussiedler . sich da . vorgestellt . und
19

      >[                                                            /
      T  ähm . wie haben sie ihr Anliegen formulieren können ne?
20

      >[                              -
      T  Wenn man die unterschiedlichen Phasen (die wir) gestern
21

      >[                          -
      T  abend (besprochen haben) ähm [1 sek.]
      M1[                                      Also durch die Ruhe
22

      >[                 -
      M1 die sie <ausstrahlt> hat sie dann auch beruhigend auf
23

      M1[ die . Klienten gewirkt denke ich (      )
      F1[                                 Ich denke sie hat . ähm
                    räuspern
24

      F1[ nicht den Eindruck vermittelt als wenn sie besonders
25

      >[       !
      F1  gut zugehört hat weil sie ja nebenbei eben . gewürscht hat
26

      F1[ . da mit den Akten so ich meine das macht man normaler
27

      >[                 /\
      M1[                 Hm
      F1[ Weise weil man die Zeit einfach nicht hat aber . ähm die
28

      F1[ Leute haben im Prinzip da gesessen und haben se angeguckt
29

      F1[ und hamn . erzählt und erzählt und
30
```

Der Mitarbeiter M1 bemerkt, dass die gespielte Agentin „beruhigend" [23] auf die Klienten gewirkt hat; er hält stattdessen Ruhe und Gefühlsneutralität für angebracht, in diesem Sinne zeigt er noch kein Problembewusstsein. Er schließt seinen Redebeitrag mit den Worten „denke ich" [24] ab, die unmittelbar von der Kollegin F1 spiegelbildlich wieder aufgenommen werden: „ich denke...". Damit tritt sie in Opposition zu seinem Kommentar und kritisiert das sprachliche Handeln der Angestellten. Sie hat die Hinweise zur Verbesserung der Kommunikation aufgenommen, die das Beobachten der nonverbalen Kommunikation und die Steuerung des aktiven Zuhörens nahe legen: Den ersten Hinweis hat sie bei der Videobeobachtung gegeben; der zweite bezieht sich auf die Kollegin im authentischen Fall. F1 findet, dass die Kollegin „nicht den Eindruck vermittelt, als wenn sie besonders gut zugehört" hat [26]. Die Verbform „zugehört" ist im Transkript mit Ausrufezeichen markiert, da die Höreraktivität im Zentrum ihrer Aufmerksamkeit steht. „Gewürscht hat" bezeichnet die Tätigkeit der beobachteten Agentin: Dabei teilt F1 die äußere Wahrnehmung der Klienten. Diese Stufe der Beobachtungen ergänzt und kommentiert die ersten Bemerkungen zum authentischen Fall im zweiten Ausschnitt. Sie überwindet die Einseitigkeit der Agentensichtweise, die jener Ausschnitt belegt und zeigt Annäherung zu den von Becker-Mrotzek/Brünner (1999a, 36-37) formulierten drei Kompetenzen. Dies kann als Ansatz einer Einstellungsänderung gewertet werden.

Einige Äußerungen aus der zweiten Simulation der Gruppe 1 dokumentieren, dass die Teilnehmer die Lerninhalte verinnerlicht haben, die ihnen eine Perspektivübernahme ermöglichen, und sie hier in Szene setzen. In der vorhergehenden Diskussionsphase über den authentischen Fall betonen die Teilnehmer, dass die Agentin sich in einer zwiespältigen Situation befunden hat, da sie sich nicht nur für die eigene Handlung, sondern auch für die der vertretenen Kollegin verantworten musste. Eine Teilnehmerin schlägt bei dieser Diskussion vor, dass die Agentin sich für den Wechsel der Sachbearbeiterin entschuldigen könnte. Vermutlich aufgrund solcher Überlegungen stellt sich die Agentin der 2. Simulation gleich als Vertreterin ihrer Kollegin vor:

Ausschnitt 5: ‚Ich vertrete'

(Beispiel aus der 2. Simulation: Ausprobieren von Handlungsalternativen)
A: Angestellte
R1: russische Aussiedlerin
R2: russischer Aussiedler

```
    A [ Schönen Tag. Mein Name ist Schmidt. Ich vertrete meine
1
```

```
    A [ Kollegin, die nicht da ist. Und mit welchem Problem kom-
2
```

```
     A [ men Sie?                              Die Miete?
     >                                             /\
     R2 [      Wir können die Miete nicht bezahlen.      Hm
3

     R1[  (Ja) weil wir im Juli zu wenig Geld gekriegt haben.
4
```

Ihre Absicht ist, Verwirrung und Verunsicherung bei den Klienten vorzubeugen, die mit der Erwartung kommen, Frau L. (ihre Kollegin) zu sprechen. Diese einleitende Erklärung zeigt ihre interkulturelle und ihre Institutionskompetenz, da sie eine präventive Interaktionsstrategie (Knapp-Potthoff 1997) einsetzt. Die Spielerin der Angestellten in der zweiten Simulation beweist gleichzeitig, dass sie sich in die Perspektive der Klienten hineinversetzen kann. Hier übernimmt die sprechende Person die Perspektive einer anderen, nämlich als Fremdperspektive, wobei eine Eigenperspektive präsupponiert wird (Sandig 1996, 43).

Die Agentin im folgenden Ausschnitt setzt die gleiche präventive Interaktionsstrategie ein, die wir im Ausschnitt 5 beobachtet haben:

Ausschnitt 6: ‚Da hat sie sicher angenommen'

(Beispiel aus der 2. Simulation: Ausprobieren von Handlungsalternativen)
A: Angestellte
R1: russische Aussiedlerin
R2: russischer Aussiedler

```
     A [  ((seuft)) Sie ham ja / eine also dass Sie eine Lohnbestä-
17

     A [ tigung schon mal gebracht haben, die ist aber vom
     R2[                                             Juli.
18

     A [ Juli. So und da hat sie sicher angenommen, dass Sie also
19

     A [  im  nächsten Monat also August das Gleiche verdienen
     R2[                                                  Au-
20

     A [               Ja, nun ham Sie keine Lohnbestätigung
     R2[ gust verdiene weniger.
21

     A [ nochmal gebracht, ne?              Ja, von Ihnen
     2 [                      Lohnbestätigung?
22
```

Mit „hat sie sicher angenommen" erklärt sie den Klienten die von ihr vermutete Annahme von Frau L. Dabei schließt sie in dieser Äußerung die eigene und zwei Fremdperspektiven ein, nämlich die der Kollegin Frau L. sowie die der russischen Aussiedlerin. Mit dieser Erläuterung hat sie das Erklärungsbedürfnis der Klienten mit den vermeintlichen Gedanken der Kollegin in Verbindung gebracht;

sie hat dann entschieden, letztere den Klienten plausibel zu machen. So arbeitet sie eine Handlungsalternative heraus, bei der sie sich später für die Fehlhandlung des Amtes entschuldigt: „Das tut mir ja nun sehr leid" [37]. Außerdem setzt sie von Partiturflächen [10] bis [22] mehrfach verstehenssichernde Verfahren ein: „Sie haben bisher Sozialhilfe bekommen, beide? Oder?" „Wer hat jetzt einen Arbeitsvertrag von Ihnen?", „Ja, nun ham Sie keine Lohnbestätigung noch mal gebracht, ne?" Mit diesen Fragen hat die Agentin bei der Simulation das Einverständnis der Kunden für ihren Handlungsvorschlag einholen wollen, was Voraussetzung für eine gemeinsame Lösungssuche ist.

Laut Sandig (1996, 54-55) kann Perspektive sprachlich auch dadurch ausgedrückt werden, dass man Wertmaßstäbe zum Ausdruck bringt. Bei der Reflexion über den authentischen Fall der Gruppe 2 ist das Thema der ungleichen Wissensverteilung zwischen Agenten und Klienten angesprochen worden (Ausschnitt 3, „Bringepflicht"). Die Unvereinbarkeit der Agenten- und Klientenperspektive wurde betont, allerdings haben die Agentinnen an einer späteren Stelle eingeräumt, dass das Unbehagen wechselseitig besteht: „Ist für beide Seiten blöd, aber" (Aussage von einer Mitarbeiterin aus dem Trainingsprotokoll). Die Teilnehmerinnen der Gruppe 2 bemerken, dass die Fachsprache ein Problem für die ausländischen Klienten darstellt; deshalb werden verschiedene Lösungsvorschläge – wie Erläuterungen und Umformulierungen – unterbreitet.

Der folgende Ausschnitt zeigt eine Agentin, die sich eine höhere sprachlichkommunikative Kompetenz angeeignet hat:

Ausschnitt 7: ‚Nettoverdienstbescheinigung'

(Beispiel aus der 2. Simulation: Ausprobieren von Handlungsalternativen)
A: Angestellte
R1: russische Aussiedlerin
R2: russischer Aussiedler

```
   A [ schon eingereicht. Und wir benötigen dazu die Nettover-
8
   A [ dienstbescheinigung, das wird Ihnen bestimmt die Kolle-
9
   A [ gin auch mitgeteilt haben/        Die Nettoverdienst-
   R1[                          Ach ja.
10
   A [ bescheinigung ist das, was Sie effektiv auf die Hand
                                gestikuliert
11
   A [ bekommen . zum Berechnen.                        Ah,
   R1[                            Ja, wir haben .  mein Mann.
12
```

```
      A [ Haben Sie schon verschickt?
      R1[                              Ja, einen Arbeitsvertrag
13

      R1[ haben wir, aber wir /
14
```

Die Agentin gibt in [10-11] eine Erklärung: „Die Nettoverdienstbescheinigung ist das, was sie effektiv auf die Hand bekommen. Zum Berechnen". Das Gestikulieren der Agentin [11] zeigt Engagement beim Versuch, den Fachbegriff „Nettoverdienstbescheinigung" in die Alltagssprache zu übertragen; die durch den Punkt markierte Pause leitet eine zusätzliche Erläuterung ein: „zum Berechnen".

Im Anschluss an die Diskussion über die Fachsprache macht die Mitarbeiterin F4 folgende Bemerkung: „Wer viele Jahre schon dabei ist, ist vielleicht auch schon bissel abgebrüht, ich sag mal so" (aus dem Trainingsprotokoll, S. 27). Der perspektivierende Blick richtet sich auf die eigene Berufsgruppe, die selbstkritisch beurteilt wird. Das zeigt eine Sensibilisierung für die Problemlage und den Beginn einer Einstellungsänderung. In der Trainingssituation hat sich eine „Wertungsgemeinschaft" (Sandig 1996, 56) etabliert, die Maßstäbe und Orientierungen für die Interpretation der Behördenkommunikation liefert. Diese Wertungsgemeinschaft kann als eine Art provisorische Kommunikationsgemeinschaft (Knapp-Pothoff 1997) angesehen werden, die neben den anderen besteht, denen die Teilnehmer bereits angehören.

Der letzte Ausschnitt stammt aus der zweiten Simulation der Gruppe 2 und zeigt eine Stelle, in der eine Mitarbeiterin ihren eigenen Handlungsspielraum spürbar erweitert. Sie scheint ihre Sprechhandlungen so zu gestalten, dass sie eine De-Eskalation der gespannten Situation anstrebt:

Ausschnitt 8: ‚Dringlichkeitsantrag'

(Beispiel aus der 2. Simulation: Ausprobieren von Handlungsalternativen)
A: Angestellte
R1: russische Aussiedlerin
R2: russischer Aussiedler

```
      R1[ noch nicht bezahlt. Wenn ich jetzt in die Wohngeldstelle
55

      R1[ gehe, äh ich bekomme ja nicht gleich das Geld, und/
56

      A [ Richtig. Sie haben auch die Möglichkeit, zu Ihrem Vermie-
57

      A [ ter zu gehen und die Situation darzulegen, dass die Mie-
58

      A [ te verspätet kommt. Wenn Sie sich das nicht trauen oder
59
```

```
   A [ aus anderen Gründen heraus nicht fragen wollen, dann ha-
60
   A [ ben wir die Möglichkeit einen Dringlichkeitsantrag zu
61
   A [ stellen an die Wohngeldstelle, und wir könnten auch das
62
   A [ Wohngeld sag ich erstmal vorschieben. Und würden uns das
63
   A [ Geld von diesem Wohnungsamt, was später berechnet wird,
64
   A [ wieder zurück holen, von Amtswegen.
   R2[                              Sie bezahlen das und
65
   A [        Ja.
   R1[           Und machen Sie den Antrag oder muss ich den
   R2[   dann/
66
   A [              Den Antrag kann ich Ihnen mitgeben. Wir
   R1[ Antrag machen?
67
   A [ können ihn gemeinsam ausfüllen oder gehen zum(Wohnungsamt).
68
```

Die Agentin zeigt Verständnis für ihre Gesprächspartner und schlägt eine Handlungsalternative vor, indem sie ihr institutionelles Wissen (Dringlichkeitsantrag) zur Verfügung stellt. Darin zeigt sich eine Kombination von institutioneller und interkultureller Handlungskompetenz, weil sie zusätzlich zu ihrer eigenen die Perspektive des Klienten berücksichtigt hat. „Wenn Sie sich das nicht trauen" [59] zeigt Empathie, die aber nicht aufdringlich wirkt, weil die durch die Höflichkeitsäußerung eingebettet wird: „oder aus anderen Gründen heraus nicht fragen wollen" [59-60]. Folgende Interaktionsstrategie von Knapp-Potthoff wird hier verfolgt: „Setze deine metakommunikativen Verfahren nur insoweit ein, als sie das Gesicht des Kommunikationspartners nicht bedrohen". Diese Maxime impliziert, dass der Handelnde sich ein Wissen über „die Grundprinzipien der interpersonalen Kommunikation" aneignen soll: „über die Rolle von Kommunikation zur Herstellung und Aufrechterhaltung sozialer Beziehungen, über Mechanismen der Unsicherheitsreduktion, ..." (Knapp-Potthoff 1997, 201). Zum Schluss macht sie die entsprechenden Amtsvorgänge transparent: zurückholen, „von Amtswegen" [65]. Das zeigt erhöhtes Problembewusstsein und die Bereitschaft, die Lösungssuche gemeinsam zu gestalten. An einer weiteren Stelle bietet sie sogar konkrete Hilfe an: „Wir können ihn (den Antrag) gemeinsam ausfüllen" [67-68]. Die Handlungsalternativen wurden in der Nachbesprechung der zweiten Simulation von allen positiv bewertet und übernommen.

8 Fazit

In diesem Beitrag haben wir gezeigt, wie das modifizierte SAF-Verfahren im Rahmen eines interkulturellen Kommunikationstrainings konkret realisiert werden kann. Ergebnis der Analyse ist, dass das Verfahren für die angestrebten Zielsetzungen eines interkulturellen Trainings hilfreich ist. Ein weiterer Einsatz in anderen (interkulturellen) Kommunikationstrainings kann empfohlen werden.

Das SAF-Verfahren ermöglicht eine planmäßige Bearbeitung der authentischen Fälle mit einer Simulation vor und nach der Diskussion. Damit werden unterschiedliche Reflexionsmöglichkeiten eröffnet. An mehreren Beispielen haben wir zeigen können, wie dadurch unreflektiertes Handeln kritisch betrachtet und reflektiertes Handeln in einer Trainingssituation ausprobiert werden kann. Damit diese Lernerfahrung in einer provisorischen Kommunikationsgemeinschaft im Training auf Dauer auch in der Berufspraxis fruchtbar wird, sind eine längere Zeit und weitere vergleichbare Erlebnisse im Beruf notwendig. Wir haben in diesem Zusammenhang Material vorgeführt, an Hand dessen die theoretische Diskussion über die Veränderbarkeit des kommunikativen Handelns durch Training weiter verfolgt werden kann. Die tatsächlichen Ergebnisse des Trainings kann man nur im professionellen Handeln der Trainingsteilnehmer am Arbeitsplatz messen. Dazu müssen neue Aufnahmen, Analysen und Trainingsmaßnahmen erfolgen. Zu diesem Zweck ist eine langfristige Kooperation mit den jeweiligen Auftraggebern bzw. Behörden notwendig.

Literatur

Antos, Gerd (1992): Demosthenes oder: Über die „Verbesserung der Kommunikation". Möglichkeiten und Grenzen sprachlich-kommunikativer Verhaltensänderungen. In: Fiehler, Reinhard/Sucharowski, Wolfgang (Hgg.): *Kommunikationsberatung und Kommunikationstraining: Anwendungsfelder der Diskursforschung.* Opladen, 52-66.

Becker-Mrotzek, Michael (2000): Gespräche in Ämtern und Behörden. In: Brinker, Klaus/Antos, Gerd/Heinemann, Wolfgang/Sager, Sven F. (Hgg.): *Text- und Gesprächslinguistik.* 2. Halbband. Berlin 1505-1525.

Becker-Mrotzek, Michael/Brünner, Gisela (1999a): Diskursanalytische Fortbildungskonzepte. In: Brünner, Gisela/Fiehler, Reinhard/Kindt, Walther (Hgg.): *Angewandte Diskursforschung. Bd. 2: Methoden und Anwendungsbereiche.* Opladen, 36-49. Kostenloser Download unter „www.verlag-gespraechsforschung.de".

Becker-Mrotzek, Michael/Brünner, Gisela (1999b): Simulation authentischer Fälle (SAF). In: Brünner, Gisela/Fiehler, Reinhard/Kindt, Walther (Hgg.): *Angewandte Diskursforschung. Bd. 2: Methoden und Anwendungsbereiche.* Opladen, 72-80. Kostenloser Download unter „www.verlag-gespraechsforschung.de".

Brons-Albert,Ruth (1994): Artefakte in simulierten Verkaufsgesprächen und ihre Behandlung durch den Trainer. In: Bliesener, Thomas/Brons-Albert, Ruth (Hgg.) (1994): *Rollenspiele in Kommunikations- und Verhaltenstrainings.* Opladen, 105-127.

Brons-Albert, Ruth (1995): *Auswirkungen von Kommunikationstraining auf das Gesprächsverhalten.* Tübingen.

Brünner, Gisela/Fiehler, Reinhard/Kindt, Walther (Hgg.) (1999): *Angewandte Diskursforschung. 2 Bde.*, Opladen. Kostenloser Download unter „www.verlag-gespraechsforschung.de".

Ehlich, Konrad/Rehbein, Jochen (1980): Sprache in Institutionen. In: Althaus, Hans Peter/Henne, Helmut/Wiegand, Herbert Ernst (Hgg.): *Lexikon der Germanistischen Linguistik.* Tübingen, 338-347.

Ehlich, Konrad/Rehbein, Jochen (1986): *Muster und Institution: Untersuchungen zur schulischen Kommunikation.* Tübingen.

Fiehler, Reinhard/Sucharowski, Wolfgang (1992): Diskursforschung und Modelle von Kommunikationstraining. In: Fiehler, Reinhard/Sucharowski, Wolfgang (Hgg.): *Kommunikationsberatung und Kommunikationstraining: Anwendungsfelder der Diskursforschung.* Opladen, 24-35.

Fiehler, Reinhard (1995a): Implizite und explizite Bewertungsgrundlagen für kommunikatives Verhalten in betrieblichen Kommunikationstrainings. In: Biere, Bernd Ulrich/Hoberg, Rudolf (Hrsg.): *Bewertungskriterien in der Sprachberatung.* Tübingen, 110-131.

Fiehler, Reinhard (1995b): Kann man Kommunikation lehren? Zur Veränderbarkeit von Kommunikationsverhalten durch Kommunikationstraining. In: *FINLANCE. A Finnish Journal of Applied Linguistics* XV 1995, 137-156.

Goodenough, Ward H. (1964): Cultural Anthropology and Linguistics. In: Hymes, Dell (Hrsg.): *Language in Culture and Society. A Reader in Linguistics and Anthropology.* New York, 36-39.

Knapp-Potthoff, Annelie (1997): Interkulturelle Kommunikationsfähigkeit als Lernziel. In: Knapp-Potthoff, Annelie/Liedke, Martina (Hgg.): *Aspekte interkultureller Kommunikationsfähigkeit.* München, 181-205.

Krashen, Stephen. D. (1981): *Second Language Acquisition and Second Language Learning.* Oxford.

Liedke, Martina/Redder, Angelika/Scheiter, Susanne (1999): Interkulturelles Handeln Lehren – ein diskursanalytischer Ansatz. In: Brünner, Gisela / Fiehler, Reinhard / Kindt, Walther (Hgg.): *Angewandte Diskursforschung. Bd. 2: Methoden und Anwendungsbereiche.* Opladen, 148-179. Kostenloser Download unter „www.verlag-gespraechsforschung.de".

Lindemann, Bernhard (1993): Einige Fragen an eine Theorie der sprachlichen Perspektivierung. In: Canisius, Peter / Gerlach, Marcus (Hgg.): *Perspektivität in Sprache und Text.* 2., erw. Aufl., Bochum, 1-39.

Müller, Bernd-Dietrich (1995): Sekundärerfahrung und Fremdverstehen. In: Bolten, Jürgen (Hgg.): *Cross Culture – Interkulturelles Handeln in der Wirtschaft.* Sternenfels/Berlin, 43-58.

Müller-Jacquier, Bernd (2000): Linguistic Awareness of Cultures. Grundlagen eines Trainingsmoduls. In: Bolten, Jürgen (Hgg.): *Studien zur internationalen Unternehmenskommunikation.* Waldsteinberg, 20-49.

Müller-Jacquier, Bernd/Thije, Jan D. ten (2000): Interkulturelle Kommunikation: interkulturelles Training und Mediation. In: Brünner, Gisela / Becker-Mrotzek, Michael/Coelfen, Hermann (Hgg.): *Linguistische Berufe: Ein Ratgeber zu aktuellen linguistischen Berufsfeldern.* Frankfurt a.M./New York, 39-57.

Redder, Angelika (2001): Zweitspracherwerb als Interaktion II: Interaktion und Kognition. In: von Helbig, Gerhard/Götze, Lutz/Henrici, Gert/ Krumm, Hans-Jürgen (Hgg.): *Deutsch als Fremdsprache. Ein internationales Handbuch.* I. Halbband. Berlin, 742-751.

Sandig, Barbara (1996): Sprachliche Perspektivierung und perspektivierende Stile. *Zeitschrift für Literaturwissenschaft und Linguistik* 102, (1996), 36-63.

Thije, Jan D. ten (1997): Intercultural communication in team discussions: analyses and training objectives. In: Knapp, Annelie / Liedke, Martina (Hgg.): *Aspekte interkultureller Kommunikationsfähigkeit.* München, 125-155.

Thije, Jan D. ten (2001): Ein diskursanalytisches Konzept zum interkulturellen Kommunikationstraining. In: Bolten, Jürgen/Schröter, Daniela (Hgg.): *Im Netzwerk interkulturellen Handelns. Theoretische und praktische Perspektiven der interkulturellen Kommunikationsforschung.* Jena: Schriftreihe Interkulturelle Wirtschaftskommunikation, 177-204.

Thije, Jan D. ten (2002): Stufen des Verstehens bei der Interpretation der interkulturellen Kommunikation. In: Kotthoff, Helga (Hgg.): *Kultur(en) im Gespräch.* Tübingen, 57-98.

Thije, Jan D. ten (2003a): De talige markering van gemeenschappelijke voorkennis. Een analyse van biografische interviews over Trabantervaringen. In: Koole, Tom/Nortier, Jacomine/Tahitu, Bert (red.): *Artikelen van de vierde Sociolinguïstische Conferentie.* Delft, 431-445.

Thije, Jan D. ten (2003b): The transition from misunderstanding to understanding in intercultural communication: In: Komlósi, László I. / Houtlosser, Peter/Leezenberg, Michiel (Hrsg.): *Communication and Culture. Argumentative, Cognitive and Linguistic Perspectives.* Amsterdam, 197-213.

Thije, Jan D. ten/Solovjeva, Natalia/Teubner, Anke/Wustmann, Cornelia (2000): Interkulturelle Kommunikation in den Behörden. Eine Gesprächsfibel für die Beratung von Migranten und russischen Aussiedlern insbesondere. Chemnitz.

Zifonum, Gisela/Hoffmann, Ludger/Strecker, Bruno (Hgg.) (1997): *Grammatik der deutschen Sprache.* Bde. 1 und 2, Berlin / New York.

Anlage 1: Transkriptionskonventionen

Verbale Kommunikationszeile

/	Reparatur oder Abbruch
( )	Unverständlich
(Otto soll)	Vorschläge oder Vermutungen
.	sehr kurze Pause
[2 Sek.]	Pause von zwei Sekunden
[0,5 Sek.]	Pause von einer halben Sekunde
((lacht))	Benennung einer non-verbalen Handlung
? Hm	unklar, welcher Sprecher 'Hm' geäußert hat
. (Punkt)	fallende Intonation am Satzende
?	steigende Intonation am Satzende
,	steigende Intonation am Satzteilende

Intonationszeile

!	Betonung
–	Verlängernd
/	steigende Intonation
\	fallende Intonation
V	fallende und steigende Intonation
∧	Gekürzt

Miteinander-Sprechen lernen: Schulische Förderung von Gesprächsfähigkeit

Rüdiger Vogt

Viele haben in ihrer Schulzeit die Erfahrung gemacht, dass ihr Engagement im Unterricht nicht angemessen belohnt wurde; vielmehr stützte sich die Endnote hauptsächlich auf die Ergebnisse der schriftlichen Klassenarbeiten. Mündliche Leistungen wurden offenbar weniger Wert geschätzt als schriftliche. Wie ist heute das Verhältnis von Mündlichkeit und Schriftlichkeit in der Schule? Um diese Frage zu prüfen, schlagen wir die Seite eines Deutsch-Schulbuchs auf – einem Fach, das in besonderer Weise dem Thema Mündlichkeit verpflichtet ist. Wir wählen mit *TANDEM deutsch* den Typ des integrierten Lehrbuchs, das die Vermittlung von Literatur und Sprache miteinander verknüpft, und konzentrieren uns auf den Band für die 6. Jahrgangsstufe. Die ersten beiden Jahre auf der Sekundarstufe I – sie sind in einigen Bundesländern auch als Orientierungs-, Beobachtungs- oder Förderstufe zusammengefasst – sind die Zeit der späten Kindheit; hier verändert sich das schulische Anspruchsniveau sowohl durch den Unterricht in der ersten Fremdsprache als auch durch eine differenzierte Fächergliederung. Bei Schülern dieses Alters geht man im Allgemeinen davon aus, dass sie ihre Beiträge nicht mehr so spontan einbringen wie noch zuvor in der Grundschulzeit, während das Interesse an thematischen Zusammenhängen und deren Durchdringung wächst. Zunehmend stellen sie sich auf den Partner ein und beginnen, die situativen Bedingungen der Unterrichtssituation zu reflektieren (siehe Abb. 1, S. 202).

Im Kapitel „Zusammenleben – zusammen leben" sehen wir ein mehrgeschossiges Mietshaus, in dem die Bewohner egoistisch ihren Tätigkeiten nachgehen, ohne sich um die Belange der anderen zu kümmern. Vor allem geht es um Lärmbelästigung, in der Grillszene um Geruchsbelästigung. Dazu sollen sich die Schüler überlegen, was denn geschehen muss, damit sich alle im Haus wohl fühlen und höflich miteinander umgehen. Dieser Impuls zielt auf die einvernehmliche Entwicklung eines Handlungsrahmens im Sinne einer Hausordnung. Ein als „Arbeitsanweisung" ausgewiesener eingerahmter Text bringt Normen für Konfliktkommunikation zum Ausdruck. In eine ähnliche Richtung geht auch der Abschnitt „In der Klasse miteinander leben", in dem mithilfe von fingierten Schüleräußerungen eine Beschäftigung mit Problemen in der Klasse angeregt

Zusammenleben – zusammen leben

In der Klasse miteinander leben

Die Klasse ist heute völlig außer Rand und Band. Die Schülerinnen und Schüler ärgern sich schon seit längerer Zeit über vieles. In der nächsten Stunde besprechen sie ihre Probleme mit ihrer Klassenlehrerin.

Tanja: Katrin arbeitet immer nur für sich und hilft mir nicht, wenn wir Partnerarbeit machen sollen.

Thorsten: Die hinter mir stören ständig.

Ulrike: Der Thorsten meldet sich nie, sondern schreit immer dazwischen.

Sybille: Ich sehe überhaupt nicht an die Tafel und möchte deshalb nicht immer hinten sitzen.

Dieter: Ich muß immer, weil ich vorne sitze, den Papierkorb leeren.

Marko: Immer dürfen die, die vorne sitzen, die Hefte und Arbeitsblätter austeilen.

Susanne: Als ich krank war, hat mir niemand die Arbeitsblätter mitgebracht.

Sammelt alle Problempunkte, und sucht Lösungsmöglichkeiten.

Was uns nicht gefällt	Ideen für Lösungsmöglichkeiten

Stellt aufgrund eurer Beobachtungen und Ideen Regeln für eure Klassenordnung auf.

Die Schülerinnen und Schüler der S6 gebrauchen sehr oft das Wort "immer". Ihr versteht euch? Untersucht ein Problem, von dem ihr beobachtet, daß es "immer" so ist. Überprüft eure Benutzung durch genaue Beobachtung.

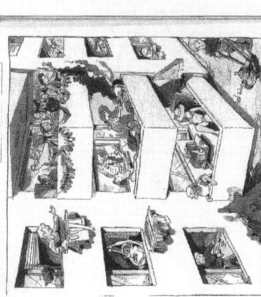

Zusammenleben – zusammen leben

In diesem Haus ärgern sich viele Menschen über ihre Mitbewohner. Was muß geschehen, damit sich alle im Haus wohlfühlen und endlich miteinander umgehen?

Umgang mit anderen

Bei Konflikten passiert es leicht, daß Menschen unfreundlich miteinander umgehen, beschimpfen. Dadurch werden Konflikte nicht gelöst.

Um einen Konflikt zu lösen, mußt du folgendes beachten:

– Höre dem anderen zu und laß ihn aussprechen.
– Frage nach, wenn dir etwas unklar ist.
– Versuche den Standpunkt des anderen zu verstehen.
– Verrate deine Beweggründe ruhig und sachlich.
– Versuche miteinander eine Lösung zu finden, mit der ihr beide einverstanden sein könnt.

wird. Auf diesen beiden Seiten geht es um die Notwendigkeit von Vereinbarungen innerhalb von sozialen Systemen. Die Bearbeitungsmodalität der Aufgaben ist mündlich („In diesem Haus ärgern sich viele Personen über ihre Mitbewohner. Was muß geschehen, damit sich alle im Haus wohlfühlen und höflich miteinander umgehen?") wie auch schriftlich („Stellt aufgrund eurer Beobachtungen und Ideen Regeln für die Klassenordnung auf"). Eine Aufgabe verbindet beide Bearbeitungsformen miteinander, wenn der Anweisung „Sammelt alle Problempunkte und sucht Lösungsmöglichkeiten" hinweisend der Kopf einer Tabelle folgt. Zudem zeigt diese Aufgabe, welch ein enges Verhältnis zwischen mündlichen und schriftlichen Tätigkeiten im Deutschunterricht besteht. Bemerkenswert ist aber auch, dass der Lernerfolg des Themas „Wie können Konflikte gelöst werden?" ein paar Seiten später im „Tandem-Training" mit der folgenden Aufgabe getestet wird:

Bernd und Susanne wollen fernsehen, Da sie zwei verschiedene Sendungen ausgesucht haben, die zur gleichen Zeit laufen, stehen sie vor einem Problem. Das Problem entwickelt sich zu einem Konflikt.
1. Schreibe das notwendige Gespräch auf und löse den Konflikt so, daß am Schluß beide mit der Lösung zufrieden sein können. (112)

Hier steht die einvernehmliche Lösung von Interessengegensätzen im Mittelpunkt des didaktisch-methodischen Interesses. In der Lösung kann gut die Umsetzung der Anweisung für das Verhalten in Konfliktsituationen überprüft werden. Warum sollen die Schüler aber das von ihnen erdachte Gespräch aufschreiben? Wäre hier nicht die Möglichkeit gegeben, beispielsweise in Gruppenarbeit ein Rollenspiel zu entwickeln, also eine der mündlichen Modalität einer solchen Auseinandersetzung eher gerecht werdenden Form? Der Vorteil der schriftlichen Lösung liegt auf der Hand: Jeder Schüler soll die Aufgabe individuell erarbeiten, so dass dem Lehrer nicht nur eine individuelle Lernerfolgskontrolle möglich ist, sondern potenziell auch eine Bewertung erfolgen kann.

In diesem Ausschnitt wird das Dilemma der unterrichtlichen Gesprächsförderung deutlich: Zwar vollzieht sich der Unterrichtsprozess weitgehend mündlich, die Beurteilung und Bewertung von Schülerleistungen erfolgt jedoch weitgehend aufgrund von schriftlichen Manifestationen. Zugespitzt lässt sich das Verhältnis so bestimmen: In der Schule wird zunächst gesprochen, dann geschrieben. Ein Thema wird mit Hilfe mündlicher Tätigkeiten erschlossen und vertieft, ggf. durch schriftliche Tätigkeiten wie das Aufschreiben von Stichwörtern oder das Anlegen von Tabellen geordnet und durch schriftliche Aufgaben begleitet, etwa Hausaufgaben, die dann wieder besprochen werden. Die Kontrolle des Lernerfolgs könnte auch mündlich erfolgen, in der Regel jedoch nutzen die Lehrer das Medium der schriftlichen Klassenarbeit. Die funktionale Beziehung zwischen Mündlichkeit und Schriftlichkeit wäre treffend in der Maxime „Sprich, um zu schreiben" ausgedrückt.

Das war nicht immer so. Sowohl die Rhetorik als auch die Dialektik als traditionelle Disziplinen an den Lateinschulen kannten andere Schwerpunktsetzungen: Sowohl die Rede als auch die Disputation setzten eine schriftliche Vorbereitung voraus. Während es im ersten Bereich um die wirkungsvolle Gestaltung der Redeintention geht, steht im zweiten Bereich die möglichst hieb- und stichfeste Argumentation für eine These im Mittelpunkt. Dabei spielten schriftlich auszuführende Vorbereitungen eine große Rolle: So sind die drei ersten Schritte im rhetorischen Prozess, die *inventio, dispositio* und *elocutio*, schriftlich zu erledigen, erst dann kommt der mündliche Vortrag ins Spiel. Für diesen Zusammenhang könnte man die Maxime „Schreib, um zu sprechen" formulieren, das funktionale Verhältnis von Mündlichkeit und Schriftlichkeit war komplementär bestimmt.

Um die schwierige Aufgabe der Förderung von Gesprächsfähigkeit in einer schriftorientierten Institution soll es im Folgenden gehen. Nach einer ersten systematischen und historischen Präzisierung des schulischen Gesprächs-Konzepts werden die spezifischen Probleme und Chancen schulischer Gesprächsförderung herausgearbeitet; dabei schärfen die Beobachtungen zur Förderung von Textualisierungsfähigkeiten (Schreibkompetenz) die institutionelle Perspektive. Um die allgemeine Beschreibung zu konkretisieren, konzentriere ich mich im Folgenden auf Texte und Gespräche, die im weiteren Sinne strukturell als „argumentativ" zu bezeichnen sind. Außerdem beschränke ich mich auf das Fach Deutsch, das ja im besonderen Maße für die formale Seite von Sprechen und Schreiben zuständig ist. Darüber hinaus werde ich mit der Förder- oder Orientierungsstufe, das sind die Jahrgänge 5 und 6, ein Curriculum-Level wählen, in dem Schüler schon einige Formen schulischer Sprachförderung hinter sich gebracht haben, aber trotzdem noch einige Zeit im institutionellen Kontext verbleiben. Ich werde dabei induktiv vorgehen, also meine Überlegungen auf der Grundlage von dokumentierten mündlichen Sprachverwendungsweisen entwickeln, der ich kontrastierend und exemplarisch schriftliche Produktionen gegenüberstelle. In einem weiteren Schritt werde ich das Problem der Leistungsmessung thematisieren. Ein Ausblick auf die Möglichkeiten der Gesprächsförderung schließt die Auseinandersetzung mit dem Thema ab.

1 Förderung von Gesprächskompetenzen in einer schriftorientierten Institution

Im Folgenden sollen die konzeptionellen Grundlagen der Auseinandersetzung mit Problemen der Förderung sprachlicher Fähigkeiten geklärt werden. Ich beziehe mich dabei auf das Schichtungsmodell der Sprachverwendungskompetenz, das Glinz (1993) vorgeschlagen hat, „ein Denkmodell, nach welchem man sich den Zusammenhang aller Dimensionen von Sprache im Kopf eines Menschen vorstellen kann". Es ist in sieben Bereiche eingeteilt, die hierarchisch aufeinander bezogen sind. Das Besondere dieses Modells ist, dass es die Herausbildung sprachlicher Fähigkeiten einem allgemeinen, sozialen Ziel unterordnet, nämlich der Konstitution einer personalen Identität. In seinen sprachlichen Bereichen spannt das Modell den Bogen von Textmustern und Sprachverwendungsstrategien über die Semantik und den lexisch-morphosyntaktischen Bereich bis hin zur Prosodie, der Lautbildung und schließlich der Schreibung. Für diesen Zusammenhang konzentriere ich mich auf den Bereich II: „Ganze Muster für den Textaufbau und ganze Strategien für die Sprachverwendung": Für die „Einwegkommunikation", die monologische Sprachverwendung, ist damit die Herausbildung von Textmustern gemeint; für die „Wechselkommunikation", den dialogischen Sprachgebrauch, geht es um die Entwicklung von Strategien im verbalen Handeln, also beispielsweise Partner- bzw. Situationseinschätzung und für das Führen von Gesprächen. Gleichgewichtig stehen also in dieser Konzeptualisierung mündliche und schriftliche Kompetenzbereiche nebeneinander.

Zunächst muss geklärt werden, welche Formen dialogischer Kommunikation in der Schule gefördert werden können. Unterricht konstituiert eine hochgradig institutionalisierte Form der Kommunikation, in der der Lehrer die Rolle des Agenten übernimmt, während sich die Schüler in der Klientenrolle befinden. Aus der Funktionsbestimmung von Unterricht als Qualifikationsmedium ergibt sich so eine asymmetrische Verteilung der Handlungsmöglichkeiten: Der Lehrer organisiert einen sprachlich vermittelten Lernprozess, in dem er die Schüler mit Hilfe von fachlich geeigneten Methoden zu mentalen, sprachlichen oder praktischen Tätigkeiten anleitet, die geeignet sind, gesellschaftlich relevantes Wissen zu vermitteln. Ein dritter Aspekt betrifft die Massenhaftigkeit der Klienten, denn sie erzeugt – zumindest im plenaren Unterricht – eine besondere Sprechsituation (vgl. Becker-Mrotzek/Vogt 2001, 8). Die Präsenz einer Lerngruppe in einem Klassenzimmer konstituiert einen institutionell hergestellten öffentlichen Raum, die Klassenöffentlichkeit. Darüber hinaus geht in diese Bestimmung ein, dass die Tätigkeiten aller im Klassenzimmer präsenten Subjekte potenziell für alle wahrnehmbar sind und insofern kontrolliert werden können. Die Konzeptualisierung des Unterrichts als öffentlicher Situation hat Auswirkungen auf die Modellierung der kommunikativen Verhältnisse: Es ist zu unterscheiden zwischen einer kommunikativen und einer thematischen Ordnung des Unterrichts. Die kommunikative Ordnung sichert den öffentlichen Charakter der Situation, die thematische dagegen den fachlichen Bezug. Unabhängig von den Inhalten stellen Lehrer Unterrichtsöffentlichkeit her und halten sie aufrecht; die so erzeugte Aufmerksamkeitsausrichtung nutzen sie für die Vermittlung fachlicher Inhalte.

Die traditionelle Lehrform des fragend-entwickelnden Unterrichts bedient sich dabei der Mittel der dialogischen Kommunikation, in der die Schülertätigkeiten in Hinblick auf den antizipierten Lernprozess organisiert werden. Diese Form des Unterrichts lässt sich mit den Merkmalen „lehrerzentriert", „ergebnisorientiert" und „thematisch vorstrukturiert" beschreiben: Die Schüler sind hier gleichsam Statisten der Lehrerinszenierung. In dieser Methode findet nur indirekt eine Förderung der Gesprächskompetenzen statt.

Sehr viel besser geeignet sind statt dessen andere plenare Formen, in denen Schüler Möglichkeiten haben, auf Thema, Verlauf und Ergebnis der kommunikativen Ereignisse Einfluss zu nehmen, zum Beispiel in Rundgesprächen, Diskussionen oder Debatten, Unterrichtsformen also, die über die Merkmale „schülerzentriert", „prozessorientiert" und „thematisch offen" verfügen. Solche „Gespräche im Unterricht" stehen im Mittelpunkt der folgenden Ausführungen, während andere, z.b. im Gruppenunterricht praktizierte dialogische Kommunikationsformen, nicht Gegenstand sind.

Ein Blick in die Geschichte der Etablierung des „Gesprächs im Unterricht" als festem Teil des Curriculums im Fach Deutsch schärft den Blick für die Auswirkung der Schriftorientierung (vgl. Vogt 2002, 31ff.). Zwar gehörte neben der Rhetorik die Dialektik, also die Kunst der dialogischen wissenschaftlichen Beweisführung, in den Lateinschulen des 18. Jahrhunderts zu den unterrichteten Disziplinen, ihre Spuren verlieren sich jedoch im ausgehenden 18. Jahrhundert (vgl. Broweleit 1981, 7 ff.). Aber auch die Rhetorik, die monologische Redekunst, erfuhr in der Adaption auf den Deutschunterricht einschneidende Veränderungen. Sie hatte in der Beschreibung des rhetorischen Prozesses von der Idee bis zur Ausführung die verschiedenen mentalen und sprachlichen Tätigkeiten funktional sinnvoll integriert, um das Ziel zu erreichen, mit einer öffentlichen Rede möglichst viele Zuhörer für das eigene Anliegen zu gewinnen. Ludwig hat für den Bereich des schulischen Schreibens gezeigt (1989), wie sich die Aufsatzdidaktik im 18. Jahrhundert zunächst der performativen Teile des rhetorischen Prozesses (*memoria* und *acto*) entledigt hat. Während anfangs noch die Wirkung von Aufsätzen im Mittelpunkt stand, verschob sich das Interesse in der Folge auf die Ausdrucksfunktion: Die Gedanken der Subjekte sollten eine sprachliche Form finden. Die Organisation des mentalen Prozesses verknüpfte Sprechen und Schreiben auf eindeutige Weise: „Erst sprechen, dann schreiben". Das unterrichtsförmige Sprechen sollte dazu dienen, die Gedanken der Schüler zu ordnen, sie gleichsam für die Schrift vorzubereiten. Gleichzeitig wurde die geschriebene Sprache genutzt, um die Bildung von Gedanken vorzubereiten.

Monologische Mündlichkeit hatte durchaus ihren Platz in den deutschen Gymnasien des 19. Jahrhunderts: In der Adaption des Curriculums der Lateinschulen spielte die Rhetorik als eigenständiger Bereich eine zentrale Rolle. Das Curriculum führte von der richtigen Aussprache und Betonung (in einfachen reproduzierenden Formen wie der Nacherzählung) über die Variation des sprachlichen Ausdrucks durch die Deklamation (von auswendig gelernten Gedichten oder Prosastücken) bis hin zu den Mimik und Gestik nutzenden Übungen des freien Vortrags (vgl. Arnold 1825, 64 f.). Als eigenständiger Bereich „Sprechen" blieb dieses Programm Bestandteil der Lehrpläne.

In der Volksschule dagegen ging es um Elementares: Für die Didaktiker des 19. Jahrhunderts wurde die geschriebene Sprache zum zentralen Medium von Bildung. Sie soll dazu dienen, die Heranwachsenden von der dialektal geprägten Volkssprache zur Bildungssprache zu führen, der Sprache der Dichter und Denker. Das geschieht erstens durch die Befolgung der Maxime „Sprich, wie Du schreibst": Der Lehrer soll den Unterricht in Hochsprache abhalten, laut und langsam in korrekt gebauten Sätzen sprechen. So dient er als Vorbild für die Schüler, die ihm nacheifern sollen. Und zweitens zielt der Unterricht im Bereich des Sprechens auf die Einführung und die Erweiterung der hochdeutschen Sprache. Hier entfaltet sich das Sprechen vom Anschauungsunterricht über die Lesebuchstufe hin zum Deklamieren von Liedern oder Gedichten; dem nun vorgesehenen wörtlich-getreuen Memorieren folgen Übungen im freien Erzählen bis hin zu Redeübungen. In diesem Curriculum muss sich das Kind „in aller Demut" den ausgewählten Texten hingeben, weil so – wie Kehr schreibt – „nicht nur der Inhalt der Sprache, sondern auch die Formen der Gedanken unverlierbar eingeprägt werden" (1884, 167). Man kann in diesem Zusammenhang auch an die politischen Verhältnisse der preußischen Monarchie erinnern, die eher eine Abrichtung der zukünftigen Untertanen erforderten als deren Selbständigkeit.

Dieses Konzept, Volksschüler in die hochdeutsche Schriftsprache zu führen, rief auch Kritiker auf den Plan, die für eine Umkehrung der Prioritäten plädierten. Bekannt ist die Forderung Rudolf Hildebrands aus seiner Streitschrift „Vom deutschen Sprachunterricht in der Schule und von deutscher Erziehung überhaupt":

„Das Hauptgewicht im deutschen Unterricht sollte künftig auf die gesprochene und gehörte Sprache gelegt werden, nicht auf die geschriebene und gesehene, beide Erscheinungsformen der Sprache müßten da wieder in ihr natürliches Verhältnis rücken." (Hildebrand 1867, 27)

„Natürlichkeit" war das Stichwort, und Bertold Otto (1859 – 1933) wurde mit dem von ihm durchgeführten nicht fachgebundenen Gesamtunterricht ihr nachhaltigster Propagandist (1963). Durch diese Unterrichtsform, in der alle Schüler und Lehrer seiner kleinen „Hauslehrerschule" in Berlin beieinander saßen und ohne jede thematische Einschränkung alle in der Situation aufgeworfenen Fragen miteinander besprachen, sollten die Gedanken und Erkenntnisse der Kinder ungefiltert den anderen zugänglich gemacht werden, durch die Form des Gesprächs kollektiv geprüft und weiter entwickelt werden. Das schulische Gespräch diente so dem Zweck, die Ideen und Vorstellungen sich selbst und den anderen klarer und bewusster zu machen. So stehen also die Sprachfunktionen des Ausdrucks und der Darstellung im Mittelpunkt dieses Konzepts, das als erstes der gleichberechtigten dialogischen Mündlichkeit in der Schule eine eigenständige Aufgabe zugewiesen hat. Die Adaption auf den Unterricht der Regelschule in den 20er Jahren machte eine terminologische Anpassung notwendig: Unter dem Stichwort „freies Unterrichtsgespräch" hielt es Einzug in die Didaktik und Methodik des Volksschulunterrichts (vgl. Braune/Krüger/Rauch 1930), während auf dem Gymnasium weiter in traditionellen Bahnen unterrichtet wurde.

Nach 1945 hielt eine andere Form der dialogischen Mündlichkeit Einzug in deutsche Klassenzimmer, nämlich die durch die US-amerikanische *re-education* implementierte Form der Diskussion, in der vor allem im Politikunterricht allgemeine politische Fragen zum Zwecke der Meinungsbildung erörtert werden sollten. Erst in den 60er Jahren nahm sich auch die Fachdidaktik Deutsch dieses Themas an, allerdings konzentrierte man sich auf die Form, nicht auf den Inhalt. So postuliert etwa Ulshöfer (1963: 32), der die Form der Diskussion als Rundgespräch in der Unterstufe des Gymnasiums konzeptualisierte, dass dessen Regeln wie bei einem Spiel auf dem Sportplatz eingeübt werden müssten. Die fachlich bedingte Trennung von Form und Inhalt lässt sich gut an den in den jeweiligen Methodiken aufgeführten Qualifikationen verdeutlichen: Während die politische Bildung mit der Diskussion durch die Gleichrangigkeit der Teilnehmer, die Relevanz der Inhalte und die Organisiertheit die zukünftigen Partizipationschancen der Schüler verbessern will (cf. Giesecke 1993, 137 ff.), steht für die Deutschdidaktik die Organisation des Dialogs im Mittelpunkt des Interesses.

Welchen Wert haben nun gesprächsbasierte Unterrichtsformen in einer Institution, die traditionell der Aufgabe verpflichtet ist, ihren Klienten die Kulturtechniken Lesen und Schreiben zu vermitteln? Die Etablierung von homogenen Jahrgangsklassen im Verlauf des 19. Jahrhunderts schuf zwar die Voraussetzungen, auch soziale kommunikative Fähigkeiten zu fördern, die entsprechenden unterrichtsmethodischen Konzepte wurden jedoch erst im 20. Jahrhundert entwickelt und – in Deutschland – mehr oder weniger breit in den Jahren nach 1970 in die Praxis umgesetzt. Trotz der Stärkung ihrer Integrationsfunktion konzentriert sich die Schule vor allem auf die Qualifikation und die Selektion. Für beide Aufgaben erweist sich das Medium Schrift als ideal: Zum einen ermöglicht es einen akzelerierten Wissenserwerb, also eine ökonomische Verdichtung von Lernprozessen, zum anderen liefert es – da auf eine graphische Fixierung hin orientiert – nachprüfbare und vergleichbare Produkte der so vereinzelten Subjekte. Die verwaltungsrechtlichen Rahmenbedingungen erzwingen geradezu eine stärkere Gewichtung schriftlicher Produkte, da die Flüchtigkeit des mündlichen Verkehrs in der Klassenöffentlichkeit eine ähnlich präzise Fixierung nicht zulässt. Es gibt also in der Schule ein Primat der schriftsprachlichen Kompetenzförderung.

2 Beiträge einbringen – mündlich

In diesem Abschnitt sollen die Eigenschaften mündlicher schulischer Artikulationsformen herausgearbeitet werden. Im Mittelpunkt steht dabei die Frage, wie sprachliche Formen einzuschätzen sind und in welcher Weise Schüler als Produzenten dieser Formen auf ihrem Weg zu einem kommunikationskompetenten Erwachsenen gefördert werden können. Ausgangspunkt ist die Unterrichtssituation und ihr Einfluss auf die sprachlichen Tätigkeiten der Institutionsklienten. Ziel ist die Bestimmung von Gesprächsfähigkeiten, die sich in den Äußerungen rekonstruieren lassen.

In einer Unterrichtsszene aus meinem Korpus „Im Deutschunterricht diskutieren" (vgl. Vogt 1998; Vogt 2002, 276–283) greift eine Lehrerin in einer Klassenlehrerstunde das Problem auf, dass Schüler Hausaufgaben und andere Aufträge wie „eine Unterschrift der Eltern beibringen" nicht zuverlässig erledigen, dies vergessen und ihr auf diese Weise Probleme bereiten. Das bisher geltende Sanktionsverfahren „Wenn jemand dreimal eine Aufgabe nicht erledigt hat, schreibt die Lehrerin einen Brief an die Eltern" hat sich nicht bewährt, weil die Lehrerin dieses Verfahren nicht immer konsequent angewendet hat. Die Lehrerin strebt eine einvernehmliche Lösung des Problems an: Zusammen mit den Schülern will sie in diesem Teil der Stunde ein geeignetes Verfahren entwickeln. Dazu wählt sie eine kommunikative Ordnung, die im Wesentlichen lehrerzentriert ist, weil nach jedem Schülerbeitrag das Rederecht an die Lehrerin zurückfällt und sie den nächsten Sprecher bestimmt. Dabei berücksichtigt sie nur solche Schüler, die sich melden und so einen Redewunsch signalisieren. Als Tableau hat sie den Sitzkreis gewählt; sie markiert jedoch eine gewisse Distanz durch ihre Position im Arrangement, denn sie steht vor dem Lehrpult.

In der sich entfaltenden Auseinandersetzung um die Veränderung der Hausaufgabenregelung lassen sich zwei thematische Stränge verfolgen:

Den ersten Strang begründen Beiträge zur Frage, wie die Beteiligten verhindern können, dass Schüler vergessen, ihre Hausaufgabe zu erledigen. Die Schüler monieren, dass sie manchmal nicht so genau wissen, was sie aufhaben, und schlagen deshalb vor, dass

- sich die Schüler vor Schulschluss untereinander über die an diesem Tag erteilten Hausaufgaben verständigen sollten und dass
- die Lehrerin deutlicher machen soll, welche Aufgaben von den Schülern bearbeitet werden sollen.

Damit soll eine bessere Information über die Erwartungen der Lehrerin an ihre Schüler erreicht werden; es gilt, Transparenz herzustellen.

Der zweite Strang orientiert sich an dem Problem der „gerechten" Behandlung solcher Schüler, die ihre Hausaufgaben vergessen haben. Die Schüler kritisieren ihre Lehrerin als zu wenig hart, während ihnen die Praxis von vergleichsweise herangezogenen „strengeren" Kollegen ungerecht erscheint. Von diesen Voraussetzungen ausgehend entwickeln sie die folgenden, zum Teil Kontroversen hervorrufenden Vorschläge.

Die beiden Stränge sind gesprächsorganisatorisch nicht markiert, als Themen nicht voneinander abgegrenzt. Unter diesen Bedingungen steht die Frage im Mittelpunkt, wie Gerechtigkeit umgesetzt werden kann. Schüler unterbreiten Vorschläge für transparente Verfahren, die nicht nur Zustimmung finden, wie z.B. „Man darf zweimal im Monat seine Hausaufgaben vergessen, beim dritten Mal muss man eine Extraarbeit machen." Beide Stränge (Transparenz, Gerechtigkeit) verbinden sich locker in der Bearbeitung des Problems, dass die Fachlehrer unterschiedliche Regelungen praktizieren; die Schüler fordern eine für alle Fächer gültige Regelung ein, während die Lehrerin den Geltungsbereich des besprochenen Verfahrens auf die von ihr vertretenen Fächern einschränken möchte. Die Entscheidung fällt schließlich für den Vorschlag, dass die Schüler zweimal im Monat die Hausaufgaben vergessen dürfen, für alle weiteren Unterlassungen eine Strafarbeit abzuliefern haben. Die Stränge in dieser Planungsdiskussion überlagern sich: Das liegt daran, dass die Lehrerin auf eine inhaltliche Strukturierung verzichtet und die Entscheidung darüber, welcher Schüler als nächster das Rederecht erhält, in der Situation trifft, nämlich in der Auswahl unter den

Schülern, die durch Handaufheben ihren Wunsch nach Erteilung des Rederechts anzeigen. Es handelt sich hierbei – in funktional-pragmatischer Perspektive ausgedrückt – um die Realisierung des sprachlichen Handlungsmusters „interaktives Planen" (vgl. Koole/ten Thije 1994), das durch die Mehrsträngigkeit relativ komplex wird.

Nachdem der Rahmen des interaktiven Geschehens skizziert wurde, soll an die für eine didaktische Würdigung zentralen Dimensionen von Gesprächsfähigkeit erinnert werden. Entsprechend der oben formulierten situativen Bedingungen lassen sich die in diesem Rahmen möglichen Qualifikationsformen bestimmen. In Anlehnung an die vier Komponenten des Bühler'schen Organonmodells können – im Anschluss an August/Faigel 1986 – die folgenden Dimensionen sprachlicher Äußerungsformen bestimmt und in Hinblick auf die plenare Rahmung spezifiziert werden:

- Die expressive Dimension bezieht sich auf den Sprecher, der entsprechend den situativen Anforderungen nicht nur darauf achten muss, dass er – entsprechend der kommunikativen Ordnung – seinen Beitrag so einbringt, dass er von allen Beteiligten verstanden wird, sondern auch die inhaltliche Angemessenheit prüfen muss.
- Die kognitive Dimension bezieht sich auf die Sache bzw. den Gegenstand. Hier müssen Schüler darauf achten, dass sie die Vorgaben der thematischen Ordnung respektieren und ihnen folgen. Kurz: Sie müssen zur Sache sprechen. Darüber hinaus sollten sie ihre Standpunkte begründen und erläutern
- Die kontextuelle Dimension bezieht sich auf die Situation. Hier müssen die Schüler dafür sorgen, dass sie ggf. auf andere, vorhergehende Beiträge Bezug nehmen und diesen deutlich machen.
- Die soziale Dimension bezieht sich auf den Adressaten: Das wären in diesem Falle eben nicht ein Einzelner, sondern alle im Klassenzimmer versammelten Personen.

Im Folgenden werde ich mich mit einem Ausschnitt aus dieser Phase der Diskussion genauer befassen. In Übersicht 1 sind die Beiträge in einer verkürzten Form paraphrasiert.

---

11 Wir müssen eine klare Regelung haben, z.B. zweimal im Monat darf man die Hausaufgaben vergessen, damit man weiß, was passiert, wenn man sie vergisst.

12 Die Lehrerin soll nicht gleich beim ersten Mal eine Strafarbeit aufgeben.

13 Die Lehrerin soll härtere Strafen verhängen, denn Strafarbeiten dürfen keinen Spaß machen, wie das in einem Fall geschehen ist.

14 Die Strafarbeit hat in diesem Fall gar keinen Spaß gemacht.

15 Beim zweiten Mal sollte man die Hausarbeit dabei haben.

16 Die Lehrerin war nicht konsequent, sie hat nicht durchgezogen, was sie angedroht hat.

17 Dass man zweimal im Monat die Hausaufgaben vergessen darf, ist bescheuert.

18 Wenn man Hausaufgaben vergisst, ist das Strafe genug, denn man hat ein schlechtes Gewissen.

Übersicht 1: „Zweimal im Monat darf man seine Hausaufgaben vergessen" – Beiträge in einer Diskussionsphase

Die Übersicht zeigt deutlich, wie sich die beiden Stränge überlagern. Der einen Vorschlag einbringende Beitrag 11 etabliert einen neuen Schwerpunkt, der erst in 15 von einem Schüler wieder aufgegriffen wird. Auch die Beiträge 17 und 18 beziehen sich auf diesen Vorschlag, einmal ablehnend, das andere Mal modifizierend. Die Beiträge 12, 13 und 16 thematisieren dagegen das Handeln der Lehrerin. Beitrag 14 artikuliert den Widerspruch zur zuvor eingebrachten Position. So bleibt immer offen, auf welchen inhaltlichen Strang sich der Schüler beziehen will. Die direkte Bezugnahme von Beitrag 14 auf 13 erklärt sich aus der Übernahme des Rederechts durch Selbstwahl, einer Selbstwahl, die durch die Lehrerin nicht als Störung der kommunikativen Ordnung unterbunden wird.

Wie werden die situativen Anforderungen in den einzelnen Schülerbeiträgen bearbeitet? Um diese Frage zu beantworten, werden ausgewählte Beiträge zunächst in Hinblick auf die realisierten Komponenten untersucht, um anschließend die darin deutlich gewordenen Fähigkeiten zu beschreiben. Strukturell betrachtet sollten argumentative Beiträge zweigliedrig sein: Schon Searle wies darauf hin, dass das bloße Behaupten nicht geeignet ist, um den Hörer zu überzeugen; es müsse vielmehr argumentiert werden, um auf den anderen Einfluss zu nehmen (1971, 100 f.). Auf den ersten Blick gilt das für den ersten ausgewählten Beitrag nicht:

(1) ich find das nicht gut wenn man einmal die Hausaufgaben vergisst und dann gleich ne Strafarbeit kriegt (Beitrag 12)

Der Schüler bewertet einen der Vorschläge negativ, eine explizite Begründung fehlt jedoch. Jedoch verweisen die Spezifizierungen *einmal* und *gleich* auf eine die Bewertung stützende Norm, dass die Strafen dem Fehlverhalten angemessen sein müssen. Innerhalb des sprachlichen Handlungsmusters „interaktives Planen" füllt der Sprecher die Position des Kommentators aus, der einen Vorschlag negativ bewertet. Der Schüler verzichtet also darauf, diese Erweiterung einzubringen, sei es, dass er nicht zu einer expliziten Verbalisierung in der Lage ist, sei es, dass die gewählten Formen den Beteiligten Hinweis genug sind. Der Beitrag erscheint im *Elementarformat*, er kann seine argumentative Kraft nur aufgrund der Kontextbedingungen entfalten. Es überwiegt also die expressive Funktion, während die kognitive wegen des Fehlens einer expliziten Begründung defizitär realisiert wird. Sowohl die Situationsadäquatheit als auch der Adressatenbezug lassen sich nurmehr aus dem Kontext rekonstruieren.

Eine andere, zweigliedrige Struktur weist der folgende Beitrag auf:

(2) ja ich meine das ja auch so / weil das is irgendwie doof wenn alle dann gleich bestraft
   werden / aber wir müssen mal abmachen wie oft man mal vergessen dürfte / ja wenn
   man nämlich mal manchmal vergisst man das ja auch in einem Monat nich / wenn einer dann zum Beispiel sagen wir man dürfte nur höchstens zweimal im Monat die
   Hausaufgaben vergessen dann sagt der eine ich hab hab die vergessen ich bleib lieber
   zuhause / ja nich dass der dann so Angst vor der Schule hat nur weil ers versehentlich
   vergessen hat (Beitrag 11)

Dieser Beitrag besetzt im sprachlichen Handlungsmuster „interaktives Planen" die Position „einen Vorschlag einbringen und begründen", sein Sprecher ist
der Autor eines Planes. Den thematischen Kern stellt der Vorschlag dar, einen
Modus festzulegen, wie im Falle des Vergessens von Hausaufgaben zu verfahren
ist. Ansatzpunkt ist eine negative Bewertung der – in einem vorangegangenen
Beitrag erwähnten – Praxis eines Lehrers, alle Schüler zu bestrafen, wenn einer
von ihnen die Hausaufgabe nicht erledigt hat. Mit seinem Vorschlag, ein transpa-
rentes Verfahren festzulegen, bringt er eine neue Perspektive in die Diskussion.
Mit dem Verweis auf mögliche psychische Belastungen von Schülern begründet
er seinen Vorschlag, dargestellt aus der Sicht eines imaginierten Betroffenen. Im
letzten Teil seines Beitrags schließlich wiederholt er diesen Aspekt, nutzt dafür
aber eine allgemeinere Perspektive. In seiner Komplexität lässt sich dieser Beitrag einem *erweiterten Standardformat* zuordnen, das die Komponenten des
Standardformats fakultativ um weitere ergänzt. Bei diesem Beitrag stehen die
expressive und die kognitive Funktion im Vordergrund; auch die situative Einbettung gelingt hier einerseits durch die explizite Bezugnahme auf eine mögliche
Regelung, andererseits durch die Formulierung eines neuen Vorschlags, mit dem
ein neuer Bezugspunkt für spätere Beiträge geschaffen wird. Der Adressatenbezug ist durch die Nutzung der imaginierten Perspektive gegeben.
    Nicht ganz so komplex ist der folgende Beitrag, in der ein Kommentator den
Vorschlag negativ bewertet:

(3) mit zweimal im Monat vergessen darf man find ich aber bescheuert / dann kann man
   es ja sagen schreibt man sich auf hab ich noch keinmal vergessen dann mach ich sie
   heute mal nich (Beitrag 17)

Auch dieser Schüler bewertet einen Vorschlag negativ, fügt der Bewertung
noch eine Erläuterung hinzu: Er stellt dessen mögliche negative Konsequenzen
für strategisch agierende Schüler dar. Dieser Beitrag weist das zweigliedrige
Standardformat auf, weil die These erläutert wird, indem ein generalisierter
Schüler eingeführt wird, der aus Eigennutz gegen den Geist der Regel verstößt.
Diese mögliche Konsequenzen antizipierende Argumentation deckt die Funkti-
onsbereiche eines Beitrags weitgehend ab: Nach einer expliziten Bezugnahme,
die die Fokussierung in der Situation verdeutlicht, wird auch die These angemessen gestützt. Auch der Adressatenbezug gelingt in der Verwendung der um-

gangssprachlich übertriebenen Bewertung *bescheuert*: So macht der Sprecher deutlich, dass er das Thema als für Schüler relevant einschätzt.[1]

Der Vollständigkeit halber sei die Typologie abschließend noch ergänzt durch ein viertes, ein *komplexes Format*, das eher in höheren Jahrgängen genutzt wird: Es weist weitere Komponenten auf, die in einem komplexeren Verhältnis zueinander stehen. (cf. Übersicht).

Bezeichnung	Thematische/pragmatische Ebene
Elementarformat	Behauptung: *einen Standpunkt, eine Sichtweise einbringen, vorschlagen, ...*
Standardformat	Behauptung + Begründung: *stützen, absichern, erläutern, ...*
Erweitertes Standardformat	Behauptung + Begründung + Erweiterung *akzentuieren, vertiefen, folgern, ...*
Komplexes Format	Behauptung + Begründung + Erweiterung + Vertiefung: *belegen, vergleichen, verallgemeinern, relativieren, resümieren, ...*

Übersicht: Formate von Schülerbeiträgen (cf. Vogt 2002, 258)

Eine weiterer Beleg aus der Diskussion zeigt, wie Schüler das Problem lösen, an der Lehrerin Kritik zu üben.

(4) Sie hatten aber das schon einmal gesagt das da wir da mit dem dreimal vergessen da das ziehen (L: hm) Sie überhaupt nicht durch das hatten Sie gesagt (L: hm) und dann machen Sie's nicht mehr (L: hm) das wär'n jetzt schon etliche dreimal gewesen ..

In diesem Beitrag konstatiert die Schülerin einen Gegensatz zwischen den Ankündigungen der Lehrerin und deren Realisierung, eine Kontrastierung, die durch die den Beitrag begleitenden Hörersignale der Lehrerin ratifiziert werden. Die im Nachlauf des Beitrags ausgedrückte Folgerung schließlich veranlasst die Lehrerin zu einer eindeutigen Bestätigung der behaupteten Zusammenhänge. Hier steht die soziale Funktion im Mittelpunkt, indem die Adressatin direkt angesprochen wird. Zu prüfen wäre, ob der Beitrag situationsadäquat ist, macht er doch aus der plenaren Gesprächssituation eine Zwiesprache zwischen Schüler und Lehrer. Dies jedoch ist der unterrichtlichen Inszenierung geschuldet: Indem nämlich die Lehrerin selbstkritisch ihre bisherige Praxis zur Disposition stellt, macht sie den Schülern das Angebot, auch Probleme der Lehrerseite zu bearbeiten. Diese nehmen es an, bringen ihre Beurteilungen ein, meist in Form von Empfehlungen, die sie mit Hilfe von Vergleichen mit anderen Lehrern akzentuieren. Das Diskussionsangebot erfüllt so die für Planungsprozesse zentrale Mu-

---

1 Hier verzichtet die Lehrerin auf eine Korrektur der Ausdrucksweise; auch ein Zeichen dafür, dass in dieser Aussprache das thematische Engagement sehr groß war.

sterposition „Bestandsaufnahme". Die Kritik der Schüler bleibt moderat, sie beachten die Verhältnisse der Situation, indem sie das Image der Lehrerin wahren. Die Schüler können ihre Ansprüche mit der Praxis vergleichen, ohne dass sie befürchten müssten, einen negativen Eindruck bei der Lehrerin zu erzeugen. So leistet diese in der Bearbeitung des Problems einen Betrag zur Förderung von Kritikfähigkeit.

In dieser Aussprache stellen die Schüler Vergleiche an, deren Maßstab die eigene Praxis ist, indem sie beispielsweise die Vorgehensweisen von Lehrern aufeinander beziehen. Sie prüfen darüber hinaus die Angemessenheit von Vorschlägen, indem sie deren Vor- und Nachteile benennen und bewerten. Ihre Zugangsweisen bleiben erlebnishaft, wenn auch mit Ausnahmen. Eine Verschiebung vom Thema auf das Handeln der Lehrerin evoziert die Technik „Anspruch und Realisierung vergleichen", mit der sich die Schüler in dieser Situation mit der Praxis der Lehrerin beschäftigen, eine Technik, die vermutlich deshalb möglich wird, weil die Auseinandersetzung mit Hausaufgaben verbunden ist mit einer Entscheidung über das zu praktizierende Verfahren, das die Schüler auch mitgestalten können.

Die von der Lehrerin organisierte Interaktion stellt hohe Anforderungen an die Schüler, weil die verschiedenen thematischen Aspekte in den Beiträgen bearbeitet werden müssen. So vollzieht sich der Planungsprozess nicht wohl organisiert, sondern vielmehr sprunghaft, unsystematisch. Die Schülerinnen und Schüler reflektieren in ihren Beiträgen diese Komplexität, wohl auch, weil sie an einem Entscheidungsprozess explizit beteiligt sind. Hier wird also nicht nur ihre Gesprächsfähigkeit gefördert, sondern auch die individuelle Verantwortung für die Gruppe gestärkt. Funktional betrachtet leistet dieses „Gespräch im Unterricht" also sowohl einen Beitrag zur Qualifikation als auch zur Integration. Ob es auch einen Beitrag zur Selektion leisten kann, wird in Abschnitt 5 geklärt.

3 Texte produzieren – schriftlich

In diesem Abschnitt steht die Frage im Mittelpunkt, wie Schüler die institutionellen Bedingungen im Medium der Schrift bearbeiten. Das im Unterricht erarbeitete Produkt, ein Text, kann sein Adressat, der Lehrer, unabhängig von der Situation lesen und beurteilen. Die individuellen Eigenschaften eines solchen Textes erlauben ihm nicht nur eine begründete Bewertung, sondern auch die Entwicklung sinnvoller Schritte zur Verbesserung der schriftsprachlichen Kompetenz. Diese situative Entlastung schriftlicher Produkte zeigt sich auch in dem textuellen Aufwand, der für die Rekonstruktion eines „Gesprächs im Unterricht" nötig war, um die Kontextbedingungen des kommunikativen Geschehens zu verdeutlichen. Um wieviel leichter fällt dies, wenn wir uns mit einem Text befassen, in der der Schreiber die Bedingungen der „zerdehnten Sprechsituation" bearbeiten muss. In unserem Beispiel, dem argumentativen Text einer 12jährigen Schülerin, zeigt sowohl seine Brief-Form als auch das Thema Hausaufgaben dem kundigen Betrachter, dass er aus dem Korpus der Untersuchung von Augst/Faigel (1986) stammt, einer empirischen Untersuchung zur Ontogenese der Schreibkompetenz.

(5) Sehr geehrter Herr Professor Augst!
Ich bin gegen Hausaufgaben. Manchmal sitze ich den ganzen Nachmittag daran, und ich habe ja auch noch andere Pflichten. Meiner Mutter muß ich auch noch helfen, weil meine Oma im Krankenhaus liegt. Da muß meine Mutter jeden Nachmittag hinfahren. Ich muß ihr dann ein bißchen bei der Hausarbeit helfen. Dann muß ich meiner kleinen Schwester immer bei den Hausaufgaben helfen. Sie heult auch immer, wenn sie etwas nicht versteht, und sie versteht jeden Tag etwas nicht. Deshalb bin ich gegen Hausaufgaben. Mein Vorschlag: Man könnte ja einmal in der Woche in den Hauptfächern eine kleine Hausaufgabe aufgeben. Das wäre nicht zu viel. Man darf nur nicht die Aufgaben für den nächsten Tag aufgeben. Das war nun meine Einstellung zu Hausaufgaben.

In diesem Brief spricht sich die Schreiberin gegen Hausaufgaben aus, mit denen sie bisweilen lange befasst ist. Begründend führt sie weitergehende familiäre Aufgaben an, der Mutter bei der Hausarbeit zur Hand zu gehen und der Schwester bei deren Hausaufgaben zu helfen. Gleichsam als Kompromiss schlägt sie vor, den Umfang der Hausaufgaben zu reduzieren. Abschließend kommentiert sie ihren Brief. Dieser Text gilt den Autoren als exemplarisch für ein Textordnungsmuster, das sie als linear-entwickelnd bezeichnen. (Feilke/Augst 1989, 317 f.) Sie charakterisieren damit Texte, die durch eine Erlebnisperspektive geprägt sind, in der die Schreiberinnen ihre subjektive Betroffenheit zum Ausdruck bringen, jedoch nicht zu einer verallgemeinernden Problemdarstellung gelangen oder wirksam an den Adressaten appellieren. Es sei dem Prinzip der szenischen Kontiguität verpflichtet, weil der zeitlich-lineare Zusammenhang der Erlebniseinheiten den Text auch in seiner Struktur bestimme. Insbesondere dann, wenn die Schreiber die argumentativen Texten eigentümlichen Anforderungen der objektiven Darstellung und situativen Angemessenheit verinnerlicht hätten, käme es zu Makrostrukturbrüchen:

In diesem Beispieltext (erkennt) die Schreiberin offenbar erst gegen Ende („Vorschlag") ... daß sie noch zu einem verallgemeinerungsfähigen Resultat kommen muß, dieses jedoch aus ihrer von der Erlebnisperspektive bestimmten Darstellung nicht mehr argumentativ herleiten kann. (Feilke/Augst 1989, 318)

Diese Einschätzung kann nur eingeschränkt überzeugen, denn der Vorschlag der Schreiberin resümiert gleichsam die Beschreibung ihrer nachmittäglichen Aufgaben, allerdings ohne den vielleicht wünschenswerten Explizitheitsgrad. Möglicherweise spielt hier auch die soziale Dimension eine Rolle, denn der Adressat war der Schülerin nicht bekannt. So verfügt sie zwar über eine Rahmung, die sie auch mit der obligatorischen Anrede textuell umsetzt, aber diese wird für die Argumentation nicht weiter genutzt. Aber es soll hier nicht um Lesarten dieses Textes gehen, sondern er soll als Beispiel dienen, um die Probleme der schulischen Förderung von Textualisierungsfähigkeiten deutlich zu machen. Zunächst einmal handelt es sich zwar um einen von einer Schülerin geschriebenen Text, der aber nicht als Exemplar der Institution Schule anzusehen ist, da er nicht die charakteristischen Spuren dieses Zusammenhangs aufweist, nämlich die Bearbeitungsmanifestationen des Lehrers: Korrekturen, Kommentare und Note. Auch das vielleicht nahe liegende Experiment, diesen Text im Verein mit anderen Belegen des Siegener Korpus vergleichend einer Beurteilungsprozedur zu unterziehen, wäre nicht sehr sinnvoll, bewiese es doch nur, dass der Stand der Aneignung argumentativer Textordnungen bei den Schülern unterschiedlich ausgeprägt ist. Und im didaktischen Kontext kann bzw. sollte nur das bewertet werden, was den Schülern zuvor als Anforderung verdeutlicht worden ist: Sie sollen zeigen, was sie im Unterricht gelernt haben. Und wenn man sich die einschlägigen Lehrpläne und Schulbücher anschaut, stellt man fest, dass die Schulung des Schreibens argumentativer Texte auf der 5. und 6. Jahrgangsstufe nicht vorgesehen ist: Dies soll erst auf der späten Sekundarstufe I geschehen, vorher steht die Produktion narrativer und deskriptiver Texte im Mittelpunkt. Die Frage, ob dieses „didaktische Brauchtum" willkürlich gesetzt oder aber aus der Struktur der Aneignung selbst abgeleitet ist, bleibt hier unbeantwortet; seine rigide Durchsetzung jedoch beschränkt die Möglichkeiten, Schüler mehrsträngig in ihren Textualisierungsfähigkeiten zu fördern.

Aber zurück zum Beispieltext, der seine Produktion einer wissenschaftlich motivierten Datenerhebung verdankt. Der Blick auf die Ontogenese argumentativer Schreibfähigkeiten eröffnet ja auch Perspektiven des Aneignungsprozesses. Feilke/Augst (1989) haben in ihrem Textkorpus vier verschiedene Textordnungsmuster unterschieden: Von dem eben beschriebenen linear-entwickelnden Textordnungsmuster unterscheiden sie

- das material-systematische Textordnungsmuster, das gekennzeichnet ist durch eine inhaltlich systematische Ordnung bei gleichzeitigem Auftreten von Makrostrukturbrüchen,
- das formal-systematische Textordnungsmuster, das die textuelle Problemdimension in den Mittelpunkt stellt und sie durch die Verwendung bekannter argumentativer Schemata wie Pro-Contra-Conclusio oder Einerseits-Andererseits löst; und schließlich
- das linear-dialogische Textordnungsmuster, das nicht nur durch die Adressatenorientierung, sondern auch durch das Auftreten metakommunikativer Elemente gekennzeichnet ist.

Ich werde nicht weiter auf die Operationalisierung dieser Komponenten eingehen, sondern möchte vielmehr den Nutzen betonen, den solche Untersuchungen für die Konzeption von Schreibcurricula besitzen, denn sie eröffnen Perspektiven, wie die Fähigkeiten der Schüler durch gezielte Aufgabenstellungen gefördert werden können. So könnte die Erarbeitung einer sachbezogenen Systematisierung dazu beitragen, dem Schreiber des linear-entwickelnden Textordnungsmuster Möglichkeiten aufzuzeigen, eine sachbezogene Perspektive einzunehmen. Unter Bezug auf die oben entwickelten Funktionen eines Beitrags (3.1.) lassen sich abschließend – in Anlehnung an Feilke/Augst (1989) – die folgenden medial bedingten Problemdimensionen unterscheiden und entsprechende Qualifikationen bestimmen:

- Die Desymptomatisierungsfähigkeit bezieht sich auf die expressive Dimension, also auf den Schreiber, der in seinem Text die Beschränkungen des Mediums, den Verlust eines gemeinsamen Wahrnehmungsraumes, kompensieren muss, indem er die nicht realisierbaren non-verbalen und intonatorischen Merkmale einer sprachlichen Form durch graphische und lexikalische Gestaltungsmittel substituiert. Hinzu tritt die Notwendigkeit, die sprachlichen Formulierungen auszudifferenzieren.
- Die Dekotextualisierungsfähigkeit bezieht sich auf die kognitive Dimension, also auf die Sache, deren Darstellung in der Schrift eine Erweiterung und Ausdifferenzierung von lexikalischen, syntaktischen und makrostrukturell wirksamen Mitteln voraussetzt.
- Die Kontextualisierungskompetenz bezieht sich auf die soziale Dimension, also auf den Adressaten des Textes. Die abstrakte Vorstellung des nicht situativ vorhandenen Rezipienten macht es erforderlich, dass der Schreiber den Zusammenhang seines Textes imaginiert.
- Die Reflexivierungsfähigkeit bezieht sich auf die textuelle Dimension, also auf das Schreibprodukt selbst. Der Schreiber muss die makrostrukturellen Anforderungen des Textes beachten; dies setzt nicht nur eine ausgebildete Planungskompetenz voraus, die sich auf die Herstellung des eigenen Textes bezieht, sondern auch ein ausdifferenziertes Verständnis von Textsorten und ihren strukturellen Besonderheiten.

Im Gegensatz zu Unterrichtsgesprächen lässt sich die Aneignung dieser Fähigkeiten individuell bestimmen durch eine entsprechende Analyse eines Schülertextes. Auch die Möglichkeiten der Förderung sind gegeben, indem etwa spezielle Aufgaben formuliert werden, die einzelne Dimensionen in den Mittelpunkt rücken. Eine Pro- und Kontra-Argumentation könnte die Ausbildung der Dekotextualisierungsfähigkeit unterstützen, während Textsorten-Übungen die Ausdifferenzierung der Reflexivierungsfähigkeiten bewirken könnten.

Schriftliche Produkte dienen also vor allem dazu, die institutionellen Funktionen der Qualifikation und der Selektion abzudecken. Ein integrativer Effekt ist nicht zu erkennen – zumindest nicht in der Konstellation „individueller Schreiber –Lehrer".

4 Rezeption: mündlich – schriftlich

Wenn wir die Ergebnisse der beiden vorangegangenen Abschnitte zusammen-
stellen, finden wir sowohl Gemeinsamkeiten als auch Unterschiede. Gemeinsam
ist den schriftlich und mündlich manifestierten sprachlichen Formen, dass der
Zugang der Schüler zum Thema dem Alter angemessen erlebnishaft bleibt. Während im Schülertext die Textualisierungsfähigkeiten individuell diagnostizierbar
sind, stellen die Ergebnisse eines Gesprächs im Unterricht eine kollektive Leistung dar. Im Gegensatz zum Schreiben eines Textes sind die Situationsanforde-
rungen beim „Gespräch im Unterricht" sehr hoch, denn die Schüler müssen sich
auf die jeweilige thematische und kommunikative Ordnung einstellen.

Die Unterrichtssituation wird so zum entscheidenden Differenzierungskrite-
rium. Das betrifft sowohl die Anforderungen an den Lehrer als auch an die
Schüler. Noch klarer akzentuiert ein Blick auf die Rezeption mündlicher und
schriftlicher Äußerungen die Unterschiede beider sprachlicher Modalitäten.

Bei der Produktion des schriftlichen Textes spielt der Adressat zwar eine entscheidende Rolle, seine konkreten Reaktionsweisen jedoch bleiben unerheblich.
Rezipient ist in jedem Fall der Lehrer – und nicht, wie im plenaren Unterricht,
die Klassenöffentlichkeit. Dazu kommt eine besondere Paradoxie: Das Schreiben
im Unterricht dürfte eine der wenigen Situationen sein, in der der Adressat eines
Schreibers persönlich anwesend ist, mithin die „Zerdehnung der Sprechsituation"
aufgehoben ist. Die vielen Fragen, die dem Lehrer beim Schreiben eines Aufsatzes gestellt werden, zeigen, dass Schüler im besten Fall sehr wohl adressatenori-
entiert schreiben, im schlechten Fall sich strategische Vorteile verschaffen, indem sie ihr Produkt den so evaluierten Lehrererwartungen angleichen. Auch die
Aufhebung des plenaren Rahmens zugunsten des Einzelunterrichts macht deutlich, dass hier die individuellen Qualifikationen und ihre Evaluation im Mittelpunkt stehen.

Dagegen kennzeichnet ihr öffentlicher Charakter die besondere Gesprächssituation Unterricht: In den Transkripten lesen wir die Beiträge von autorisierten
Sprechern, aber auch spontane Einwürfe und Kommentare von anderen; manchmal lässt sich nicht mehr als ein „Gemurmel" verzeichnen, wenn mehrere nicht
identifizierbare Sprecher gleichzeitig agieren. Was ist nun mit den Teilnehmern,
die sich nicht äußern, die sich nicht beteiligen. Sie haben in unserem Ausschnitt
geschwiegen, die Verteilung der Redebeiträge in dieser Sequenz zeigt insgesamt
31 Beiträge von insgesamt 19 Schülern. 7 Schüler haben nichts gesagt. Was haben sie im Verlauf dieser ca. 20 Minuten getan? Wenn sie ihre Aufmerksamkeit
nicht vom plenaren Geschehen abgezogen haben, dann gelten für sie dieselben
Anforderungen wie für alle diejenigen, die dem aktuellen Sprecher zuhören und
auch im Verlauf der Diskussion sich zu Wort melden und einen oder mehrere
Beiträge platzieren können. Betrachten wir die Anforderungen an die Zuhörer
aus der Perspektive eines Einzelnen. Er (oder sie) muss die thematische Entwicklung beobachten, indem er den aktuell realisierten Beitrag in Hinblick auf
seine Angemessenheit prüft. Dabei muss er sich überlegen, ob er selbst dazu et-

was sagen will. Fällt diese Entscheidung positiv aus, meldet er sich und bewirbt sich so um den direkt folgenden Beitrag. Wenn er sich jedoch nicht an die Regeln der kommunikativen Ordnung hält, kann er versuchen, sich durch Selbstwahl das Rederecht zu nehmen. In diesem Fall riskiert er jedoch eine Disziplinierung durch den Lehrer. Im besten Falle wird ihm das Wort erteilt, im wahrscheinlicheren Fall erhält ein anderer das Rederecht. Mit dessen Beitrag setzt dann das skizzierte Beurteilungsverfahren erneut ein. Der Schüler müsste dann prüfen, ob sein Beitrag noch anschlussfähig ist und sich gegebenenfalls wieder um das Rederecht bemühen. Seine Chancen, das Wort zu erhalten, dürften steigen entsprechend der Anzahl der nicht-berücksichtigten Meldungen, da Lehrer in der Regel auf eine gerechte Verteilung des Rederechts achten.

Schon die Handlungsmöglichkeiten eines Einzelnen während zweier Beiträge zeigen deutlich, welche Anforderungen die öffentliche Situation Unterricht an den Einzelnen stellt. Bevor er etwas beitragen kann, muss er

- die Regeln der kommunikativen Ordnung kennen und beachten,
- aufmerksam zuhören,
- die Prozessierung der thematischen Ordnung beobachten,
- prüfen, ob er selbst einen Beitrag einbringen möchte, und – im Falle einer positiven Entscheidung –
- stets die sequenzielle Angemessenheit seines potenziellen Beitrags einschätzen.

Diese Aktivitäten der Zuhörenden bleiben sowohl dem Lehrer als auch dem Beobachter verborgen. Deren Beitrag für das Gespräch im Unterricht lässt sich abschätzen, wenn alternative Handlungsweisen hypothetisch einbezogen werden, wie z.B. Störungen, Provokationen usw., die wiederum den Lehrer in einen Disziplinierungszwang brächten. Deshalb lassen sich diese Schüler durchaus nicht als „Schweiger" abstempeln, sie sind vielmehr durchaus aktiv am Geschehen beteiligt, indem sie ihren Beitrag dazu leisten, dass das „Gespräch im Unterricht" gelingt: Es stellt eine kollektive Leistung dar, in der die Beteiligten angesichts der kommunikativen Bedingungen zur Kooperation gezwungen sind.

Während die Rezeption schriftlicher Texte nicht nur eine individuelle Beurteilung, sondern auch eine spezielle Förderung ermöglicht, verlangt die Rezeption eines Gesprächs im Unterricht von jedem Einzelnen eine Unterstützung des kollektiv entwickelten Prozesses. Das kann primär durch Sprechen und Zuhören erfolgen, aber auch durch Unterlassung von nicht-zugelassenen Tätigkeiten. So kann der Rahmen für einen kollektiv organisierten Prozess etabliert, aufrechterhalten und abgeschlossen werden.

5 Leistungsmessung: mündlich – schriftlich

Die Umsetzung der Selektionsfunktion verlangt von der Schule die Bewertung von Schülerleistungen. So können die Unterschiede in der Leistungsfähigkeit evaluiert und auf die bekannte Noten-Skala von 1 („sehr gut") bis 6 („ungenügend") projiziert werden. Die in einem Schuljahr erbrachten Leistungen fließen im Abschlusszeugnis in einer Jahresnote zusammen. Sie bestehen aus mündlichen und schriftlichen Teilnoten[2]. Wie werden nun Bewertungen vorbereitet und vollzogen? Zunächst soll die auf der Einzelarbeit beruhende schriftliche Lernerfolgskontrolle in ihrem typischen Prozess beschrieben werden. Anschließend stehen die Probleme im Mittelpunkt, die sich aus der Kollektivität des „Gesprächs im Unterricht" ergeben: Ist hier eine individuelle Leistungsmessung überhaupt möglich?

Wie könnte ein Unterricht verlaufen, der auf eine schriftliche Lernerfolgskontrolle hin orientiert? In dem schon eingangs erwähnten Lehrbuch „Tandem" konzentriert sich die Förderung der Textualisierungskompetenz auf die Textsorten Erzählen und Beschreiben. So wird die Qualifizierungsaufgabe „Erzählen nach literarischen Mustern" im Kapitel mit dem Titel „Alles Angabe" (Ossner (Hg.) 1995: 73–94) so organisiert: Nach einer orientierenden Gegenüberstellung zweier literarischer Texte, in denen der Typus des Angebers beschrieben wird, folgen zwei Gedichte von Wilhelm Busch zum Thema. Da in drei Texten Tiere die Protagonisten sind, ist es verständlich, dass der Schüler schließlich in einem Informationskasten über die Merkmale der Fabel aufgeklärt werden (77). Anschließend folgen noch zwei Fabeln. Insgesamt zwölf Aufgaben enthält dieser erste Abschnitt, davon sind vier Schreibaufgaben (z.B. „Schreibe zu dem Erzählkern: Wer angibt, muss aufpassen, daß er nicht reinfällt, eine Erzählung, in der dieser Satz von einer Person geäußert wird"). Wie die übrigen Aufgaben bearbeitet werden sollen, ist nicht ganz klar – sie sind i.d.R. als Fragen formuliert und beziehen sich auf das Leseverständnis (z.B. „Welche Eigenschaften erkennt ihr beim Frosch und welche beim Fink?"). Schließlich soll eine Zuordnungsaufgabe gelöst werden („Überprüft die Merkmale der Fabel an der Geschichte vom dicken Sack"). Es ist sicher nicht unangemessen zu unterstellen, dass diese Fragen auf eine mündliche Bearbeitung im Unterrichtsgespräch angewiesen sind. Charakteristisch ist die Abfolge der Aufgaben: Die Produktionsaufgaben finden sich jeweils am Ende der auf die Materialien bezogenen Aufgabenbatterien: Die Schüler „lernen" hier also möglicherweise, über welche Eigenschaften die Fabel verfügt und wie man einen vorgegebenen Erzählkern narrativ ausgestaltet.

So ausgerüstet könnte beispielsweise ein Realschüler, der in Baden-Württemberg zur Schule geht, erfolgreich am Ende der 6. Klasse eine Vergleichsarbeit schreiben (vgl. Landesinstitut 2002) : Diese geht von zwei Fabeln aus und stellt Aufgaben, die sich beziehen

- auf das Vorwissen („Nenne drei typische Merkmale einer Fabel")
- auf das Leseverständnis („Lies die beiden vorliegenden Fabeln sorgsam durch, danach finde eine zutreffende Eigenschaft der Handelnden und be-

---

2   Das Verhältnis zwischen den beiden Bereichen wird unterschiedlich bestimmt, in der Regel zwischen 40 : 60 und 60 : 40 (mündlich – schriftlich). Auch bezieht die mündliche Note noch andere Unterrichtstätigkeiten in die Notengebung mit ein, nämlich Hausaufgabenerledigung, Referat usw. in der „laufenden Kursarbeit".

gründe sie.", „Welche Gemeinsamkeiten / Unterschiede in der Handlung beider Fabeln kannst Du erkennen?")

• auf die Textstruktur („Der folgenden Fabel fehlt das Ende. Ergänze es so, dass es zu der Lehre passt!")

Die „richtigen" Antworten lassen sich leicht vorab finden; man kann die Fragen nach ihrem Schwierigkeitsgrad gewichten und so ein Beurteilungsraster entwickeln, das geeignet ist, die Aufgabenbearbeitung durch die Schüler zu bewerten und zu vergleichen. So lassen sich die in der Aufgabenbearbeitung deutlich werdenden Qualifikationen individuell ermitteln und bewerten. Die Formklarheit schriftlicher Texte ermöglicht der Schule also, gleichzeitig ihre Qualifizierungsfunktion und ihre Selektionsfunktion wahrzunehmen.[3]

Welchen Lernprozess antizipiert nun unser ausgewähltes Schulbuch im Bereich „Gespräche führen"? Die Seiten im Kapitel „Magic" sind wie ein Jugendmagazin gestaltet und ein Thema sind die sog. Gesprächsregeln (Ossner (Hg.) 1995, 56 f.). Nach einer Themeneinführung sind es Sprechblasen, in denen die Notwendigkeit der Gesprächsregeln begründet wird. Weiterführende Anregungen geben die Autoren nicht. Das erscheint als durchaus angemessen, denn die Sprechblasen liefern das Material, auf das Lehrer und Schüler zurückgreifen könnten, wenn sie in eine entsprechende Situation kommen sollten. Wenn jedoch die Erarbeitung solcher Regeln sich aus einem Anlass als notwendig erweisen sollte, dann könnten sie auch von den Beteiligten selbst – ohne Hilfe eines Schulbuches – eingeführt werden. Aber dennoch – im Vergleich zum Bereich „Texte schreiben" ist der Bereich „Gespräche führen", zumindest in der expliziten Erwähnung, unterrepräsentiert und deutlich weniger klar strukturiert.

Wie können nun mündliche Leistungen bewertet werden? Ist es im Lehrgespräch noch relativ einfach, die Richtigkeit der wiedergegebenen propositionalen Gehalte zu erfassen, dürfte es in den Formen des „Gesprächs im Unterricht" – Aussprachen, Diskussionen, Debatten usw. – sehr viel schwieriger sein, die erworbenen Qualifikationen zu ermitteln und zu beurteilen. Dieses Dilemma zeigt auch die Übersicht über Kriterien für die mündlichen Leistungen, die Langhammer (1997, 85) zusammenfassend angibt, sie betreffen drei „Leistungsfelder":

• Im „Leistungsfeld N (nonverbal/vokal)" werden die nonverbalen und prosodischen Qualitäten bewertet: die Beiträge sollten angemessen und variantenreich gestaltet sein.

• Im „Leistungsbereich V (verbal)" stehen die sprachlichen Eigenschaften im Mittelpunkt: Die Beiträge sollten die drei kognitiven Komponenten Repro-

---

3 In dieser kurzen Beschreibung eines Curriculums liegen Verkürzungen, die der argumentativen Funktion dieses Abschnitts geschuldet sind, nämlich die Bedeutung von Schriftlichkeit für die Realisierung der Selektionsfunktion zu akzentuieren. Mir ist bewusst, dass in den letzten Jahren viele interessante Beiträge erschienen sind, die versuchen, unter dem Stichwort „individuelle Förderung" die Bewertung mit der Qualifizierungsfunktion zu versöhnen (z.B. Abraham 2001). Angesichts der aktuellen Diskussion um die sog. „Bildungsstandards", also länderübergreifend zu evaluierenden Fähigkeiten, scheint die Bindung der Bewertung an die Selektionsfunktion nur noch enger zu werden.

duktion, Transfer und Problemlösung beinhalten, grammatisch korrekt und unterrichtsbezogen sein.

• Der „Leistungsbereich S (situativ)" fokussiert die sequenzielle Einbettung, und zwar in Hinblick auf vorangegangene Beiträge einerseits und der Weiterführung andererseits sowie die Aktivitäten im Unterricht („eigene Beteiligung").

Die Note 5 wird beispielsweise dann vergeben, wenn (im Leistungsbereich N) „die Körpersprache teilweise angemessen", der Sprechausdruck hingegen ungemessen ist; wenn (im Leistungsbereich V) der Schüler zwar „teilweise Reproduktion" bietet, aber sonst grammatisch fehlerhafte, nicht zusammenhängende Äußerungen einbringt, und wenn (im Leistungsbereich S) der Schüler sich nicht selbständig beteiligt.

Langhammer konstruiert einen Kriterienkatalog, der zwar dem Lehrgespräch im fragend-entwickelnden Unterricht gerecht wird, der aber für „Gespräche im Unterricht" keineswegs geeignet ist. Das lässt sich auch aus seinen Bemerkungen zum „Schweigen" ersehen: Es wird indirekt als Leistung anerkannt, nämlich als „Fähigkeit zum Zuhören, um eigene Beiträge vorbereiten zu können bzw. anderen das Wort zu ermöglichen" (Langhammer 1997, 34). Einerseits ist es durchaus verdienstvoll, dass hier Kriterien zu Bewertung von Beiträgen im Unterricht angeboten werden, andererseits mutet diese Zusammenstellung angesichts der damit indizierten dauerhaften differenzierten Evaluierung von Beiträgen auch übertrieben an, obwohl angesichts vor allem der negativen Folgen von schlechten Noten in der gymnasialen Oberstufe eine solche Handreichung im Sinne des Transparenzanspruchs durchaus sinnvoll sein dürfte.

Für eine Beurteilung der Kompetenz, Gespräche im Unterricht zu führen, sind diese Kriterien nicht geeignet. Denn Diskussionen, Planungsgespräche und andere Formen brauchen einen Schonraum in Hinblick auf die Evaluation von individuellen Leistungen: Angesichts der Bedingungen der Unterrichtsöffentlichkeit verbietet es sich geradezu, die Fähigkeiten einzelner Schüler festzustellen; vielmehr basiert das Gespräch auf kollektiven Qualifikationen. Aufgrund der Voraussetzungen hat nicht jeder Schüler jederzeit die Chance, einen Beitrag zu platzieren. Vielmehr muss er im Verlauf eines solchen Gesprächs dessen Verlauf beobachten und sich dazu in Beziehung setzen. Charakteristisch für diese Situation ist, dass für den Schüler die Tätigkeit des Zuhörens im Vordergrund steht. Wie oben gezeigt, setzt die Platzierung eines Beitrags z.B. in einer Diskussion schon zahlreiche komplexe mentale Tätigkeiten voraus. Insofern ist die Beurteilung von individuellen Schülerleistungen in größeren kollektiven Zusammenhängen unmöglich. Vielmehr sollten Gespräche im Unterricht als kollektive Prozesse angesehen werden, die in Hinblick auf ihre Ergebnisse zu beurteilen sind. Zudem bergen sie die Chance, dass die Schule Möglichkeiten eröffnet, ihrer dritten Aufgabe gerecht zu werden, der Integration. Sie hat damit auch die Chance, Zusammenhänge zu schaffen, in der die sonst übliche Dauerevaluation von Leistungen nicht greift.

6 Perspektiven der Gesprächsförderung

Abschließend möchte ich fünf Aspekte des schulischen Unterrichts skizzieren, die für die Herausbildung von Gesprächsfähigkeiten wichtig sind.

1. Der Unterricht selbst
Als Abfolge von verschiedenen fachlich orientierten und sprachlich organisierten Kommunikationsprozessen liefert der Unterricht in seiner traditionell organisierten Form die Grundlage für erfolgreiches Sprechhandeln, indem sich die Schüler im Laufe ihrer Schullaufbahn auf wechselnde Lehrer, ausdifferenzierte Fachinhalte, Unterrichtsmethoden und -formen beziehen müssen. Dies hat auch einen strategischen Aspekt, denn es gilt, den durch die Selektionsfunktion hergestellten institutionellen Druck individuell zu bearbeiten.

2. Gezielte Förderung von Teilfähigkeiten
Im Fach Deutsch lassen sich spezielle Teilfähigkeiten üben: So wird beispielsweise in einer inszenierten Pro- und Kontra-Debatte das formale Umgehen mit Argumenten erprobt, während die Schüler im „kontrollierten Dialog" dazu angeregt werden, die Thesen von Mitschülern explizit in ihre Beiträge mit einzubeziehen. Die gesprächsdidaktische Literatur liefert dazu viele Übungsvorschläge (z.B. Berthold 2000).

3. Inhaltliche Auseinandersetzungen zulassen
Auch im inhaltlich orientierten Unterricht gibt es in den verschiedenen Fächern durchaus Situationen, in denen die Beteiligten unterschiedliche Perspektiven artikulieren. Über solche Divergenzen von Positionen oder Einschätzungen lässt sich trefflich streiten – und das Ausnutzen solcher Situationen fördert nicht nur die argumentativen Fähigkeiten der Schüler, sondern auch die kognitive Durchdringung des Themas.

4. Verantwortliches Handeln im Projektunterricht
Der Projektunterricht gibt Schülern potenziell mehr Möglichkeiten, die Bedingungen des Lehr-Lernprozesses mitzubestimmen: Sie sind dann im Idealfall keine Objekte eines inszenierten Lernprozesses, sondern mitbestimmungsberechtigte Subjekte, die verantwortungsvoll handeln. Dabei müssen sie ihre Aktivitäten in sprachlichen Kommunikationsprozessen koordinieren.

5. Sich mit Gesprächsformen und -aktivitäten auseinandersetzen
Die Analyse von Gesprächen trägt zu einer Förderung metakommunikativer Fähigkeiten bei. In der reflektierten Auseinandersetzung mit selbst geführten Gesprächen bzw. mit anderen Ereignissen (z.B. medial vermittelte Gespräche) können über den Weg der Analyse Einsichten über kommunikative Prozesse erzielt werden, die wiederum das Gesprächsverhalten beeinflussen. Dass dabei auch die gesprächsanalytischen Verfahren genutzt werden können, versteht sich von selbst, denn warum sollte man nicht Schüler zum Transkribieren anregen.

Literatur

Abraham, Ulf (2001): Bewertungsprobleme im Schreib- und Literaturunterricht als Spiegel des ungeklärten Verhältnisses pädagogischer und philologischer Zielsetzungen für den Deutschunterricht. In: Rosebrock, Cornelia/Fix, Martin (Hgg.): Tumulte. Deutschdidaktik zwischen den Stühlen. Baltmansweiler, 54–70.

Arnold, August (1825/1980): Über den Umfang und die Anordnung des Unterrichts in der Muttersprache. In: Eckhardt, Juliane/Helmers, Hermann (Hgg.): Theorien des Deutschunterrichts. Darmstadt, 54–68.

Augst, Gerhard/Faigel, Peter (1986): Von der Reihung zur Gestaltung. Untersuchungen zur Ontogenese der schriftsprachlichen Fähigkeiten von 13–23 Jahren. Frankfurt, M.

Becker-Mrotzek, Michael/Vogt, Rüdiger (2001): Unterrichtskommunikation. Linguistische Analysemethoden und Forschungsergebnisse. Tübingen.

Berthold, Siegwart (2000): Im Deutschunterricht Gespräche führen lernen. Unterrichtsanregungen für das 5. – 13. Schuljahr. Essen.

Braune, Fritz/Krüger, Fritz/Rauch, Fritz (1930): Das freie Unterrichtsgespräch. Ein Beitrag zur Didaktik der Neuen Schule. Osterwieck=Harz u. Leipzig.

Broweleit, Volker (1980): Die Diskussion als Lernziel des Deutschunterrichts. Didaktische Untersuchungen zum Diskusssionsverhalten 13- bis 15jähriger. Weinheim, Basel.

Feilke, Helmut/Augst, Gerhard (1989): Zur Ontogenese der Schreibkompetenz. In: Antos, Gerd/Krings, Hans P. (Hgg.): Textproduktion. Ein interdisziplinärer Forschungsüberblick. Tübingen, 297–327.

Giesecke, Hermann (1993): Politische Bildung. Didaktik und Methodik für Schule und Jugendarbeit. München.

Glinz, Hans (1993): Sprachwissenschaft und Schule. Gesammelte Schriften zu Sprachtheorie, Grammatik, Textanalyse und Sprachdidaktik 1950–1990. Zusammengestellt aus Anlaß des 80. Geburtstags von Hans Glinz von H. Sitta und K. Brinker. Zürich, 391–425.

Hildebrand, Rudolf (1867): Vom deutschen Sprachunterricht in der Schule und von deutscher Erziehung überhaupt. Zitiert nach der Ausgabe: Berlin/Leipzig, 3–158.

Kehr, Carl (^{9}1884): Die Praxis der Volksschule. Ein Wegweiser zur Führung einer geregelten Schuldisziplin und zur Erteilung eines methodischen Schulunterrichtes für Volksschullehrer und für solche, die es werden wollen. Gotha.

Koole, Tom/ten Thije, Jan (1994): Der interkulturelle Diskurs von Teambesprechungen. Zu einer Pragmatik der Mehrsprachigkeit. In: Brünner, Gisela/Graefen, Gabriele (Hgg.): Texte und Diskurse. Methoden und Forschungsergebnisse der funktionalen Pragmatik. Opladen, 412–434.

Landesinstitut für Erziehung und Unterricht (2002): Jahrgangsarbeiten an Realschulen 2002. Deutsch, Jahrgangsstufe 6. Stuttgart.

Langhammer, Ralf (1977): Mündliche Leistungen: Literatur, schulrechtliche Vorgaben, Notenstufenentwurf. In: Sprechen. Zeitschrift für Sprechwissenschaft, Sprechpädagogik, Sprechtherapie. I. 20–39.

Ludwig, Otto (1989): Die Produktion von Texten im DeutschunterrichtTendenzen in der Aufsatzdidaktik und ihre Herkunft. In: Antos, Gerd/Krings, Hans P. (Hgg.): Textproduktion. Ein interdisziplinärer Forschungsüberblick. Tübingen, 328–347.

Ossner, Jakob (Hg) (1995): Tandem 6. Ein Deutschbuch für die Realschule. Paderborn.

Otto, Bertold (1963): Ausgewählte pädagogische Schriften. Besorgt von K. Kreitmair. Paderborn.

Searle, John R. (1971): Sprechakte. Ein sprachphilosophischer Essay. Frankfurt/M.

Ulshöfer, Robert (1963): Methodik des Deutschunterrichts. I: Unterstufe. Stuttgart.

Vogt, Rüdiger (1998): „... ich wollt jetzt gern aufhören!" Über die Schwierigkeiten, im Unterricht eine Diskussion zu einem Abschluss zu bringen. In: Der Deutschunterricht 50,1, 14–25.

Vogt, Rüdiger (2002): Im Deutschunterricht diskutieren. Zur Linguistik und Didaktik einer kommunikativen Praktik. Tübingen.

Über die Autorinnen und Autoren

Univ.-Prof. Dr. Michael Becker-Mrotzek: Professor für deutsche Sprache und ihre Didaktik (Schwerpunkte: Gesprächsforschung, Schreibforschung, Sprachdidaktik)
Universität zu Köln
Seminar für deutsche Sprache und ihre Didaktik
Gronewaldstr. 2
50931 Köln
Becker-Mrotzek@uni-koeln.de
www.uni-koeln.de/ew-fak/Deutsch/materialien/mbm/index.html

Dr. Sylvia Bendel: Dozentin für Kommunikation Deutsch an der Hochschule für Wirtschaft in Luzern.
Hochschule für Wirtschaft
Zentralstrasse 9
CH - 6002 Luzern
www.hsw.fhz.ch

Univ.-Prof. Dr. Gisela Brünner: Professorin für germanistische Linguistik (Schwerpunkt: sprachliche Interaktion in beruflichen und institutionellen Zusammenhängen)
Universität Dortmund
Institut für deutsche Sprache und Literatur
Emil-Figge-Straße 50
D – 44221 Dortmund
gisela.bruenner@uni-dortmund.de
http://home.edo.uni-dortmund.de/~bruenner/

Dr. Arnulf Deppermann: Hochschulassistent, Dipl.-Psych., M.A (Schwerpunkte: Semantik, Argumentation, Rhetorik, Jugend-, Konflikt- und Medienkommunikation sowie Weiterentwicklung der Konversationsanalyse und ihrer Integration mit ethnografischen Zugängen)
Johann Wolfgang Goethe-Universität
FB 03, Institut III,
PF 11 19 32
D – 60054 Frankfurt am Main
deppermann@soz.uni-frankfurt.de

Prof. Dr. Reinhard Fiehler: apl. Prof. an der Fakultät für Linguistik und Literaturwissenschaft der Universität Bielefeld; Mitarbeiter am Institut für Deutsche Sprache, Mannheim (Schwerpunkte: Unternehmenskommunikation; Kommunikationstraining auf gesprächsanalytischer Basis; Alterskommunikation; Grammatik gesprochener Sprache)
Institut für Deutsche Sprache
Postfach 10 16 21
68 016 Mannheim
fiehler@ids-mannheim.de
www.ids-mannheim.de/prag/personal/fiehler.html

Dr. Martin Hartung: Leiter des Instituts für Gesprächsforschung
Fritz-Reichle-Ring 10
78315 Radolfzell
hartung@gespraechsforschung.de
www.igefo.de

Prof. Dr. Franz Januschek: Apl. Prof. im Institut für Germanistik an der Univ. Oldenburg. Leiter der „transcript Sprach- und Kommunikationsberatung" in Oldenburg. Zurzeit Verwalter des Lehrstuhls für germanistische Linguistik an der TU Braunschweig
Gotenstr. 26
D –26121 Oldenburg
franz.januschek@uni-oldenburg.de
www.transcript-ol.de

Dr. phil. Johanna Lalouschek, M.A.: Kommunikations-Coach, Wissenschaftliche Mitarbeiterin am Institut für Sprachwissenschaft der Universität Wien, Lehrbeauftragte an der Universität Witten/Herdecke
GESPRÄCHS-PRAXIS
Halbgasse 20/7
A – 1070 Wien
johanna@lalouschek.de
www.gespraechs-praxis.net

Lucia Lambertini-Thome: (I. Dott.) Mitarbeiterin am Fachsprachenzentrum der Universität Leipzig (Schwerpunkt: Fachgebiet Italienisch. Freiberufliche Tätigkeit: Interkulturelle Seminare in Italien)
Südwestkorso 75,I
12161 Berlin
Lucialambertini@hotmail.com

Dr. Annette Mönnich: StR. i. H. Sprechwissenschaft, Sprecherziehung, Didaktik der deutschen Sprache und Literatur (Schwerpunkte: Konzepte für die Schulung

und Beratung in mündlicher Kommunikation; Lehren und Lernen von Kommunikation)
Ruhr-Universität Bochum
Germanistisches Institut
44780 Bochum
annette.moennich@ruhr-uni-bochum.de
http://homepage.ruhr-uni-bochum.de/Annette.Moennich

Dr. Reinhold Schmitt M.A.: Mitarbeiter am Institut für Deutsche Sprache, Mannheim (Schwerpunkte: Analyse von Kooperationsprozessen in wirtschaftlichen und institutionellen Berufskontexten)
Institut für Deutsche Sprache
Abteilung Pragmatik
R5, 6-13
D-68161 Mannheim
schmitt@ids-mannheim.de
http://www/prag/personal/schmittreinhold.html

Dr. Jan D. ten Thije: Ass. Professor am Institut für Niederländistik / Utrecht Institut für Linguistik (Schwerpunkt: Diskursanalyse von institutionellen und interkulturellen Situationen und interkulturelles Kommunikationstraining)
Faculty of Arts, Utrecht University,
Department of Dutch / Utrecht Institute of Linguistics
Trans 10, NL 3512 JK Utrecht, The Netherlands
phone: (+31) 30 / 2536337, fax (+31) / 30 2536000
jan.tenthije@let.uu.nl

Prof. Dr. Rüdiger Vogt: Professor für Sprachwissenschaft und Sprachdidaktik
Pädagogische Hochschule Ludwigsburg
Reuteallee 46
71634 Ludwigsburg
Vogt_Ruediger@ph-ludwigsburg.de

Gesellschaft für Angewandte Linguistik e.V.

FORUM ANGEWANDTE LINGUISTIK will den Dialog über die Grenzen traditioneller Sprachwissenschaft hinweg und zwischen den einzelnen Sektoren Angewandter Linguistik fördern. Es bietet in Sammelbänden, Monographien und Kongressdokumentationen eine kontinuierliche Plattform zur Vermittlung zwischen anwendungsorientierter und interdisziplinär geöffneter Sprachforschung einerseits und den verschiedensten Tätigkeitsfeldern sprachbezogener und wissenschaftlich interessierter Praxis andererseits.

FORUM ANGEWANDTE LINGUISTIK möchte über Themen, Ziele, Methoden und Forschungsergebnisse in allen Bereichen informieren, die heute das Spektrum Angewandter Linguistik facettenreich konturieren. Aktuelle Probleme sprachlichen (auch fremdsprachlichen) Unterrichts, gesellschaftlicher, fachlicher und individueller Bedingungen der Sprachverwendung, des Spracherwerbs und der Sprachenpolitik, des Sprachenvergleichs und der Übersetzung, der Entwicklung sprachlicher Testverfahren und maschineller Textverarbeitung, der Sprachstörungen und Sprachtherapie, der Unterrichts- und Massenmedien erfordern mit Nachdruck, sozio-, psycho- und patholinguistische Fragestellungen, phonetische, stilistische, rhetorische und textlinguistische Aspekte, zeichen-, kommunikations- und medienwissenschaftliche Grenzgebiete in eine realistische Beschreibung der Vielfalt und Entwicklung der Sprache(n) in der Gegenwart einzubeziehen.

Die Buchreihe FORUM ANGEWANDTE LINGUISTIK wird von der *Gesellschaft für Angewandte Linguistik* (GAL) herausgegeben.

Die GAL hat das Ziel, die wissenschaftliche Entwicklung in allen Bereichen der Angewandten Linguistik zu fördern und zu koordinieren, den Austausch wissenschaftlicher Informationen zu beleben sowie die Zusammenarbeit der hieran interessierten Personen und Institutionen national und international zu intensivieren. Dazu gehört auch der Kontakt mit Wirtschaft und Industrie, Behörden, Bildungseinrichtungen und Institutionen des öffentlichen Lebens.

Angewandte Linguistik wird dabei als diejenige zwischen Theorie und Praxis vermittelnde Disziplin verstanden, die interdisziplinär an der Lösung aller Probleme arbeitet, an denen Sprache beteiligt ist.

Die *Gesellschaft für Angewandte Linguistik* repräsentiert die Bundesrepublik Deutschland im internationalen Fachverband 'AILA. Association Internationale de Linguistique Appliquée' (Status B der UNESCO).

Anschrift der Gesellschaft für Angewandte Linguistik (GAL):
GAL-Geschäftsstelle
Universität Duisburg-Essen
FB Geisteswissenschaften
Institut für Anglophone Studien
Universitätsstr. 12

45117 Essen

Forum Angewandte Linguistik

Publikationsreihe der Gesellschaft für Angewandte Linguistik (GAL)

Die Bände 1-17 dieser Reihe sind im Gunter Narr Verlag, Tübingen erschienen.

Band   18   Bernd Spillner (Hrsg.): Sprache und Politik. Kongreßbeiträge zur 19. Jahrestagung der Gesellschaft für Angewandte Linguistik GAL e.V., 1990.

Band   19   Claus Gnutzmann (Hrsg.): Kontrastive Linguistik, 1990.

Band   20   Wolfgang Kühlwein, Albert Raasch (Hrsg.): Angewandte Linguistik heute. Zu einem Jubiläum der Gesellschaft für Angewandte Linguistik, 1990.

Band   21   Bernd Spillner (Hrsg.): Interkulturelle Kommunikation. Kongreßbeiträge zur 20. Jahrestagung der Gesellschaft für Angewandte Linguistik GAL e.V., 1990.

Band   22   Klaus J. Mattheier (Hrsg.): Ein Europa – Viele Sprachen. Kongreßbeiträge zur 21. Jahrestagung der Gesellschaft für Angewandte Linguistik GAL e. V., 1991.

Band   23   Bernd Spillner (Hrsg.): Wirtschaft und Sprache. Kongreßbeiträge zur 22. Jahrestagung der Gesellschaft für Angewandte Linguistik GAL e.V., 1992.

Band   24   Konrad Ehlich (Hrsg.): Diskursanalyse in Europa, 1994.

Band   25   Winfried Lenders (Hrsg.): Computereinsatz in der Angewandten Linguistik, 1993.

Band   26   Bernd Spillner (Hrsg.): Nachbarsprachen in Europa. Kongreßbeiträge zur 23. Jahrestagung der Gesellschaft für Angewandte Linguistik GAL e.V., 1994.

Band   27   Bernd Spillner (Hrsg.): Fachkommunikation. Kongreßbeiträge zur 24. Jahrestagung der Gesellschaft für Angewandte Linguistik GAL e.V., 1994.

Band   28   Bernd Spillner (Hrsg.): Sprache: Verstehen und Verständlichkeit. Kongreßbeiträge zur 25. Jahrestagung der Gesellschaft für Angewandte Linguistik. GAL e.V., 1995.

Band   29   Ernest W.B. Hess-Lüttich, Werner Holly, Ulrich Püschel (Hrsg.): Textstrukturen im Medienwandel, 1996.

Band   30   Bernd Rüschoff, Ulrich Schmitz (Hrsg.): Kommunikation und Lernen mit alten und neuen Medien. Beiträge zum Rahmenthema "Schlagwort Kommunikationsgesellschaft" der 26. Jahrestagung der Gesellschaft für Angewandte Linguistik GAL e.V., 1996.

Band   31   Dietrich Eggers (Hrsg.): Sprachandragogik, 1997.

Band   32   Klaus J. Mattheier (Hrsg.): Norm und Variation, 1997.

Band   33   Margot Heinemann (Hrsg.): Sprachliche und soziale Stereotype, 1998.

Band   34   Hans Strohner, Lorenz Sichelschmidt, Martina Hielscher (Hrsg.): Medium Sprache, 1998.

Band   35   Burkhard Schaeder (Hrsg.): Neuregelung der deutschen Rechtschreibung. Beiträge zu ihrer Geschichte, Diskussion und Umsetzung, 1999.

Band   36   Axel Satzger (Hrsg.): Sprache und Technik, 1999.

Band   37   Michael Becker-Motzek, Gisela Brünner, Hermann Cölfen (Hrsg.), unter Mitarbeit von Annette Lepschy: Linguistische Berufe. Ein Ratgeber zu aktuellen linguistischen Berufsfeldern, 2000.

Band   38   Horst Dieter Schlosser (Hrsg.): Sprache und Kultur. 2000.

Band   39   John A. Bateman, Wolfgang Wildgen (Hrsg.): Sprachbewusstheit im schulischen und sozialen Kontext. 2002.

Band   40   Ulla Fix / Kirsten Adamzik / Gerd Antos / Michael Klemm (Hrsg.): Brauchen wir einen neuen Textbegriff? Antworten auf eine Preisfrage. 2002.

Band   41   Rudolf Emons (Hrsg.): Sprache transdisziplinär. 2003.

Band 42 Stephan Habscheid / Ulla Fix (Hrsg.): Gruppenstile. Zur sprachlichen Inszenierung sozialer Zugehörigkeit. 2003.

Band 43 Michael Becker-Mrotzek / Gisela Brünner (Hrsg.): Analyse und Vermittlung von Gesprächskompetenz. 2004. 2. durchgesehene Auflage. 2009.

Band 44 Britta Hufeisen / Nicole Marx (Hrsg.): *Beim Schwedischlernen sind Englisch und Deutsch ganz hilfsvoll.* Untersuchungen zum multiplen Sprachenlernen. 2004.

Band 45 Helmuth Feilke / Regula Schmidlin (Hrsg.): Literale Textentwicklung. Untersuchungen zum Erwerb von Textkompetenz. 2005.

Band 46 Sabine Braun / Kurt Kohn (Hrsg.): Sprache(n) in der Wissensgesellschaft. Proceedings der 34. Jahrestagung der Gesellschaft für Angewande Linguistik. 2005.

Band 47 Dieter Wolff (Hrsg.): Mehrsprachige Individuen – vielsprachige Gesellschaften. 2006.

Band 48 Shinichi Kameyama / Bernd Meyer (Hrsg.): Mehrsprachigkeit am Arbeitsplatz. 2006.

Band 49 Susanne Niemeier / Hajo Diekmannshenke (Hrsg.): Profession & Kommunikation. 2008.

Band 50 Friedrich Lenz (Hrsg.): Schlüsselqualifikation Sprache. Anforderungen – Standards – Vermittlung. 2008.

www.peterlang.de